U0953624

中国旅游业普通高等教育“十三五”精品教材

REVENUE MANAGEMENT

AND PRICING STRATEGY

收益管理与定价战略

主　编◎曾国军

中国旅游出版社

前　言

为了使盈利能力最大化，企业一方面要尽可能出售产能范围内的产品；另一方面，还要实行针对性的、实时的定价，以确保最大可能获取不同细分市场的利润。这一经营需求在酒店、餐厅、旅行社、航空公司、汽车租赁、邮轮、体育场馆等产品的经营过程中均大量存在。

一系列日益复杂的涉及精确定价、营销渠道等内容的决策行为被称为收益管理。本书关注收益管理，旨在使得职业经理人能够熟悉其相关概念、原理以及具有积极影响的行政事务工作，从而使企业收益最大化地可持续。

在一些企业中，总经理仅仅负责收益管理的决策，但是在另外一些企业中（例如，大型酒店），这项工作被分配给专职的收益管理人员，他们最终制订并实施收益管理计划，并交由总经理核准。无论何种方式，企业管理者必须掌握产品的定价规律和规则，确保企业详尽掌握供给、需求和定价之间的关系。例如，专业的酒店经理人应当可以根据收益预测来掌握客房需求，提供重要信息以制定合理房价。收益管理最重要的目标之一是最大化每间可用客房的平均收益（RevPar），所以酒店需要分析开房率和平均每日房价（ADR）变动的关系，并深入观察网络销售和购买行为对这些数据的影响。

本书的内容主要包括三部分。第一章和第二章是对收益管理的综合介绍，第一章着重概述收益管理的相关概念，并且介绍收益管理的应用重要性和文化，为读者了解收益管理思想和核心理念奠定基础；第二章回顾收益管理的进程，介绍收益管理发展至今的研究进展。第二部分是本文的主要内容，从收益管理战略和战术层面阐述了收益管理系统的关键要素及如何借此驱动收益最大化：第三章从战略定价金字塔、成本与竞争、分销渠道、战略融入方面补充定价策略的整合分析框架；第四章对收益管理动态定价的原理、过程进行介绍，重点关注服务的动态定价；第五章分析收益管理预测问题的重要性，介绍相关的预测方法，包括定量预测方法、定性预测方法及新兴预测方法，并以酒店预测为例介绍预测在实践中的应用；第六章介绍了超额预订的概念及原因，以及实施超额预订的具体策略、如何处理过度超额预订的情况。接着，介绍收益管理在相关行业中的应用：第七章介绍酒店收益管理的特点及收益管理的衡量指标，针对需求预测、超额预订和客房分配这三个主要内容进行了详细分析；第八章分析餐厅收益管理的研究历程、相关特点及指标，餐厅如何从时间管理、定价策略及容量控制三方面实施收益管理策略，特别介绍了宴会收益管理；第九章梳理了航空公司收益管理的发展，重点介绍了航空公司所采用的收益管理策略，同时对航空公司收益管理的未来发展趋势进行了预测。第十章和第十一章介绍了目前发展较为完善、使用面较广的收益管理系统，包括IDeaS RMS、Amadeus和HiYield RMS，分别对系统的基础概念、主要功能、相对优势和使用情况进行了介绍。

在本书的编写过程中，编者对收益管理的理论较为偏重，参考了大量的中外文献，由曾国军教授拟定全书的框架并撰写了本书的理论部分；博士后周世平，研究生刘梅、曹歆宁、吴利利先后参与了本书的撰写；胡志成、王以真、王燕、孙鑫、姜林英、彭惠芬、蔡丽婷等为本书的各部分提供了素材；IDeaS中国公司的王越总经理撰写了本书第十章，鸿鹊公司的胡质健总经理撰写了本书第十一章；本书也借此机会向读者推荐这两个收益管理系统。另外，还有许多企业管理者、中山大学的师生、众多同行在本书的编写过程中提供了大量的帮助，在此也深表感谢！同时，本书的编写也受到了中山大学重点建设教材项目的资助。

面临时空压缩的背景和密集的知识生产，越来越多企业和管理者意识到，个体只有将工作经历和认真学习结合起来，才能有所成就；企业只有将自身锤炼为学习型组织，才能成为竞争优胜者或者行业领导者。接待业管理是跨学科的领域，它融合了经济学、管理学、地理学、食品科学、工程、会计、营销、法律、心理、社会学等相关知识，而且对技术的依赖逐渐增加。因此，接待行业的每个从业者，均需要时刻准备进入新的知识领域，并不断学习新的知识。就发展趋势来看，收益管理正是这样一个新的知识领域。希望本书读者，包括大学高年级的本科生、研究生、接待服务行业的从业人员均能从本书中获益。本书也希望与所有收益管理相关的技术人员和管理专家，挖掘收益管理知识的宝库，共同构建一个收益管理的知识共同体。

编者

目 录

第一章

概论

【学习目标】

1. 理解收益管理的内涵与范畴。
2. 了解收益管理的发展趋势与应用前景。

【引导案例】

收益管理的魔法

丽奥特国际饭店董事长兼首席执行官比尔·马丽奥特曾说，“收益管理不仅为我们增加了数百万美元的收益，同时也教育了我们如何更有效地管理。”

当代最具影响力的 E 商业 25 人之一的 Hal Varian 博士说：“当我们进入新世纪，多元价格已经成为一种规则，这个规则就是收益管理。”

Scott Phillips 也认为：“当企业努力提升他们的 ERP 和客户关系解决方案，收益最大化将掀起软件行业的又一次浪潮。”

Banc of America Securities 的 Bob Austrian 曾说：“未来最激动人心的事之一就是收益管理。”

普鲁斯收益管理首席科学家兼高级副总裁 E. Andrew Bovd 则宣称，收益管理可以提高 2%~10% 的营业收入。

据美国华尔街日报报道，价格和收益管理将是 21 世纪最重要的、回报率最高的边缘产业之一。AMR 调查机构也认为：“收益管理将成为几乎所有行业的竞争战略。”

那么，到底什么是收益管理？收益管理到底有什么魔法？

第一节　收益管理的起源

一、收益管理的应用范畴

收益管理（Revenue Management）是20世纪80年代发展起来的一种现代科学营运管理方法，发源于20世纪70年代末的美国航空客运市场管制。继航空客运业之后，收益管理于20世纪80年代中期开始运用于酒店业，其中马里奥特酒店集团（Marriott International）最先开发使用收益管理系统。收益管理在酒店的成功实践和广泛应用，被视为实现收益最大化的先进管理方法。因此，很多行业也开始实施收益管理理念和解决方案，比如电影院、高尔夫球场和餐厅，但是对收益管理的运用最广泛和最成熟的行业仍然是酒店业。

随着国际酒店入驻中国市场并引进先进的收益管理理念，收益管理就在中国酒店业中展示了其特有的力量。如今越来越多的中国酒店开始学习和使用收益管理，将其作为酒店精细化和科学化管理的武器。

二、收益管理在中国的应用情况

面对市场环境的快速变化和日益激烈的竞争。在中国酒店业，收益管理在十几年前主要是大型的国际酒店集团才采用，而现在，不同规模的中国酒店都开始或考虑使用收益管理。收益管理在中国酒店业的应用已大幅增长。

在过去的十几年间，由于国内旅游业的蓬勃发展以及外国游客对中国旅游兴趣的持续高涨，中国酒店业经历了一段辉煌的发展时期。世界旅游业理事会（WITC）的数据显示，2000年，商务旅客在我国消费180亿美元，到2010年已经达到620亿美元。这种商务和休闲市场的强劲增长带来了国内本土酒店数量的持续上升和国际酒店集团的争先涌入。

然而从2013年开始，中国酒店业陷入发展的困境。一方面，随着各地酒店数量的不断增加，对于酒店客户来说有了更多的可供选择，客户也变得越来越挑剔，要求更加多元化和个性化的产品和服务；另一方面，随着旅游业的网络和移动技术的蓬勃发展，推动了酒店客房的预订期急剧缩短，带来了决策、购买方式和购买渠道的快速转变。就算是喜欢的酒店，客户也会先寻找不同的渠道或者打包服务，然后进行最优决策，甚至往往到达目的地时，客户才通过线上预订平台搜索、寻找价格最佳的酒店。此外，越来越多的国际酒店入驻国内市场，全球化的酒店拥有更加成熟的品牌、优质的技术和经营战略，本土酒店面临着巨大的竞争压力。而且国际酒店开始全面布局，扩大竞争，过去只集中于一线城市，比如北京、上海、广州等，如今也开始争取二、三线城市的市场份额。

因此，面对着日渐激烈的市场环境，国内酒店从业者观察到收益管理在国际酒店业的有效实践。在过去的几年里，几乎所有顶尖的中国酒店都在部署收益管理的解决方案，不仅将其作为一种工具，而且开始建立从组织架构到战略层面的收益管理文化体系。

然而，虽然收益管理在中国酒店业的应用已越来越广泛，但是收益管理战略的有效性还待考察。酒店只有充分了解收益管理的原理、掌握最新的收益管理方法，才能确保正确地进行定价、存量控制、渠道战略等，从而实现收益最大化。

收益管理的范围不只是客房的定价和收入，还包括对整个酒店的收益管理，如餐厅、温泉及其他配套服务，从而实现收益最大化。因此，收益管理经理需要担任主导角色，和多个业务部门进行合作，包括销售、营销、预订、前台、宴会、餐饮等，协同制定符合酒店整体目标的战略决策。

随着市场的细分，酒店经营者需要明白，用传统的方法来建立与客户的关系和运营模式已不再有效。只有最新的收益管理方案才能识别不同细分市场中客户的差异化需求，为其提供个性化、定制化的服务和产品。比如一些客户认为隐私和客房的清洁度高于一切，而其他一些客户则更倾向于以服务水平和总体氛围作为酒店的评价标准。

收益管理人才是有效实现收益管理的关键。中国酒店行业的空缺岗位越来越多，人才数量却大幅下降，过去那种能以低薪雇用大量员工的局面已经一去不复返。收益管理领域的人才不仅需要有高素质、分析能力和决策能力，还需要其具有丰富的市场经验以确保能实现良好的酒店业绩，因此，收益管理人才的短缺情况更加严峻。

第二节　收益管理的内涵

一、收益管理的概念

收益管理是基于“定价管理”（Rate management）的战略性活动。收益管理起源于1978年美国民用航空部放松对价格的管制之后，美国航空公司为了保持市场竞争力得出的革命性实践——通过数据和分析，预测客户的行为和优化产品的价格和可获得性。随着运筹学、管理科学等科学理论的不断发展和计算机等技术的进步，收益管理不仅理论研究取得了重大发展，而且应用领域也从航空领域拓展到其他服务领域。

收益管理学科的本质是理解客户对于产品价值的感知，并根据客户细分准确地调整产品价格、定位和可获得性。产品经理的两个重要运营方针：一是通过降低产品成本来提高整体利润的，将注意力集中在产品的物理属性（大小、特性以及功能）上，并力图从中降低产品的边际成本；二是与其他竞争对手相比较，对产品进行定位。然而，产品经理和顾客对于同一产品价值的感知的差距是无法达到有效收益的关键。在引进收益管理之后，复杂的定价和收益管理技术成功地解决了这种对产品价值的感知差距，为成百上千的公司企业带来数百亿元的净利润。而且，这些利润的增长通常是来自现有产品以及现有的客户。

收益管理作为航空领域一种简单的自我保护手段开始得到应用，证明是解决在资源约束前提下提高企业收益的理论与方法。在盈利增长的需求和无情的竞争压力之下，其他行业也纷纷引进收益管理的理念，并根据其需求进行创新。现在许多企业已经将收益管理视为营销与经营策略中必不可少的一部分。收益管理也从最原始作为一种控制库存的手段的概念，慢慢转变成为现代管理科学的重要分支。革命创新的思想与快速发展的计算机技术对于这种管理的转变起到了至关重要的作用（Jenkins. Ed.，1995）。

对于酒店业而言，由于客房数量在一定时期内是固定的、不可储存的、酒店经营中存在明显的淡旺季、客源市场可细分以及高固定成本与低可变成本等特点，使得收益管理非常适合于酒店业。收益管理于 20 世纪 80 年代中期开始运用于酒店业，对提高酒店营业收入、获取收益和利润最大化具有十分重要的现实意义。

由于收益管理在酒店业的使用最广泛，而且被证明是最有效的管理战略。本书对收益管理的介绍主要基于收益管理在酒店业的使用，但要记住的是，收益管理的应用领域不仅局限于航空业和酒店业。

二、本书收益管理的框架

根据对收益管理内涵的分析，收益管理实现收益最大化的基本原理是：将适当的产品通过最优的渠道，在最佳时机以最好的价格出售给最合适的顾客。

动态定价是收益最大化的核心，其操作实务就是：通过对市场和客人的细分，对不同目的的顾客在不同时刻的需求进行定量预测，合理控制和分配产品的存量，最终通过价格优化使总收益最大化。其实质是通过准确的预测对供求关系进行控制，实现有限资源的分配最大化。定价战略的分析框架需要考虑利润、成本、竞争与需求。

因此，根据收益管理的基本原理和操作步骤，本书的分析结构见图 1–1。

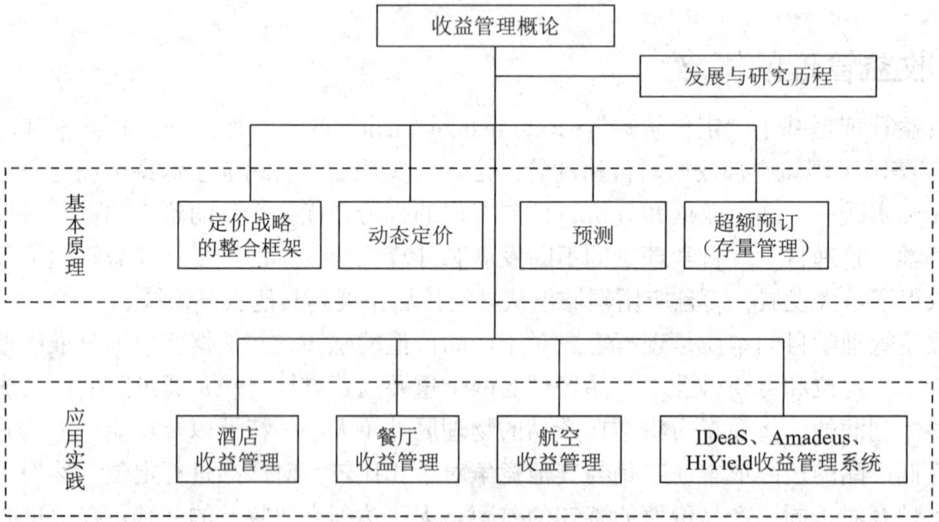

图 1–1 本书的分析框架

三、收益管理系统的构成

收益管理系统是收益管理理论的最新成果与 IT 的完美结合。在介绍收益管理战略之前，首先要认识收益管理系统，其包括三个核心部分——“合适的人 + 合适的流程 + 合适的工具”，只有通过对收益管理系统的开发和整合，营造良好的酒店收益管理文化，才能实现收益管理战略的价值。收益管理系统的开发建设的第一步就是获取优秀的收益管理人才。

（一）收益管理人才

高质量的人力资源是收益管理战略的关键。收益管理经理在酒店管理层中扮演越来越重要的角色，以工作汇报为例，酒店收益管理经理已经从向市场销售总监报告，逐渐发展到向总经理报告。但是，目前收益管理在人力资源上面临两个急需解决的问题，一是收益管理人才总量有限，而是还未形成成熟的收益管理人才培养方案。

在收益管理人才有限的情况下，一些国际酒店集团通过设立区域收益管理中心来实施集中式的收益管理，即一个收益管理经理负责多家酒店。集中式管理体系有两种不同的管理模式。一种是将总部收益管理中心的团队成员划分到不同的地区中，每个团队成员将作为区域收益经理，负责所在区域内的酒店，但所有团队成员仍集中在总部工作，一般每个成员负责 3~6 家酒店；另一种是按功能组建区域团队，负责各区域的收益管理工作。每个团队的人数 3~5 人不等，但都包括一个收益管理分析师负责收集和分析区域内酒店数据、一个专职人员负责各个酒店预测和一个负责人安排主持每周的收益会议，每个团队负责 10~15 家酒店。

以上两种管理模式各有优劣。第一种以酒店为核心的部署方法可以清楚地了解酒店的整体运营情况，而第二种功能部署方法可让团队成员专注于一个或两个任务，有助于提高日常工作效率。从酒店总经理以及业主的反馈来看，第一种的权责更明确并可节省沟通成本，更容易实施。但是无论哪一种模式，都需要依赖相关的自动化收益系统，才能确保利用正确的信息和数据进行高效准确的决策分析。因此，集中式管理模式虽然一定程度上解决了人才短缺的问题，却带来了新的挑战。

收益管理人力资源的另一个问题是，缺少收益管理人才培养方案。想要培养出高质量的收益管理人才，首先要明确收益经理需要具备哪些知识和技能。随着酒店业的挑战不断增加，收益经理的职责也经历了从分析师到决策者、从领导者到变革推动者的巨大转变。收益经理不仅需要掌握一定的技术技能，比如熟练使用各种工具制定价格和房量控制，还需要具备较强的决策能力，调整酒店的市场定位（比如细分市场的结构）；不仅要拥有沟通力、协作力和领导力，还要有市场敏感度和战略思维，推动酒店长期目标的实现。收益经理还必须是一个合作者，因为几乎酒店的所有部门都需要与收益管理团队紧密合作，以达成酒店整体目标。

由此可见，想要培养出一个合格的收益管理人才必定花费很多的时间和成本。因此，有些酒店会将收益管理外包给可信赖的合作伙伴。但还有一些具备长远战略目光的酒店，已将培养收益管理人才提上工作日程，正在努力培养自己的收益管理人才。

目前有两种收益管理人才培养体系，一种是高校开设的收益管理课程，比如上海旅游高等专科学校；另一种则是行业专家辅导计划，即由资深的收益管理专家向年轻的收益经理传授经验，从而帮助新人在实践中增长才干。国内外的大型酒店集团都把收益管理课程列入他们的高校人才和管理培训生计划，一般由酒店总部或各区域酒店的总经理牵头展开相关培训和人才培养计划，即定期邀请教授和行业专家来酒店传授相关知识和技能，从而帮助建立自己的收益管理团队。以锦江集团为例，收益管理专家首先对员工进行了收益管理培训，主要的参与对象有其总经理、市场销售总监以及储备的收益管理人才。与此同时，考虑短期内无法解决人才短缺问题，而酒店部署收益管理刻不容缓，因此在锦江的试点酒店开始推行收益管理远程支持服务，由专业顾问来充当酒店的收益经理，每日、每周、每月与酒店管理团队进行沟通，确保收益管理决策在酒店层面得以实施。这些试点酒店已从渴望收益管理或意识收益管理进一步过渡到了解收益管理阶段。

收益经理是复合型、实践型的管理人才，仅从书本上学习收益管理知识和技能是不够的，将理论付诸实践更为重要。于是很多酒店开始转变合作方式，通过专家辅导项目，即由资深的收益管理专家向较新的收益经理传授经验，从而帮助酒店的收益管理储备人才在实践中增长独立工作的才干。

（二）收益管理流程

收益管理流程包括：数据收集和分析、市场细分、预测、定价、房量控制和渠道合作。只有建立起正确和高效的收益管理流程，才能通过运用收益管理体系来确保酒店的长远发展。对收益管理流程进行逐一分析，可以总结出如下特点：

流程中的数据处理步骤呈现三个转向。一是从数据收集转向数据分析。越来越多的酒店意识到数据分析的重要性，它可以为酒店实施收益管理方案的时候提供统计分析支持。因此，数据分析的关键是指相关分析和连续数据或离散数据的统计差异检测，而不是在举行收益会议或经营分析会议的时候，对数据收集的简单呈现，如酒店业绩、细分市场业绩、渠道、客户地域分布情况等。但是酒店在使用数据分析时，存在局限性。以收益管理行动的评估为例，酒店一般也都会查看预订数据，通过收益结果来总结当前的价格变化或者推广活动，但忽视了对不成功的预订（包括主动和被动拒绝的数据）以及不同业务被蚕食的分析，而且很少有酒店去分析不同预订对价格敏感度、一周规律和房型的影响，而这些分析才能制定出更加有针对性的管理策略。二是关注竞争对手的数据。过去，酒店的决策依据大多根据自己的收益指数（RGI）表现，缺少对整个行业的市场结构、渠道占比和一周规律等因素的分析，因此无法找出最佳收益模式。三是对大数据的使用。随着数据分析的应用，酒店经营者不仅关注客户档案、预定价格和酒店业绩等传统数据，还开始对其他新数据的分析，包括收集客房或其他方面产生的收入流为进行的综合收益表现分析，通过价格敏感度、客户满意度或社交媒体评级分析酒店定价的影响。需要牢记大数据分析的关键，不是在于入住客户情况，更是要找出没有入住客户的原因。

细分市场时更加明确。一是对“细分市场”概念更清晰。以往酒店业对“渠道”和“细分”的概念经常混淆，现在对这两个概念区分得更加清楚了，比如在线旅行社

（OTA）不是一个细分市场而是一种渠道；二是更精细的细分市场。很多国内酒店已经不满足于建立传统的细分市场，比如散客和团队客户或是协议和非协议市场，而是建立更精细的细分市场，让管理团队更好地理解客户行为，从而实施更有针对性的定价和市场销售策略。比如很多酒店将散客分为有限制条件和无限制条件；将公开市场分解为增值和折扣；将团队客户分为会展（MICE）团队和旅游团队及社交活动团队等。许多中国酒店集团会为各自的会员提供优惠价，并将“会员”视为一个单独的细分市场，但这种做法并不完全正确。尽管这种策略的出发点，是希望积极发展酒店忠诚客户计划来和国际酒店集团竞争，但很难取得理想的效果。客户对价格有很高的敏感度，酒店会员的数量在初始阶段可能会因为低价而快速增长，但是随着酒店的发展和会员人数的增加，想要提高价格就变得异常困难。更重要的是，低价会员“细分市场”实际上是对其他市场（如签约散客市场）的蚕食。越来越多的酒店经营者已经认识到，依靠低价维持会员的忠诚度不是长远之计，更好的策略是在公平的价格基础上，为会员提供优质的产品和个性化的服务。

在预测上，越来越追求精确性。大多数收益管理团队意识到需要根据细分市场来预测未来需求，但更关键的问题在于如何实现精准预测以及如何利用预测结果。市场上已有的各种自动化收益管理系统，可以快速进行自动化预测，让收益经理花更多时间去思考如何使用这些预测数据，而不是花时间每天使用 Excel 表格处理数据、查看历史价格以及在线寻找竞争对手的价格信息。这些预测不只对收益管理有意义，酒店总经理以及业主都能将预测运用在销售市场管理、酒店运营、能源控制和投资回报率的计算中。

此外，预测过程需要人机结合。尽管自动化系统可以更快地做出预测，但是这并不意味着软件本身可以解决所有的预测问题，比如缺少互动性和对特殊情况的应对。因此，许多酒店都采用标准的作业程序（SOP），确保销售团队及时、正确地将预订信息传递给收益经理，以及收集和反映特殊活动时间段的市场信息。这些人工的干预是自动化系统的补充，也帮助酒店实现更精准的预测。过去的预测管理流程是自上而下的。酒店会根据业主或者总部管理层的期望描绘出“宏观”的目标收益、出租率和平均房价，收益经理只需要在不同的日期为细分市场分配数字。这种自上而下的预测方法有一个风险——管理者的“宏观目标”得不到日常业务人员的支持和同意。因此，越来越多的酒店正在使用一种更加人性化的预测流程，即收益管理经理与管理团队共同商讨做出更加切合实际的预测。

在定价步骤上更具针对性和科学性。一是根据更加细分的市场调整定价结构。以往酒店会根据淡旺季，或者根据竞争对手的定价来做定价决策，这让一部分市场陷入了无止境的价格战并最终损害了酒店的收益。价值才是定价的依据，从消费者的角度系统地看待酒店真正的价值，才能制定合适的价格。越来越多酒店管理者意识到“价值”在不同的细分市场有着不同的定义，所以需要使用各种技术手段，通过网络点评、拜访客户、集中访谈活动和市场调查来主动收集不同细分市场的客户反馈，按照细分市场来定价，并遵循价格一致性的基本的规则。定价过程中首先确定最佳可用房价（BAR），然后将其他价格类型（包括打包价和折扣价）与最佳可用房价相关联，结合置换成本和每个细分市场的需求预测进行定价，按照置换成本的情况结合每个细分市场的需求预测定价；二是从经验定价到科学定价。以房型的差异定价为例，过去很多酒店的定价依据历史定价规律或竞争对手价格，几乎没有酒店真正使用科学精准的统计分析工具进行房型价格敏感性分析。尽管酒店会评估一周变化规律，不同房型的出租率以及平均房价的对比，但最后仍然要靠收益经理或总经理的个人能力和经验来做出定论。一些国际和本土酒店集团开始使用更科学的思路，即通过统计分析工具来解决遇到的价格敏感问题，我们相信这些实践有助于酒店获得重要的竞争优势；三是重视定价的时效性。收益经理提出建议由总经理做最终批复的定价流程，会极大地延迟酒店在激烈竞争的市场中的反应时间，并且不利于激发收益管理人才的高效工作热情。因此，越来越多的酒店进行价格管理改革，在经过收益团队严谨的分析和讨论之后，让收益经理直接依据所预测的需求水平来控制每天的价格结构。

在房量控制中重视操作的时效性。正如价格一样，房量控制对反应时间有很高的要求，更多的酒店业者已经认识到保留房量控制的决策时间及团队用房置换成本分析对酒店管理的重要性。因此，国内的酒店经营者经常会在日常工作中设立最短停留时间和最长停留时间，保证房量控制的进行。然而，对于超额订房，仍然有很多酒店根据历史经验来判断，而没有根据一周规律模式对失效预订、取消预订、提早退房和延住进行精确计算来帮助设置合理的超卖数量。

在渠道管理中重视合作关系。一是酒店与在线旅行社的利益合作。一方面由于酒店缺乏品牌知名度，另一方面是由于酒店的直销渠道比较脆弱，以及缺乏自信特别是无法承担短期效益的损失，一些酒店开始与在线旅行社合作。但是随着在线旅行社发展迅猛，一些酒店甚至成为在线旅行社的供应商。常常出现的情况是：在线旅行社的高层激动地谈论在线预订其酒店客房的人数不断增多，而酒店高层面对酒店受到在线旅行社的冲击带来的影响，并对此无可奈何。正如一位本土酒店集团总裁所说，这种与OTA爱恨交织的关系已经形成并且还将持续很长一段时间。因为这种合作可以在短期内提高入住率，但是在很多情况下都会无益于酒店长远战略的实施。而且有一些在线旅行社巨头开始不遵循传统的商业合作规则，他们直接从酒店批发购买客房，并且牺牲利润直接在网上出售，即裸卖。因此，在这种合作中，除了如何平衡直接渠道和间接渠道，或者短期利益和长期利益的问题，酒店业还面临着更大的生存问题。酒店采取的回击策略包括控制在线旅行社的房量、直接与在线旅行社的客户签署协议、投资搜索引擎优化等以增加直接预订等。但是，长此以往，酒店会因为低价和为渠道支付的高额佣金而损失利润，而在线旅行社也会因为酒店的成本控制而被迫牺牲客户体验，造成“双输”的局面。短视行为虽然会带来一时的收益，但最后只会导致损人不利己的结局。各个行业参与者必须要看到合作关系的真正意义，塑造出一条健康的产业链，才能使每个参与方受益，包括酒店和不同的分销商；二是酒店与搜索引擎的深入合作。比如在美国酒店市场，谷歌搜索的使用以及开拓旅游产品的一系列动作。元搜索让酒店与客户建立更多直接联系的能力明显增强，但并不意味着在线旅行社的终结。无论是OTA巨头还是酒店操作系统供应商，无论是旅游垂直平台还是综合电商平台，在广阔的市场及资本运作的面前无一例外地卷入了行业的洗牌。行业未来的发展整合效果还有待观察，但酒店的收益管理决策者需要时刻保持清醒头脑，渠道平台的搭建需要酒店有扎实的产品和服务，与其匹配的科学的价格和存量管理，以及反映长期目标的直销和分销比例；三是渠道管理与预订部门的合作。尽管人们总是认为越来越多的在线预订最终会取代线下的酒店预订，但是现实案例表明，预订部门仍然是一个非常重要的渠道，对客户来说，一位可以记住客户姓名和偏好并且为其特殊需求定制解决方案的预订人员，是一段愉快的体验。

近年来，酒店管理者越来越意识到收益管理流程并不仅仅是针对客房制定策略。收益管理在酒店中的作用相当于使酒店所有资产的收益达到最大化，包括客房、餐厅、宴会厅、水疗和其他附属设施。因此，想要完成总资产收益管理方案，酒店管理者需要确保收益管理系统与酒店的其他部门进行通力合作，包括销售部、市场部、预订部、前台、宴会部、餐饮部等协同完成任务。

（三）收益管理工具

收益管理要处理来自各个环节的数据、迅速做出决策并及时将决策付诸实施，自动化的收益管理工具能够获取更多的收据来源、更快地进行分析，并在决策时给予更多支持。

对酒店而言，收益管理工具不仅可以预测未来需求，而且通过不同角度对酒店数据进行详尽的分析，在定价和房量控制方面提供建议。这让中国的酒店经营者开始意识到自动化的重要性，越来越多的酒店开始积极使用各种收益管理工具。因此，一些领先的收益管理解决方案供应商也开始向酒店宣传他们的收益管理模块，为酒店集团提供自动化收益管理系统（PMS）服务。

过去，由于酒店业新运营技术方面发展缓慢，基本都是采取零打碎敲的一次性购买的方式。“一次性购买”技术意味着新设备在独立工作，或者没有与酒店的其他操作解决方案很好地融合。这通常导致酒店会在新设备上花费大量金钱，但实际上永远无法获得全部投资收益。“一次性购买”无疑不利于酒店业的长远发展，酒店开始与技术专家合作寻求整套的解决方案，采用全新的技术手段以提高自动化水平。通过与行业专家的持续合作，酒店经营者将获得专业知识和技能来部署和协调酒店的不同系统，同时还能将新技术用于日常业务中，比如将收益管理系统集成到酒店的操作管理系统、宴会管理系统、中央预订系统和渠道分销系统中。这个趋势预示着一批更加年轻、精通技术的经理人正伴随着中国酒店业的发展而茁壮成长。在过去，领先的收益管理解决方案供应商的客户最初只来自一些大城市，现在已经延伸到了中国的二线甚至三线、四线城市。

第三节　收益管理的作用

一、收益管理帮助酒店制定更准确的战略

酒店管理者越来越意识到收益管理在战略制定中的重要作用，是提高酒店价值的关键工具。这是因为收益管理能创造长期的利润增长点，是帮助酒店实现收益最大化的重

要工具，使其在酒店制定总体目标和发展方向上扮演着至关重要的角色。

酒店的出租率无论是高还是低，是在淡季还是旺季，都能通过收益管理增加酒店的净利润。因此，收益管理带来的利润对于业主来说益处颇多，他们可以灵活使用这些资金，用于偿还贷款、增加酒店内部投资或者其他投资，而且对上市酒店来说可以增加市场对酒店的信心。

但是，酒店业主和投资者虽然意识到收益管理对净利润的积极影响力，却没有广泛应用收益管理。一是尽管酒店业主明白科技在企业发展战略中的重要作用，但是自动化收益管理系统对新技术的高要求以及日新月异的科技变化，让他们对收益管理望而却步；二是认为收益管理太关注于细节，而作为管理者不需要涉足每天具体运营的细枝末节上；三是在酒店严格控制成本的情况下，收益管理经常被看作是一种额外成本，而不是一种能够提高收益的战略性工具。

随着技术和市场环境的改变，收益管理有更高的可操作性。一方面，通过技术的简化，出色的收益管理系统拥有先进的分析方法，它可以使用酒店的数据建立具有价格敏感性的需求预测模型。因此，只要有效地利用需求预测模型，酒店管理者就能制定相应的战略决策，增加酒店盈利能力并加强对风险的管控；另一方面，随着服务业更加精细化的管理、对新科技的加大使用以及更多的预订渠道，对酒店的战略和目标制定提出更高的要求，实施收益管理至关重要。

因此，酒店业主在设定目标和制定战略时，必须与收益管理部门进行沟通，寻求与收益管理部门的紧密合作，以确保酒店价值在经营过程中不断提升。

二、收益管理保持酒店在市场的竞争优势

收益管理在保持酒店竞争优势的作用，在需求低迷时体现得十分明显。收益管理能够帮助酒店做出准确的预测，从而使酒店在应对市场环境的变化时，主动地采取措施而不是被动的反应。

在需求低迷时期，很多酒店管理层只能采取全面促销或降低房价的消极措施，来提高需求以弥补利润缺口。但是全面促销必须要考虑限制条件，如提前预订、连住等；而且降价通常会引发价格战：一家酒店调整价格，竞争对手也会跟着调整价格，结果就是酒店间消耗人力、物力，却没有提高需求，甚至还损害酒店在未来提价的能力。

因此，酒店只有实行策略性定价才能保持在市场中的竞争优势。策略性定价这一强有力的工具可以让酒店更加快速地应对市场变化，相对于全面促销而言，使定价的主动权掌握在酒店手中。比如，根据特定的细分市场进行具有针对性的促销活动，这样更容易获得较多顾客的反应。如果酒店能够准确预测每个细分市场的需求，酒店经营者可以更好地决定哪个客户应当入住最后一间可用客房以及在特定时段向哪些客户提供免费或打折的早餐、免费的水疗服务（SPA）等，从而在淡季刺激需求。

策略性定价的前提是准确预测，这一点取决于有效的收益管理实践。策略性定价需要了解酒店需求受价格影响的敏感度，收益管理可以对酒店的需求进行及时、准确地预测。它可以让酒店看到价格变化是如何影响不同细分市场的需求状况。因此，为了长期的竞争优势考虑，采用收益管理进行预测是非常必要的。

收益管理提高竞争优势的另一个关键在于，让酒店认识到并非所有的业务都是优质业务。在需求低迷时，酒店很容易陷入以低价卖出所有客房的错误，导致没有房间满足优质业务的需求。因此，虽然降价策略表面上刺激了需求，提高了客房收入，但是收益并没有增加。对此，收益管理提高对市场的预测和分析，可以识别能长期为酒店带来最大价值的顾客，从而争取更多优质业务，实现收益最大化。

三、收益管理改善酒店的运营流程

收益管理通过持续不断地对酒店的管理系统和业务流程进行改善，确保酒店实现可持续发展。收益管理改善酒店整体运营流程的作用，在于准确预测的能力。首先，收益管理能预测房量需求，从而进行合理定价。其次，它还可以预测入住和退房的高峰期，从而帮助酒店规划库存以及员工配置，在合适的时间安排合适数量的员工。这不仅可以帮助酒店优化工资成本，还可以提高客人的满意度。在登记入住和退房的时候，是顾客对一家酒店的印象最主要的形成时期，长时间等待无疑会降低顾客满意度。此外，收益管理还能预测餐厅及水疗服务的需求，从而更准确地安排像新鲜食品之类的易腐库存，让浪费减到最小。

总之，只有建立完善的管理和运营流程，酒店才能获取最大利润、提高资产价值，基于收益管理对改善酒店运营的重要作用，收益管理的实践必须贯穿在酒店的管理模式中。酒店的管理系统和业务流程的开展自始至终都不能脱离收益管理，而不是在业务下跌时才采用以图力挽狂澜。

理想的情况是，在酒店投资准备阶段，就利用收益管理的分析进行市场预测和可行性研究，制订总体战略并建立长期行动计划。然后，在酒店开始运作时，确保有效的收益管理已经就位，为所有执行人员提供正确的信息，包括做什么、如何做、什么时候做等。在现实中，并不是每个酒店成立之时都能有这种收益管理理念。当酒店运作顺畅后，酒店业主还需要参加收益管理的会议。会议的目的在于了解收益指标，如平均房价、每间可卖房收入（RevPAR）等，以监控酒店价值和资本回报率等长期指标，从而识别酒店的管理方向是否正确。但是收益管理的运用时间段不限于此，需要记住的是，任何时间都是酒店开始使用收益管理并利用其达到收益最大化的良好时机，收益管理是酒店的日常工作。

第四节　收益管理的演化

一、收益管理的应用领域日益多元化

收益管理是研究客户、产品、需求量、库存、价格、渠道的科学及管理艺术；通过数据收集和分析，预测未来需求，利用科学动态的价格体系和库存管理，通过适当的渠道为客户提供产品和服务，同时争取收益最大化。

收益管理为企业增加收入、提升利润找到新的突破口。在过去的几年中，收益管理在许多行业和领域得到积极的实践，如酒店、停车场、高尔夫、影剧院和主题公园等。其中，收益管理在酒店的应用最广泛，酒店收益管理的应用也不仅仅在客房领域，还包括在宴会、餐厅、水疗等，实现全面收益管理。酒店具有客房不可存储、客源市场可细分以及高固定成本与客房使用的低可变成本等特点，收益管理能应用在酒店的各个领域。酒店收益管理在客房领域的发展最为成熟。它已经不仅仅满足通过传统手段采取动态定价、超卖或限制入住天数等，还积极适应变化的客户、市场以及新技术手段的出现，演化出更加多元化的收益管理方法。在定价过程中，酒店更加重视从顾客的视角认识“价值”概念，并且通过与竞争对手进行比较，根据酒店的市场“价值”最终决定客房“价格”。通过对大数据技术的应用，在价格的调整上不再根据历史经验主观臆断，而是根据不同的市场细分客户、不同渠道的价格敏感度，用严谨的计算，得到有数据支撑的量化分析结果，从而进行决策。另外，为了应对日新月异的网上渠道和电子商务发展，以及经济政治因素带来的销售压力，收益管理发展出“跨界”和“融合”的管理合作理念，加强与市场销售、运营、财务、技术等部门的紧密合作。

二、从收益管理到全面收益管理

大多数企业都拥有多个收入业务，而且实践已经证明“顾此失彼”的做法不利于企业的可持续发展。只有用整体化的方法，满足每个业务决策的出发点服从企业整体目标，才能实现收益最大化。因此，任何一个行业在经营管理时都需要拥有全局意识。

实现全面收益管理功能需要收益经理、总经理、销售及营销团队携手合作，收集所有交易的定价和收益信息，集中所有资源达到企业整体目标，为整个企业争取更好的收益表现。

技术的限制、高昂的成本和复杂的数据，曾经是阻碍全面收益管理进入市场的原因。随着技术和市场的变化，成熟的分析技术足以将各种不同的独立的大型数据群整理、转换成可执行的商业智能信息，从而精确预测消费需求，提供战略性的定价决定，并能将这种方法用于各行各业的潜在应用中。随着上述阻碍被解决，自动化收益管理也打开了全面管理的新视角。

全面收益管理在酒店行业体现得最为充分。酒店不仅提供客房服务，还要提供宴会、会议、餐厅、SPA、高尔夫等其他服务。全面收益管理要求酒店不能把目光局限于客房这个收入业务，而要思考每个收入业务之间的联系，思考某个业务的定价如何影响其他业务的收益表现，从而影响整体业务收益。只有这样，酒店经营者才能做出更明智的决策，在高收益的基础上实现可持续发展。全面收益管理将酒店收益管理的范围扩充至客房以外的业务，这只是变化的第一步。全面收益管理，就将逐步把所有收入项目快速、系统地纳入需求预测和定价决策中，为整个酒店集团创造最大的价值。

目前酒店收益管理（RM）的策略主要是基于数据的自动化收益系统；但是，要想实现全面收益管理，未来的策略趋势将转向整体收益表现（TRP）——TRP 策略是以客房收益管理为基础，将自动化收益管理功能应用到酒店的其他重要收入项目。

（一）现有的策略：收益管理

基于数据分析的自动化收益管理系统已经发展成熟，具有定价合理、易于学习和使用的特点。世界各地的酒店每天都要依靠收益管理系统来管理所有部门，获得高质量收益。收益管理系统十分擅长需求预测和定价，但目前仅限于房价的优化，并没有将其他影响酒店整体收益表现的因素考虑进去，而这些因素在影响着酒店的整体收益。

现在的酒店机构除了客房以外，还有许多其他收入项目，如餐饮、水疗、高尔夫、宴会等。不同项目之间可能拥有相同的客户，项目之间又存在错综复杂的关系。任何一个项目的定价决策都可能对其他项目的业务表现造成连锁反应。业务的挑战之处在于无法对这些项目进行公平、清晰的比较。每个收入项目都有不同的利润率、预订方式、定价阻力、需求规律和潜在收入，还涉及对整个酒店的重要程度。

对于那些只注重单一项目收入的决策者来说，实现最优收益的目标常常意味着进行一些看似反常、甚至不盈利的决策。比如，在旺季把房价调高，招待愿意支付高房价的客户才是正确的做法，但实际上，应该保持或稍微调高房价吸引商业会议客人。虽然房价收入不高，但这些客人会增加餐饮、绿化、SPA 预约等项目的使用，从而增加总体收益。因此，如果没有全局意识而做出急功近利的决策，就只能与机会擦肩而过。

遗憾的是，类似的错误在很多酒店管理过程中频繁发生。这是因为，现有的收益管理工具使得酒店不能成功地分析和改善这些利益冲突。不同业务线之间的复杂关系涉及丰富的动态数据，这些数据必须被整合和提取为实时的可控信息。因此，现有的优化策略无法调控各部门之间的需求，不能在整体上达到理想的销售额和利润，也不能在给定的时间内获得最高质量的收益——也就是带来最高的平均利润率的最高质量净销售额。

因此，酒店收益管理虽然有了整体收益表现的观念，但尚未具备管理这些复杂数字的能力，或是无力承担其成本。从技术的角度来看，解决方案的核心必须包含先进的数据挖掘算法，在算法的顶端带有一层优化数学，能以极快的速度进行复杂的计算。

幸运的是，酒店行业技术领导者已经开始着手于开发具有整体收益优化功能的、适用于所有酒店的解决方案。企业终于能根据多个收入项目、业务流程、数据点对整个收益质量的影响做出经济而又实时的决策，逐渐步入“整体收益表现”的时代。

（二）未来的方法：整体收益表现

整体收益表现（TRP）是指所有酒店功能需求的智能化校验，旨在满足总业务目标，是一种及时地、系统地在多个收入项目中选择业务的功能，以获得最大的总价值。有了这项功能，酒店可以在众多渠道中做出合理的定价，以实现全业务、多层面的目标。

一般来说，想要获得长期的高利润，很难得到一个任何时候都合理的定价方案，但从 TRP 的角度出发是完全有可能实现的。例如，您要在一个新的城市设立一个新的酒店，目标是获得市场份额。利用 TRP 的方法，自动化收益系统会针对各个收入项目推荐具体的调价方案，争取帮助酒店实现 100% 的占有率。无论是何种方案，一旦决定想要的输出值，TRP 就会给出相应的最佳输入值。

为了进一步了解TRP的概念，我们可以拿图像均衡器来做类比。图像均衡器通过影响音频系统发出声音的形式是：听者通过调整声音的频率（输入）将音乐声优化至一个特定的风格（理想输出）。同样地，酒店经营者运用TRP作为调整定价的向导，帮助多个收入项目达到业务目标（理想输出）。

TRP的功能在于，判断哪些策略能为酒店带来最高价值，及时地、系统地在多个收入项目中选择业务。TRP是一种根据客人对酒店的意见从多方面构建业务的优化策略：作为全套服务以及单独的、丰富的体验。TRP以全局的视角优化整个收益表现，以达到最终的业务目标，即使这意味着要暂时放弃“平均每日房价”（ADR）等指标。

这是一个全新的概念，因此最先运用TRP的酒店，会领先于市场上的其他竞争对手，快速实现收益优化，获得竞争优势。

（三）将概念变为现实

酒店行业在应用TRP实现收益优化的道路上已经迈出了一大步。TRP通过自动化收益系统，在结合了次要收入项目与客房需求的基础上，实现了次要收入项目的收益优化。例如，酒店经营者将自动化收益管理的优势运用到客房以外的收益来源，如酒店常见的会议与活动业务，它们常常占总收益的40%~60%。

会议和活动功能空间的定价策略涉及所有的收入项目，包括场租、团体价、宴会、A/V设施及布置成本。自动化收益管理能轻松地实现强大的预测需求、置换分析和评估功能。这一功能使得会议及活动销售团队也加入了收益管理的讨论，凭借自动化的辅助功能制定更合理的服务价格，并且能够敏锐地洞悉何种定价能长期而非暂时获得最高利润。

酒店企业实现TRP的另一步骤是引进先进的软件，该软件依靠目前最先进的分析集合所有收入流的数据，通过极其生动的报告和图表呈现可控的信息。在使用过程中，无须时刻加入所有收入项目，只要是支持该软件的业务线，软件就能随时捕捉其预订情况和收益数据点，随后逐步将其纳入需求预测和定价决策。

（四）技术和文化的改变

虽然TRP的应用已经证明在技术上是可以实现的，可是对于大多数酒店来说，应用TRP的更大挑战就在于长期性能的评估和薪酬架构。

过去的评估体系不适用于TRP。一方面，TRP的使用基础在于综合每个业务之间的收益优化。但是过去酒店的评估标准，是基于员工在所属的业务中优化收益表现的能力，这曾经是维持高额业务表现的最佳方法。另一方面，TRP将需求和酒店资产当作一个整体，但是过去只是以成果作为评估标准，而不考虑需求。拿客房部举例，员工应该在实际售出房间时、一次售出多个房间或促成酒店多个业务的团体消费时应得到奖励，而不是在应该售出房间时得到奖励。但如果成果和收益不足以支付员工的薪酬，就必须把需求纳入现有的员工评估标准和薪酬架构。

TRP要求将所有团队的任务都编排至酒店业务中，包括餐饮部、营销部等。通过团队之间意见的统一和信息的共享会产生新的定价、预测及决策方案，最终带来持续、稳定的高质量收益。

比较酒店行业的 RM 与 TRP 见表 1–1。

表 1–1 比较酒店行业的 RM 与 TRP

收益管理（RM）	整体收益表现（TRP）
局部收益管理	整体收益表现
纵向优化收益	横向、纵向优化收益
优化客房收益表现	优化所有业务表现
帮助个别团队增加收益	将所有团队的任务列入酒店业务
分析单个收入项目：客房部	分别以单独和整体的形式同时分析多个收入项目

三、收益管理其他应用领域的创新

收益管理的应用越发广泛，在不同领域的操作有所不同但原则是一致的。例如在水上乐园的门票收益管理实践中，“固定库存”指的是某一个时间段出于安全考虑最多容纳的人数；而在定价上，经过严谨的市场分析和调研后推出的动态价格体系得到了游客的广泛认可，客户满意度不降反升，门票收益大幅度提高。

在收益管理中，动态定价往往会引发一个疑问，即某些领域的价格如果浮动了，客人能接受吗？以停车场的动态定价为例，IDeaS 在过去几年和不同国家及地区的大型停车场合作，用收益管理自动化系统来进行动态定价，客户可以根据自己的需要，提前预订具体某个时间段、某个位置的停车位，同时，企业根据不同需求量进行灵活的定价。这不仅仅为企业带来上百万纯利润的增长，而且通过为客户提供个性化的产品和服务提升客户满意度，形成一个双赢的结果。

餐饮的收益管理同样是一个热议的话题，在菜单、场地和桌型设计和渠道管理等方面，收益管理的实践越来越多。在 IDeaS 的餐饮收益管理项目中，数据的收集或者说自动化系统的使用都是至关重要的。不同于酒店客房对成熟的 PMS 酒店管理系统的广泛使用，餐饮的数据往往存在于不同的系统中，如 POS 点单系统、会员管理系统和财务系统等。如何整合各个系统并且以业务为导向进行设置，对后期价格和场地等收益管理措施的实施有着至关重要的意义。

当今的市场环境和客户需求不断变化，收益管理也有了更加丰富的内涵、更加多元化的发展和应用。当今的收益管理已不再是航空公司和酒店客房的专利；收益管理通过数据分析、流程分析，科学严谨地调控价格和产品，给不同客户带来满意的服务，解决众多服务企业，特别是旅游企业的当务之急。

第五节　收益管理的文化

一、收益管理文化的重要性

随着收益管理在各个领域的普及，人们已经清醒地意识到收益管理对于企业可持续发展的重要性。收益管理也好，或者其他的管理模式也好，要有一定的人员配备，要有一定的好的流程，要配合一个适当的工具，还要有一定的组织架构。

有管理者表示“目前阻碍酒店收益管理取得成功的一个很大的因素就是旧观念的固化，对收益管理心存偏见。”可见，旧观念的转变和对新型理念的接纳对国内酒店来说还需要一些时间，但是现实数据也清楚地表明，收益管理对现代酒店来说势在必行，早日实现收益管理理念和实践的融合和统一是体现我国酒店现代化和国际化的很重要的指标。因此国内酒店引入收益管理理念的同时，有必要对收益管理进行深度理解和实践解读。这就需要打造良好的收益管理文化，将收益管理文化理念需要贯彻在酒店的各个操作层面。

收益管理的有效实施以收益管理系统为基础，适合的人、适合的流程和适合的工具是收益管理系统的必要组成。建立收益管理文化，就是让管理团队按照收益管理系统去思考问题、去理解事物、去做决策。

二、收益管理人才的培养

（一）收益管理人才的角色和作用

收益管理人才的培养需要考虑很多因素。收益管理经理扮演着一个什么样的角色呢？他们需要具备哪些技能和能力呢？

收益管理经理在不同的人面前发挥着不同的作用：对老板而言，收益管理经理需要拥有超强的工作能力，能够解决各种各样的问题，尤其是高科技方面的难题；在客户眼中，收益管理经理掌握丰富的资源，也有很大的权限，能够决定酒店产品的价格；在同事眼中，收益管理者能完成各种高技术含量的工作收益管理者的角色作用决定了其职责的重要性。

因此，收益管理在酒店管理经营的过程中时刻发挥着重要的作用：

（1）收益管理经理参与制订酒店的长期战略定位和工作计划，使酒店在激烈的竞争中谋求长远发展。比如，需要思考酒店分别要接待多少散客，多少团队客人，两者的比例是多少？多少直销客人，多少分销客人，这两者的比例又是多少？这些都需要收益管理者充分掌握并分析大量的数据，去协助总经理、市场总监做出正确的战略决策。

（2）收益管理经理要设计具体的定价战术。酒店需要设置几档价格？其中协议价、非协议价分别需要设置几档？是否设置包价、折扣价，如果设，具体如何设置？这些都需要收益管理者进行设计。

（3）收益管理经理需要参与日常实施。对于酒店制定的战略和战术，在具体实施过程中要处理很多细节，有些需要收益管理经理或总监亲自监督指导，有时候还需要他们亲自去操作。

（4）收益管理经理需要完成业绩指标。收益管理承担实现酒店收益最大化的重要任务，虽然不像销售那样有硬性的客户销售指标要求，但是收益管理者有更重要的业绩指标，比如整个酒店的 RGI、ADR、GOP 指标等。

（5）收益管理经理需要带领团队。收益管理经理不仅是部门的领导者，而且在整个酒店团队里也是主要的领导角色。随着收益管理发展成全收入流的管理，其和市场、销售、餐饮、美容、娱乐、康体等部门有更紧密的合作。在工作过程中，收益管理者不仅要从各部门获取有助于决策的信息，还要发布制定的决策，让其他部门一起执行。

（二）收益管理人才的培养方式

随着酒店业日益激烈的竞争和越来越细分的市场，对收益管理的要求越来越高，对高质量收益管理人才的需求也越来越大。但是，不同于酒店业的迅速发展，收益人才的培养现状不容乐观。收益管理人才的培养十分缓慢，需要一个长期的过程，这就形成了人才短缺，尤其是具有丰富经验的经理层。此外，收益管理人才的培养方式方法也有待突破，缺少系统的培养模式，在这一方面高等教育也还不完善。另外，缺乏竞争力的薪资水平造成了收益人才的高流动性，这种高流动又使得很多酒店不愿投资去培养收益管理人才。

随着行业越来越认识到收益管理人才对收益实践的重要性，一些酒店集团主动做出改变，开展新的尝试。酒店正在开拓多方面人才引进渠道，广泛吸引更多行业内外收益管理人才，获取竞争优势。对于专业的收益管理人才自身而言，也需要不断充实自己，学习新的知识和技能，才能满足在酒店中的多元角色定位。

三、收益管理观念的重塑

收益管理为中国酒店业者实现收益最大化提供了方向，但是由于收益管理在中国酒店业的应用还不成熟，使用时间不长，有些从业者的收益管理观念还存在片面性，从而影响到在实际工作中收益管理实施的效果。

例如，在实施收益管理时，面对市场存房量的激增，为了保持高入住率和实现收益最大化，一些酒店会降低房价以刺激短期需求。但这往往会损害长期利益，因为一方面低价格会导致全行业的价格战，不利于健康的竞争；另一方面，消费者会根据以往经验设立高品质产品和服务的心理参考价格，并使用此参考价格来评估以后享受的价格是否合理和公平，一旦酒店的低价成为消费者的参考价格，长此以往酒店要恢复高价就很难，而且会降低酒店在消费者心目中的价值。

因此笔者结合自身的学习和工作实践，谈一谈常见的三个错误的收益管理观念。

（一）出租率与收益管理的矛盾

有人认为对于一个年平均出租率不到 60% 的酒店来说，其关键任务是提高出租率，因此不适合实施收益管理。这种观念有着严重的局限性。

首先，衡量收益好坏的关键指标是单房收益（RevPAR），优化收益不能只是提升出租率（OCC%），而是追求平均房价和出租率（OCC%）“最优”组合的过程。其次，对收益好坏的评价不能只着眼于自身酒店，而要在整个行业竞争环境中进行比较才更具意义，就如国内其他城市的酒店房价和北上广的酒店房价不具可比性一样，收益指标的绝对值并不能完全说明酒店的竞争能力。换言之，即使酒店出租率未达到60%，但酒店市场综合指数（RGI）却高于竞争对手，也说明其具备竞争优势；进一步，就算市场综合指数（RGI）低于竞争对手，还要看市场渗透指数（MPI）和房价指数（ARI）较竞争对手的比较情况。再者，收益管理追求的是将适当的产品以适当的价格通过适当的销售渠道在适当的时机销售给适当的客户，从而最大限度地提升销售额和利润率。

因此，就算是出租率不高的酒店，也需要通过收益管理对产品、价格、渠道、时机以及客户构成进行研究。收益管理是基于市场供求和竞争环境来分析的。对于出租率高的酒店，收益管理可以通过降低成本实现收益最大化；而对于出租率不高的酒店，收益管理也可以通过需求把控来优化收益。

（二）收益管理是收益经理的事情

有人认为收益管理的工作内容就是：

（1）在需求旺季超预订并控制房量，以争取满房；

（2）管理分销渠道，按需求调整价格；

（3）制作报表，召开收益分析会。

因此，收益管理只是收益经理的工作，这是正确的吗？首先，来看一下收益管理管控的五大核心内容——产品、时间、价格、销售渠道、市场与酒店其他部门的关系，比如产品部门需要始终关注和完善产品和服务；销售部门和营销部门需要始终跟踪客户、了解需求，从而对销售时机、销售价格、销售渠道进行管控及优化。这些都需要整个管理团队结合酒店实际经营情况及市场供求关系变化进行统筹分析。其次，在收益管理的日常操作中，需要各部门的紧密配合，如果没有设备部门对OS房及时进行维修、前台对客人离店信息的核准及传递、销售部对团队客人信息变化的及时反映、管家部的及时清扫等，收益管理很难得到准确的数据做出精准的预测。

无论从收益管理的内容本质，还是日常操作过程，都说明收益管理不只是收益经理的个人舞台，而是一个团队的工作。

（三）收益管理与市场销售的矛盾

更有人认为由于收益管理就是不断提升价格，并会给销售部门带来巨大压力，甚至导致客户流失。诚然，提高单位产品售价是收益管理工作的一部分，与销售人员——基于业绩的压力、考核的原因以及客户诉求——希望以较低价格来售卖产品，表面看来，这两者之间存在冲突。

但是，这样的“冲突”真的是不可调和的吗？首先，从目的上看，销售和收益管理的工作都是为了创收，收益管理通过分析能够有效预测和管控需求，为销售工作给予指导和帮助，能更好地实现创收。其次，收益经理的定价，是对市场供求进行全面把控、对客户性质进行整体了解、对收入配比进行综合考虑得到的结果，兼顾酒店所能获得的长期利益与短期利益，从而帮助销售人员以更合适的价格来满足宾客的需求，最终提升酒店的整体收入。产品单价和单房收益只是衡量酒店收益的局部指标，收益管理应着眼于是酒店整体收益的最大化，即 TotPAR（Total Revenue Per Available Room）的提升，通过运用有效的管控手段，在同等收入机会时利用 GOP — PAR 的指标进行筛选和衡量，巧妙搭配团队和散客的比例。

收益管理是一个不断学习、不断实践、不断深入的过程。要想有效应用收益管理，首先要培养正确的收益管理文化，加深团队对收益管理的认识及理解程度，然后培养有效优秀的收益管理人才，最后才能有效学习和运用收益管理技术和方法。

第二章

收益管理的发展过程与研究进展

【学习目标】

1. 了解收益管理发展的里程碑。
2. 了解收益管理的研究进展。

【引导案例】

美国航空界的管理变革

1978年以前，美国航空业是一个垄断经营行业，实行严格的标准票价规则，其利润增长的主要来源是控制经营成本和扩大经营规模。该经营方式不仅造成航空运输资源的闲置和航空经营的低效率，而且高额的单一票价体系阻碍了航空客户需求的增长。第二次世界大战后，技术的发展使得航空公司的运输能力迅速增长，同时刺激了公众旅行需求并降低航空公司行业进入和运营成本，推动航空运输业发展，为打破垄断，实现自由竞争创造条件。

1978年10月24日，美国政府为了促进航空领域的自由竞争，卡特总统签署了航空放松管制法，废除了政府对航线和票价的所有管制。以美国人民快递航空公司为代表的一些新兴的低成本小型航空公司的进入，彻底改变了美国航空业的市场结构和加剧行业竞争。低成本战略成为小型航空公司参与市场竞争重要手段，以低于大型航空公司50%~70%的票价，吸引大量低端客户群，获得了许多潜在的市场。虽然大型航空公司通过服务、品牌和信誉等竞争优势吸引重视舒适和服务的高端商务乘客，但利润仍受到严重的侵蚀。

1992年4月的价格大战使航空业共损失20亿美元。而此间，美洲大陆航空公司采用收益管理的经营思想，不仅在市场竞争中保住市场份额，而且当年还获得了10亿美元的额外收益。

美洲大陆航空公司成功经营案例使美国航空界认识到收益管理的重要性，使得收益管理理论在以航空业为代表的服务业领域中得到广泛的应用。

（资料来源：施若，顾宝炎．收益管理理论的基础问题及发展研究［J］．企业经济，2008（9）：12-15.）

第一节　收益管理的发展过程

在收益管理的发展道路上，离不开企业和个人做出的种种重要的决策与行动，这种重要的决策和行动被称为“里程碑”——不仅仅代表着成功发展道路上的每个关键点，也是激励后来者的一个重要方向标。这些里程碑都是理解收益管理为什么能在不同的行业广泛应用并成功的重要因素，对其的分析有助于帮助探索和促进收益管理在新行业的成功应用。

我们希望通过对收益管理发展之路上里程碑事件的检验与总结，能够对研究和使用收益管理的同人有所帮助。

一、“第一个吃螃蟹的人”——美利坚航空公司

收益管理思想的萌发，可以追溯到20世纪70年代初对航班进行的差异化销售。面对同样的票价，人们一般不会早起搭乘飞机，因此早班飞机常常面临空机的局面。为此，在1972年，英国海外航空公司（现在的英国航空公司）通过推出了一种称为“早起鸟”（Early Bird）的不可变更优惠折扣来刺激人们对于早班机的购买（McGill and van Ryzin，1999）。然而，收益管理的思想被最清晰明确地受到应用的应该是美利坚航空公司。

首先是“票价超级节约者”（Super Saver Fares）的出现。20世纪70年代中期，设定美国航空定期航线价格的民航委员会推出了“公共租赁”的概念，允许航空公司自主推出或取消航线和自主定价，使承租航线的航空公司能够在可变计划的基础上以远低于原先定期航线的所固定的成本加价的价格来销售飞机座位（Jenkins，ed.，1995）。美利坚航空公司随即召开了一场头脑风暴会议来探讨如何降低成本与其他美国航空公司竞争。他们发现美国的飞机通常只有一半满座率，意味着航空公司每年为上千个空座位付出了生产成本却没有任何获益。因此，他们终于意识到收益问题远比成本问题更重要（Cross，1977）。美利坚航空公司的营销队伍开始致力于从过剩的座位供给中获取利润，在1977年推出“票价超级节约者”（Super Saver Fares）——顾客可以提前预订买到不可变更的优惠票价，每架飞机有30%座位参与这项优惠方案。

接着是效益管理的应用。因为美利坚航空公司很快发现起伏的需求随着航线、不同时段、不同日期而变动的，因此需要一个对需求变动的混合优惠方案。他们开始建造了大型数据库并开发了计算机系统，以便监测和预测乘客需求；培训熟练的分析员监管整个系统方案，以便更好、更精准地解释说明并解决矛盾和分配座位的优惠折扣——这一套完整的人员、过程以及系统，被称为效益管理。效益管理产生了数亿美元的额外收

入，并且缓和了来自“公共租赁”的竞争威胁（Jenkins，ed.，1995）。在随后几年间，美利坚航空公司继续对效益管理的预测、库存控制以及超额能力进行投资。

而航空管制的取消带来了真正意义上的收益管理。20 世纪 80 年代初，轻度的经济衰退和由撤销管制所产生的新的竞争体系给航空业带来了新威胁。以人民捷运（Peoplexpress）为首的主推低价策略的航空公司正在迅速成长，他们提供甚至比“票价超级节约者”更便宜的票价。每个月，人民捷运都会公布壮观的流量和收入增长。美利坚航空公司开始投资了数百万美元在被称为 DINAMO（动态库存优化和维护优化）的次世代容量控制上。1985 年，美利坚航空公司公布了“终极票价超级节约者”（Ultimate Super Saver Fares），在提前购买以及不可变更和不退款的基础上，它甚至比人民捷运的票价还要便宜。在接下来的一年，美利坚航空公司的收入增长了 14.5%，利润增长了 47.8%，人民捷运在随后倒闭，这个策略获得了毋庸置疑的胜利。与效益管理不同的是，这次策略将目标放在了那些可用但过剩的座位上，系统和分析员通过不断地重新评估这些折扣，以便发挥他们的最大价值，被称为收益管理。

美利坚航空公司的胜利吸引其他航空公司也陆续采用收益管理，并且取得不错的效果。达美航空公司于 1984 年采用收益管理并取得 3 亿美元年收入的业绩，被《华尔街日报》评为扭亏为盈的典型案例（Koten，1984）。美国联合航空公司应用收益管理建立和实施基于出发地和目的地的系统，它是用来根据旅客流量来控制座位库存，甚至一些低成本航空公司，例如，西南航空公司，也采用了收益管理（Scorecard，1994）。在欧洲，英国航空公司、荷兰皇家航空公司和德国汉莎航空公司是最早采用收益管理的几家公司（Jekins，ed.，1995）。现如今，收益管理可以说是全球航空业在运作中不可缺少的一部分。

著名的鲍勃·克兰德尔（Bob Crandall），美利坚航空公司的董事长兼首席执行官，曾这样说过：“收益管理是从撤销管制以来运输管理中最重要的一项技术……我们估计收益管理在过去的三年创造了 14 亿美元的增加收入”（Smith et al.，1992）。美利坚航空公司作为效益管理的创始者，其成功激励着后来所有的追随者。

二、在航空业外的首次尝试——万豪国际集团

酒店拥有许多与航空公司相似的特点：易变动的库存、需要客户提前预订、价格成本的竞争、供应与需求关系的大幅波动。20 世纪 80 年代，在了解到收益管理在航空业的成功应用之后，比尔·万豪（Bill Marriott）大胆提出万豪酒店集团也可以利用收益管理。然而，从建议提出到实际操作中，总会面临很多复杂问题需要解决。最明显的例子是，航空公司总部可能有一批核心的员工专门进行收益管理，而万豪国际集团旗下的每一个酒店都有自己单独的总经理，只对自己的酒店的盈亏状况和房间价格以及房间库存负责。这种商业模式上的差异需要一种基于地域和全球范围内的支持与监管，将权力分散下放的解决方法（Cross et al，2009）。

万豪寻求一种能适应酒店战略和结构的收益管理系统，并将其称为实践性收益管理（Cross，1997）。因此，万豪集团设立了一个收益管理机构，投资建立了一个能为万豪旗下将近共 160 000 间客房提供每日需求预测和库存建议的自动化收益管理系

统（Marriott and Cross，2000）。他们还创造了一个与航空业“票价超级节约者”相似的“围栏价格”（fenced rate），根据需求为对价格敏感的细分市场提供有针对性的折扣（Hanks et al.，1992）。为了解决由于顾客住店时间长短不定所带来的困难，建立能够预测顾客预订方式、房价与顾客住店时间的万豪需求预测系统，来优化房间供应。通过对收益管理的成功执行，万豪国际集团年收入增加 1.5 亿 ~2 亿美元（Marriott and Cross，2000）。

戴夫·罗伯茨（Dave Roberts），万豪集团全球收益管理副总裁，认为收益管理与市场营销战略有着不可分割的关系（Cross et al.，2009）。万豪集团发展了称为 One Yield 的次世代收益管理，有效提高了实际收益与最优化收益之间的吻合度，并使万豪集团赢得美国《CIO》杂志 2005 年企业价值奖。在《数据分析竞争法：企业赢之道（competing on analytics）》一书中，达文波特（Davenport）和哈里斯（Harris）（2007）认为万豪集团创新的收益机会模型（Revenue Opportunity Model）能够测量实际收益与理论最佳收益之间的差距，同时也是衡量收益管理运行状况的重要手段。

在万豪集团收益管理的成功实践之后，北美其他主要的酒店集团也紧随其后。20 世纪 90 年代，收益管理在希尔顿酒店、假日酒店、喜来登以及迪士尼，均取得显著的效果。其他需要进行客户细分、预测、价格和时间控制相关产业，例如邮轮、餐馆以及高尔夫场馆，也纷纷采用收益管理战略手段（Kimes，2003）。酒店收益管理还延伸到汽车租赁，通过折扣可用性和时间控制，收益管理从破产危机中拯救了美国国家汽车租赁公司，挽救了 7500 个工作岗位（Geraghty and Johnson，1997）。体育和娱乐业也开始采用收益管理。比如戏院、运动队和剧院根据细分市场汇总客户对同一事件的不同价值感知，提供差异化价格（Talluri and van Ryzin，2004）；现场演唱会对不同区域进行差异售价，使得收益最大化。收益管理让门票的价格更加符合实际市场的需求，从而能够减少人们到二级市场求购门票的需求，使得事件主办方直接获得更大的利润（Waddell，2009）。

收益管理这个概念后来被延伸到了金融领域，但在说法上发生了一些变化，例如会计、律师（Dunn and Baker，2003）和天然气储运（Talluri and van Ryzin，2004）这些专业服务公司将其称为“时间库存”管理。

三、从点到面的应用——联合包裹服务公司（UPS）

在 20 世纪 90 年代，UPS 在收益管理的应用上创造了另一座里程碑。从 1907 年创立开始，UPS 的发展一直秉承创始人吉姆·凯西（Jim Casey）“最好的服务、最低的价格”的思想，遵循着礼貌、可靠、低价以及全天候 24 小时的服务理念。UPS 通过严格的成本控制来保持低价格，他们评估运送流程中的每一个操作环节以及每一项决定，细微到送货员从货车到大门之间要走多少步，甚至连司机身上钥匙扣上钥匙的顺序都要计算在内，在关税的基础上，考虑能获取利润的最低价。

联邦快递在 1971 年成立，1980《汽车承运人法》的出台撤销了对火车运输业的管制，并解除了所有对于空运包裹的地面派送限制，联邦快递成为 UPS 的主要竞争对手。为了直接与联邦快递在孟菲斯的转运中心竞争，UPS 加快了在路易斯维尔的航空集散中心的建设。以“公众快递员”的身份成长起来，UPS 已经发展了全国范围的次日达航空业务（Niemann，2007），但仍然只是一个业务集中的载体，甚至没有一个营销部门。

为了在这场竞争中获得胜利，丹·迪马乔（Dan DiMaggio）从业务部门被调任为空运产品营销经理。最初，UPS 只为那些客户量大能降低服务成本的业务提供折扣优惠，然而，随着竞争加剧，销售人员很快便申请要求更多更大的折扣，甚至价值数百万美元的折扣优惠。迪马乔和负责地面产品的营销经理乔·派恩（Joe Pyne）意识到需要有规律可控制的折扣管理，即一个完善定价机构。

因此，收益管理在 UPS 的应用最开始是源于折扣管理。UPS 创建了一个被称为“激励管理系统”的企业范围内工具，用来收集 100000 个商业客户的盈利亏损数据。这个系统被用来监督和实施有关折扣的决定和合同的管理、执行以及遵守（Rick Campana，2010，personal communication）。然而，随着价格开始被迅速地蚕食，UPS 的决策团队需要更多能确保折扣被有效利用的帮助。他们意识到航空业对于折扣座位的收益管理是行之有效的做法，因此营销副总裁里克·坎帕纳（Rick Campana）集合了一批前航空专家和具有广泛航空专业知识的外聘顾问（Dan DiMaggio，2010，personal communication）。同时 UPS 也正确判断出他们所面临的问题是不同于航空业和酒店业的，于是创立了一个定制化的投标响应模型，根据历史数据来预测在不同的价格点赢得业务的概率，这系统称为目标定价法（Mark Rudel，2010，personal communication）。

在目标定价法的帮助下，UPS 能够预测在不同净价格下合同投标的结果，识别以高出竞争对手的价格投标和更大的折扣来达成交易的时机。成本数据和战略营销目标的结合，在任何竞标中都能获得准确的价格指导。有利的投标价格使 UPS 能为客户提供更加统一合理的价格，实现长期利润最大化（Campana，2007）。根据 UPS 的报告，实施目标定价法的第一年，其利润增长超过了 1 亿美元（Agrawal and Ferguson，2007）。

其他的运输公司也通过引进了收益管理。联邦快递公司的董事长兼首席执行官德里克·史密斯（Frederick Smith）认为其 10% 的收入增长和 33% 的利润增长很大程度上归功于收益管理和科学的定价分析过程（Boyd，2006）。尽管还没有被认为是运输行业内的标准做法，许多航运、货运、铁路以及联合运输公司，例如，黄色货运（Yellow Freight）公司和 CSX 公司，都采用了收益管理（Talluri and van Ryzin，2004）。

在谈判交易的利益最大化的应用基础上，收益管理以新的形态回到了酒店业。在 2007 年，万豪集团引进了一套“团队价格优化法（Group Price Optimizer）”，将每个统计得出的市场细分导入价格弹性模型。与 UPS 的目标定价法类似，这个系统采用竞标响应模型预测了在不同的价格点获胜的概率，从而给销售团队提供准确的关于团队客户的价格指导。

收益管理也开始被应用到电视广告销售中。加拿大广播公司在 1992 年实施运作第一个类似于传统旅游业收益管理的系统。它能预测需求并优化最低需求值来决定是否进行大量的折扣优惠（Cross，1997）。20 世纪 90 年代后期，收益管理被美国广播公司（ABC）（Mandese，1998）和美国全国广播公司（NBC）（Bollapragada et al.，2002）应用到网络广告销售中。广播电视的网络广告销售主要是被电视台广告商及媒体见面会（the upfront）所控制影响的，在新的节目时间表公布后，约有 70%~90% 的广告时间库存会被提交申请。收益管理系统会根据对总需求和收视率的预测自动为方案中的广告安排合适的位置时间。现在，全球很多广播电视网均有采用收益管理系统（Bell，2005）。

四、非易腐性库存的应用——福特汽车公司

福特汽车公司作为汽车制造商一直采用传统的生产模式进行商业运作，按照严格的控制步骤组装元件。当需要平衡个别产品的供应与需求关系时，传统的运作模式并不能解决，往往只能通过粗放式地准备超额库存来刺激价格。

20 世纪 90 年代早期的经济衰退给企业带来了一段不稳定的时期，使得福特公司开始重新评估自身业务的运作，以便达到华尔街所要求的盈利水平。劳埃德·汉森（Lloyd Hansen），福特公司全球营销与销售财务总监，意识到新一轮的成本削减并不能解决公司的问题（Mohammed，2005）。虽然被来自航空公司、酒店和汽车租赁公司的例子所鼓舞——使用收益管理将客户分割为“微型市场”并创立了一套有针对性的差异化价格体系结构来达到收益最大化（Hansen，2005），但是汉森也明白直接套用这些企业的收益管理应用是不切实际的。

过去，车辆以及其配件的定价是根据其年度交易量的估计和盈利大小的预测来设定的，导致某些产品定价过高，而某些产品定价过低（Coy，2000）。福特公司也曾使用过“营销方案”来促销滞销的车辆和弥补定价的失误，比如经销商回扣、客户返现、贷款利率补贴等典型的激励手段。尽管这些方案曾被广泛使用，但已经不适用新的市场环境。客户的价值感知会基于地理位置（西南部地区的客户往往比东北地区更愿意出高价购买卡车）、车辆类型（卡车买家往往比轿车买家对现金回扣更敏感）和产品配置（某些汽车的附加配置的价值比买家为此多增加的花费还要高）等因素进行调整（Cross and Dixit，2005）。因此，想要在广泛的产品线和辽阔的地理市场中了解客户偏好的范围，需要大量的数据收集、分析以及实验。

为此，汉森创立了一个收益管理机构，聘请了具有航空和酒店管理经验的顾问来预测不同的细分市场对于不同种激励价格的反应，并制订了一个根据产品和地区来获得最佳激励的方法。引进收益管理的结果是惊人的，在生产量不变的情况下，却产生了更多的收入。据福特公司估计，在十年的时间内，收益管理项目为其带来了约 30 亿美元的额外利润（Leibs，2000）。

福特公司在定价和收益管理上取得的巨大成功，吸引许多汽车制造商在汽车和零配件的销售中也纷纷采用了收益管理。通用汽车服务零部件运作公司通过应用收益管理获得了 1 亿美元的收入增量（Neville，2007）。福特的零售商也率先利用收益管理，通过打折和促销的形式，创造出一种动态的更有针对性的定价方式，使得供给与需求更实际地相匹配。促销活动的规划和优化在时间安排和对目标产品和客户群的促销所能增加的销量的预测上给零售商带来了方便。在商品季节或是产品生命的末期，零售商往往采用最优化的降价来使收益最大化（Phillips，2005）。

五、旅游业与运输业的改革——洲际酒店集团（IHG）

到了 20 世纪 90 年代末，几乎所有主要的航空公司，酒店企业，邮轮公司和汽车

租赁公司都开始应用收益管理系统来预测客户的需求，以优化收益。“优化”的内涵并没有被很好地理解，它被限制对目前可以用的库存资源和现有的价格类别分别进行优化。然而，优化的本质应该是用先进的技术预测需求，参考现有的价格和库存，组合制定出最优的销售方案。优化的出发点是对价格和存量的最优化算法，而不是指价格本身。

许多酒店公司认识到传统的收益管理系统只是简单将现有空房以最低价售出，因此他们产生了这样一个疑问：“收益管理只是降低房价吗？”（Cross et al.，2009）。他们的另一个忧虑是对于竞价的害怕。2006 年，旅游业收益管理应用的一项研究表明，价格的螺旋式下降是由于管理者缺乏应用剩余房间库存的经验（Cooper et al.，2006）。

为了解决这个问题，洲际酒店集团采取了一项弹性研究，用收益管理了解客户的价格敏感度。研究的结果是令人鼓舞的，收益管理能够测量客户需求的价格弹性，给酒店更准确的价格指导。

得到正确的价格弹性不仅需要非常高的计算精确度，而且需要客户的价格感知。洲际酒店集团认识到，当竞争对手改变他们的价格时，顾客对于洲际酒店集团的价格感知也随之改变（Cross et al.，2009）。洲际酒店集团与有丰富定价分析经验的外部公司进行合作，通过对第三方的竞争数据的研究，收集市场上酒店的历史价格以及成交量，客户在酒店不同的停留时间长度以及从预订到抵达的时间长度，这些数据共享有利于基于顾客的差异进行精确的价格弹性衡量。

这种与库存管理紧密结合的收益管理系统紧密关联，其价格优化提高了每间可用客房 2.7% 的收益（InterContinental Hotels Group，2009）。新的价格优化系统不断地评估酒店的需求，采用实时竞争价格，并且评估其顾客的价格弹性，把握每一个实现收益最大化的机会。兼顾需求预测和价格竞争能力的优化定价系统，是酒店收益管理上的革命性转折。

六、收益管理的未来展望

具有战略眼光在企业和个人做出的重大决策，为收益管理的发展奠定的坚实基础。收益管理取得了新的应用，技术有了新的提高，在新的行业有新的拓展。这些成就必然推动收益管理新的发展，为此我们对收益管理的未来做出大胆的展望。

首先，收益管理很可能进军热门的金融服务业。收益管理先进的分析方法，在帮助银行等贷款方理解客户细分以及针对不同客户细分提供更准确的贷款利率方面，具有很大的潜力。过去贷款方使用非常复杂的客户风险评估，但定价策略和客户价值评估却一直没有很大的改善（Kadet，2008）。一些银行和汽车贷款方在价格优化上已经取得初步的成功，但是贷款过程中的保密机制却限制了让公众认识到收益管理在这个领域的应用（Reeves，2009）。

其次，未来收益管理必须将供应链纳入定价体系中。人们已经意识到，单独地使用价格来平衡供求关系是有风险的，在一个生产力被约束的环境中，提高价格可能会流失高利润的客户以及给了竞争对手可乘之机。收益管理通过对价格弹性和客户需求的分析进行优化定价的方式，已经显示出局限性（Jacobs et al，2010）。因此，下一次改革的重点应该是调整供应以满足需求，使得供应衔接优化更加可行（Bippert，2009），这将在汽车租赁车队规划和商品推销上得到初步应用。

客户关系管理（CRM）和收益管理的结合则是未来一个重要的里程碑。大部分收益管理的数据库与客户关系管理的数据库并没有紧密关联（Milla and Shoemaker，2007），而这种结合可以使企业得到一个客户终身价值最大化的可能性，而这点是对企业的发展至关重要。收益管理时基于长远的潜在利润来对价格以及可用库存进行优化的管理方法，价格优化系统已经在基于单次的交易行为上发挥了很大的作用。但是，从长期创收的角度来看，了解客户对企业的终身价值是获取核心竞争优势的关键。例如，当潜在的客户入住赌场附属酒店，不仅为其设立合适房价，而且赌场可以通过客户关系管理和顾客跟踪系统的数据整合来预测其在赌场的总花费（Metters et al.，2008）。

第二节　收益管理的研究进展

近几年关于收益管理的文献数量在迅速增长（Anderson，2010），收益管理研究逐渐渗透至接待行业的多个分支领域，包括酒店（Kimes，2003）、餐厅（Kimes，1999；曾国军，刘梅等，2016）、功能性空间（Kimes 和 McGuire，2001）、主题公园（Heo 和 Lee，2009）、游轮（Li，2013）、博彩（Chen 和 Tsai，2012）、高尔夫课程（Licata 和 Tiger，2010）、SPA 温泉会所（Kimes 和 Singh，2009）等领域。在接待业中应用范围变广的同时，研究主题变得更加复杂（Noone 等，2011），采取多个研究视角，包括消费者行为、战略管理、市场营销等（Ivanov，2014；Anderson 和 Xie，2010），对定价、容量及预订控制、市场细分、需求预测、收益绩效评估、酒店竞争群战略以及收益管理信息系统的开发与实施等进行研究。

Kimes（2003）对研究收益管理的主流话题进行总结，主要包括应用领域、概念梳理、定价策略及库存管理；Bitran（2003）梳理了收益管理中的动态定价策略；Thompson（2010）梳理了餐厅收益管理的研究进展以及研究方向；Chiang（2007）按研究领域、研究焦点对已有的收益管理文献的主题与内容做出归类，但未关注研究方法；Guillet（2015）总结了以往 10 年内的文献，总结了收益管理的研究领域、焦点与研究方法。

在收益管理的应用研究上，有学者从系统论视角归纳酒店的动态定价模型和基于收益管理系统的自动预订技术（Boyd 和 Bilegan，2003）；有学者通过市场营销视角，聚焦在游轮领域，如何通过收益管理实现利润最大化（Sun，2011）；Ivanov（2012）总结了过去收益管理在酒店业中的应用，并着重讨论收益管理系统的组成以及收益管理实施步骤，突出顾客和收益管理理念之间关系的重要性。

收益管理理念在接待业的各个分支领域中不断传播，应用得以不断扩展，学术研究在理论发展、知识拓展以及行业指导方面发挥了突出作用（Law 等，2012）。总的来说，收益管理的知识呈现碎片化的特征，还未形成体系（Ivanov 和 Zhechev，2012）。相较于国外研究，国内的研究较少，范围局限（施若和顾宝炎，2009），只关注某一具体焦点（李根道，2010），缺乏系统梳理。所以还需要学界加强对该领域的重视，关注前沿趋势，进行系统而完整的研究，从而为收益管理在各个行业的战略规划、管理实践提供有力参考。

在文献综述上，国内有关收益管理文献综述数量甚少，而且大多就单一期刊、单一研究领域、特定研究视角和研究焦点去讨论收益管理理念，难以掌握其全貌。因此，本书对收益管理的研究进行了系统梳理。

一、研究设计

（一）期刊选择与论文样本

在 Scimago Journal & country Rank（SJR）上搜索“Tourism，leisure and hospitality management”类期刊的排名（2016 年排名情况），前 21 名期刊均属于 Q1 区，说明它们在接待业和旅游业研究领域中具有较为重要的影响，期刊质量、知名度受世界认可（邓金阳等，2010）；在 Q2 区的文章中，Journal of Vacation Marketing（KVM），Journal of Hospitality and Tourism Marketing（JHTM）两个期刊在近年也曾出现在 Q1 区，或在发展历史中多次位于 Q1 区并处于前 20 名，所以我们将这两个期刊也纳入检索范围。首先确定接待业期刊的检索范围，而后检索收益管理综述类文献，最终再总结检索的文献以及所在期刊情况。

根据已有的文献及综述对收益管理的定义及内涵进行归纳梳理，见表 2–1。

表 2–1　收益管理的定义整理

侧重点	定义	作者
体现市场细分对提高收益的重要性	企业在有效协同影响收益的内外要素基础上，在正确的时间和地点以正确的价格向正确的客户提供正确的产品和服务，以实现企业收益价值即利润、顾客满意度和社会贡献度最大化的目标	施若和顾宝炎（2009）
	在合适的时间、合适的地点、以合适的价格将产品销售给合适的顾客	Kimes（1989）
	把收益管理定义为需求决策管理，即对市场需求进行决策管理的过程，核心是决定在何时、何地以何种价格向谁提供产品或服务	Talluri和van Ryzin（2004）
认识到资源创造价值随时间变化	通过对相同服务的差别定价以平衡单位能力的需求和收益，从而获得固定和易逝性资源的有效利用	McGill 和van Ryzin（1999）
	对不同时段的资源和价格进行有效管理，通过充分利用资源来提高企业收益	Weatherford 和 Bodily（1992）
强调市场预测在收益管理中的重要地位	根据需求预测，调整客房入住率以实现客房收益最大化	Jauncey等（1995）
	基于预测的需求和供给关系，通过差别定价，最大化企业收益的系统而整体的方法	Sanchez和Satir（2005）
	根据需求预测，通过动态定价和可用资产的有效分配达到收益最大化的一种商务活动	Choi和Cho（2000）

续表

侧重点	定义	作者
强调市场预测在收益管理中的重要地位	为不同支付意愿的消费者分配资源的战略和战术，以达到收益最大化	Phillips（2005）
	通过对信息系统、管理技术、概率统计和组织理论、经营实践和知识等进行优化组合，以增强企业的收益能力和对顾客的服务能力	Donaghy 等（1995）
以收益管理要达到的效果为侧重点	通过优化产品价格和可获得性，使得有限的供给能够和变化的市场需求达到一个平衡，从而实现企业收益最大化	杨慧等（2008）

从表 2–1 可以看出，基于不同视角，不同学者对收益管理的概念理解存在差异。其中，第一类突出市场细分的重要性，力图全面、准确地描述收益管理的内容，包括了收益管理中的市场、运作机制和企业目标等内涵。另外，早期学者的研究认为收益管理的市值是根据需求预测合理定价，使得每单位库存的收益最大化的同时（Anderson 和 Xie，2010），使价格敏感型顾客能够在非高峰时段享受到价格优惠，并使他们的感知公平性得到合理满足（Kimes 等，1998）。通过梳理可以看出，收益管理即通过定价管理、库存优化、容量控制与预订控制、市场细分、需求预测、竞争群的管理以及现代信息技术，实现收益和利润的最大化。所以在检索题目和关键词时，除了“revenue/yield management”，同时还有“capacity（容量）”“pricing（定价）”“price/rate fence（价格围栏）”“demand/booking forecast（需求 / 预订预测）”“competitive set（竞争群）”“distribution channel（分销渠道）”“segmentation（市场细分）”“profitability（盈利能力）”“profit（利润）”“overbooking（超订）”“duration（持续时间）”“RevPAR/ADR”“occupancy（入住率）”“inventory（库存）”“perceived fairness（感知公平性）”等词语，样本中还包括收益或利润相关的文献。需要说明的是，本部分文献集中于接待业领域的收益管理，而航空运输业被归类于运输业领域（Chiang 等，2007；Guillet，2015）。

综上，检索 20 世纪 80 年代以来至 2017 年 3 月的文章，共 252 篇，去除书评、文献综述以及短篇通讯类文章 76 篇，最终有效样本文章共 176 篇。具体情况如表 2–2 所示。

表 2–2　期刊指标及文献检索数量

期刊	H指数	SJR	总引文/篇	样本文章数	筛选后最终样本数
Annals of Tourism research（ATR）	123	2.205	5510	2	2
Cornell Hospitality Quarterly（CHQ）	53	1.996	1675	36	18
International Journal of Contemporary Hospitality Management（IJCHM）	47	1.745	10302	28	18
International Journal of Hospitality Management（IJHM）	75	1.956	8102	81	59
Journal of Vacation Marketing（JVM）	46	0.760	1277	4	3

续表

期刊	H指数	SJR	总引文/篇	样本文章数	筛选后最终样本数
Journal of Hospitality & Tourism Research（JHTR）	47	1.553	1364	8	8
Journal of Hospitality Marketing & Management（JHMM）	25	1.5556	3286	9	9
Journal of Travel & Tourism Marketing（JTTM）	32	1.179	6126	13	11
Tourism Managment（TM）	130	2.580	14659	6	3
Cornell Hotel & Restaurant Administration Quarterly（CHRAQ）	—	—	—	45	27
International Journal of Revenue Management（IJRM）	9	0.143	/	20	18

资料来源：http：//www.scimagojr.com

（二）框架梳理与量化内容分析

本部分通过量化内容分析（Quantitative Content Analysis）的方法梳理已有的综述文献（Berelson，1971）。这种方法将文献按预先设定好的框架进行梳理和分析（Weed，2006），能清晰地展示将文献在一个确定时间轴上的研究进展（罗振雄等，2013）。编码过程中，两名编码员背对背地对每一篇文献进行详细的内容分析。若两名编码员取得的结果是一致的，则将该文献的编码结果记录在统计工具内并直接纳入分析；若两名编码员的编码结果未能达成一致，则请第三名编码员参与讨论，后做出一致的判断。通过已有综述类文献（见表2–3），提取出分析框架，包括作者的国别、研究机构、论文作者、被研究区域、研究领域、研究焦点、研究视角、研究类型以及研究方法九个部分。

表2–3　收益管理文献综述情况

作者（发表年份）	综述题目	时段	综述标准	期刊来源
Guillet BD和Mohammed I（2015）	Revenue management in hospitality and tourism	2004—2013	研究类型、研究设计（定性、定量、混合）、研究焦点、被研究区域、研究领域、数据分析方法等	IJCHM
Kimes SE（2003）	Revenue management：A retrospective	1990s	研究焦点、研究领域	CHRAQ
Chiang WC，Chen JC和Xu X（2007）	An overview of research on RM：Current issues and future research	2000—2005	研究领域、研究焦点、研究视角、发展趋势	IJRM
Thompson GM（2010）	Restaurant profitability management	1961—2009	时期分布、研究主题、研究焦点	CHQ

续表

作者（发表年份）	综述题目	时段	综述标准	期刊来源
Anderson CK和Xie XQ（2010）	Improving hospitality industry sales：twenty-five years of RM	1998—2009	时期分布、发展脉络、研究领域、研究焦点、作者	CHQ
Ivanov S和Zhechev V（2012）	Hotel RM- a critical literature review	1989—2011	研究领域、研究焦点、研究视角、研究主题、研究内容	Tourism
Burgess C 和 Bryant K（2001）	RM-the contribution of the finance function to profitability	1982—2000	研究焦点、研究内容	IJCHM
Mcgill JI 和 Ryzin GJV（1999）	RM：research overview and prospects	1958—1999	研究焦点、研究趋势、研究领域、研究视角、研究内容、时间分布、作者	Transportation Science
Weatherford LR 和 Bodily SE（1992）	A taxonomy and research overview of perishable-asset RM：yield management	1971—1990	研究内容、研究焦点	Operations Research
Kimes SE（1998）	Restaurant RM，applying YM to the restaurant industry	1998	研究焦点、研究内容	CHRAQ
施若和顾宝炎（2009）	收益管理理论基础问题研究综述	1989—2005	理论领域、行业领域、理论发展	改革与战略
Sun XD，Jiao Y 和 Tian P（2011）	Marketing research and revenue optimization for the cruise industry	1989—2009	研究焦点、研究视角、研究内容、研究趋势	IJHM
李根道等（2010）	基于收益管理的动态定价研究综述	1995—2009	研究内容、研究趋势	会计与财务管理
陈旭（2003）	酒店收益管理的研究进展与前景	1970—2000	研究方法、研究焦点、研究内容	管理科学学报

其中，作者国别是作者所属研究机构所在的国家或者地区，若论文是由多名作者完成，则仅统计第一作者所属的国家或地区。研究机构则是根据作者所属的研究机构，若论文由多名作者合作完成，则仅对第一和第二作者的研究机构进行统计。论文作者的分析利用 CiteSpace 软件进行，包括研究者的文章发表数量及其在酒店业或旅游业收益管理领域的影响力，并研究其合作网络。研究区域则是文章所关注的国家和地区，若研究关注的区域未说明或者涉及多个区域时，在统计时将其标注为其他。

收益管理在旅游业和酒店业中的分支领域包括了酒店、餐厅、高尔夫俱乐部、游轮、博彩、旅游景点、主题公园、会议及功能性场所、SPA 温泉会所、旅行社或其他旅游代理商等（Xiao 和 Smith，2006；Guillet、Mohammed，2015；Anderson and Xie，2010；Ivanov，2014）。基于 Xiao 和 Smith（2006）的编码方式以及样本文章的阅读和总结归纳，总结出了九个研究领域，见表 2-4。

表 2-4 收益管理研究领域分类

研究领域	内容
酒店和住宿（HL）/Hotel & Lodging	酒店、旅馆、度假村
餐厅和餐饮服务（RC）/ Restaurant & Catering	餐厅、宴会、餐饮服务
游轮（CR）/Cruise	游轮
博彩（CA）/Casino	赌场、博彩
主题公园（TP）/Theme Park	主题公园、游乐场
旅游代理商（TA）/Travel & Tour Agency	旅行社、旅游代理商
高尔夫（GF）/Golf	高尔夫课程、高尔夫俱乐部
温泉会所（SPA）/SPA	温泉会所、温泉浴场、温泉疗养地
其他（OTH）/Other	功能性场所、会展中心、商场以及其他

在已有的酒店业和旅游业中收益管理研究框架 Noone（2011）中，收益管理的核心系统被概念化成一个循环的过程，这个框架后来被 Guillet、Mohammed（2015）进行了扩展，主要包括两个层面：其中内层包括了收益管理的七个核心的步骤，分别是业务分析、定价策略、需求预测、库存优化、预订控制、分销渠道管理、绩效分析；外层包括了主要活动与资源环境因素，如战略管理、人力资源管理、竞争、法律的配套、经济环境、社会环境、技术应用、顾客管理。本节对文献的分析思路也可参照此种内外层框架，分成“研究焦点”和“研究视角”两个层面。同时，根据 Law（2012）、Guillet（2015）等人对研究焦点分类的框架，参考 Xiao 和 Smith（2006）的编码方式并结合文献阅读情况进行了合理的改进，使研究焦点的划分方式更加契合收益管理研究关注的话题分类，最终将研究焦点分为定价策略、需求预测、库存优化、预订控制、市场细分、分销渠道管理、绩效分析、竞争群分析和其他等几个方面；并将研究视角分为财务与会计、消费者行为、市场营销、战略管理、运营管理、人力资源管理、信息技术 / 管理信息系统和其他等八个类别（见表 2-5）。

表 2-5 收益管理的研究视角

研究视角	描述
财务与会计（ACF）/Accounting & Finance	收入、费用、绩效、利润相关
消费者行为（CB）/ Consumer Behavior	购买决策过程、偏好、满意度、体验、感知
市场营销（MKT）/ Marketing	营销与促销、分销渠道等
战略管理（STM）/Strategic Management	企业服务流程、质量、定价策略等
运营管理（ORM）/Operation Management	库存管理、时间控制、排队等
人力资源管理（HRM）/Human Resource Management	员工满意度、培训、员工知识技能，包括整个行业的人力情况和具体企业的人力资源

续表

研究视角	描述
信息技术/管理信息系统（IT/MIS）/Information Technology & Management Information System	企业各类信息系统（PMS、GDS、MIS等），与电子计算机技术相关
其他（OTH）/Other	难以分类的

研究类型包括实证研究和理论研究，不同的研究目的使用不同的研究方法，以及数据收集和分析的方式，见表 2-6。

表 2-6 收益管理的研究方法

研究方法	分类
研究类型	定量研究、定性研究、定量与定性混合研究
数据收集	问卷调查、访谈、实验法、观察法、文献研究、企业资料、政府文档（政府信息资料、机构数据）、网站信息、数据库、其他
数据分析	回归分析、因子分析、结构方程、简单统计、相关分析、方差/协方差分析、内容分析、定性统计、路径分析、聚类分析、非参数检验、网络分析、数学建模/概念模型、其他（关联规则、层次分析法等）

二、研究结果

完成样本的内容分析后，按照既定的框架通过 SPSS 20.0 和 CiteSpace 对样本进行数据分析。这一部分将从作者国别、被关注区域、论文作者、研究机构、研究领域、研究焦点、研究视角、研究方法以及它们之间的关系进行讨论。

（一）美中两国成为主要贡献区域，也是最受研究者关注的区域

根据对文章作者国别（地区）统计可知，作者主要来自美国（52.8%）、中国港澳台地区（12.9%）、中国内地（5.6%）、英国（2.8%）、印度（2.8%）、瑞士（2.8%）、荷兰（2.8%）、加拿大（2.2%）、澳大利亚（2.2%）等 25 个国家和地区。从发表文章数量上看，美国的研究人员数量超过样本总量的一半，对收益管理研究的文章数量贡献最大。其次，中国港澳台及中国内地地区的发文量总和占 18.5%，超过并列排在第三位的英国、印度、瑞士和荷兰发文量的总和，说明中国在接待业收益管理领域的研究具有一定的国际影响力。除了美国和中国，欧洲国家和澳大利亚等地也具有一定贡献。总体来看，上述国家和地区整体学术水平较高，接待业较为发达，同时收益管理的理论发展和行业实践较为领先。由此可以反映出，国家与地区的整体学术水平、行业实践的深度与广度对具体某一学科发展具有积极影响，理论研究与行业发展也相互作用、密不可分。

美国是最受关注的区域，中国港澳台和中国内地地区也逐渐成为研究热点区域。通过对被研究区域的统计，排名前 6 位的国家或地区分别是美国（29.0%）、中国港澳台（10.2%）、中国内地（2.3%）、英国（2.3%）、印度（2.3%）、澳大利亚（1.7%）。中国

接待业不断发展，国内的收益管理理论研究与实践也不断增多，同时中国的特殊发展现状以及独特复杂的情境，也吸引了越来越多的境外学者对中国的收益管理研究与行业实践产生兴趣。

（二）研究机构间合作紧密，核心学者的研究具有引领作用

高水平研究机构存在较强的合作网络，北美及中国港澳台研究机构数量占比多。样本文章作者主要来自康奈尔大学、香港理工大学、宾州州立大学、伊利诺斯大学、天普大学、内华达大学、佛罗里达大学、中国科学技术大学、特拉华大学等七十多个研究机构。表 2-7 是对频数排名前 12 位的研究机构的统计结果，超过半数的高水平研究机构位于美国，说明美国的接待业领域收益管理的研究网络发达。中国港澳台地区的研究网络也较为发达，香港理工大学位居第二，表现出核心机构一定的国际影响力和竞争优势。

表 2-7　研究机构统计

序号	机构	频数	国家和地区
1	康奈尔大学/Cornell Univ	18	美国
2	香港理工大学/ Hong Kong PolytechUniv	16	中国香港
3	宾州州立大学/Penn State Univ	9	美国
4	伊利诺斯大学/Univ of Illinois	7	美国
5	内华达大学/ Univ Nevada	6	美国
6	天普大学/ Temple Univ	6	美国
7	佛罗里达大学/ Univ Cent Florida	6	美国
8	中国科学技术大学/Univ of Science & Tech of China	4	中国内地
9	特拉华大学/ Univ of Delaware	4	美国
10	海雅酒店管理大学/Hotelschool The Hague	3	荷兰
11	佛罗里达国际大学/Florida International Univ	3	美国
12	延世大学/Yonsei Univ	3	韩国

表 2-8 反映了核心作者的研究领域、研究焦点、研究视角等详细信息。绝大部分核心作者来自美国，在研究领域方面，多集中于酒店与餐饮服务；研究焦点方面，定价策略方面的研究是所有学者密切关注的话题；研究视角方面，市场营销、消费者行为占多数，并且研究视角与研究焦点之间存在密切联系。

表 2-8 核心作者的研究信息

作者	数量	机构	地区	研究领域	研究焦点	研究视角
Sheryl E. Kimes	11	康奈尔大学	美国	酒店和住宿、餐厅和餐饮服务、游轮	定价策略、市场细分	市场营销、战略管理
Zvi Schwartz	11	伊利诺斯大学	美国	酒店和住宿	定价策略、需求预测、容量控制	消费者行为、市场营销、运营管理
Breffni M. Noone	7	宾州州立大学	美国	酒店和住宿、餐厅和餐饮服务	定价策略、预订/容量控制、分销渠道、	消费者行为
Anna S. Mattila	6	宾州州立大学	美国	酒店和住宿	定价策略、竞争群	财务与会计、消费者行为
Chih-Chien Chen	5	天普大学	美国	酒店和住宿	定价策略、需求预测、容量控制	消费者行为、市场营销
Cindy Yoonjoung Heo	5	香港理工大学	中国香港	餐厅和餐饮服务、主题公园	定价策略、分销渠道、绩效分析	财务与会计、消费者行为、运营管理

（三）以酒店住宿和餐饮服务为核心研究领域

观察收益管理的研究领域，其排名依次为酒店和住宿（67.4%）、餐厅和餐饮服务（19.2%）、博彩（3.4%）、旅游代理商（3.4%）、其他（2.8%）、主题公园（1.1%）、游轮（1.1%）、高尔夫（1.1%）、SPA（0.5%）。这首先反映了收益管理研究的最热门领域是酒店住宿和餐饮服务，因为二者在接待业中占据主要地位。其次，博彩行业收益管理的研究与应用也逐渐成为热点，这与博彩业的区域性有关，例如美国拉斯维加斯与中国澳门地区的区位因素，使得该地区博彩领域的收益管理行业实践与理论研究较为发达。另外，SPA 与高尔夫领域的收益管理研究也逐渐进入视野，如 Guillet（2016）从感知价值与价格敏感性的角度切入，使用联合分析与聚类分析方法对 SPA 产业进行市场细分，从而为提升整体收益提供科学的理论支撑。现如今，接待业的范围正在不断扩大，全收入流的收益管理成为大势所趋，众多研究领域也相互交叉，延伸出更多特殊的情境与更加多元复杂的研究问题，在改进收益管理研究框架的同时，使收益管理的研究体系越来越丰富。如现有的研究中，出现了酒店业收益管理与高尔夫行业收益管理的交叉（Oliveira，2013）、博彩业与餐厅收益管理以及客房收益管理的结合（Suh，2011；Suh 和 Tanford 2012）的文章。

（四）基于市场营销和消费者行为的定价策略为研究焦点

对研究焦点与研究视角进行统计分析。在研究焦点方面，排名依次是定价策略（31.2%）、其他（21.6%）、绩效分析（10.2%）、预订 / 容量控制（9.7%）、分销渠道管理（8.5%）、需求预测（7.4%）、市场细分（6.3%）、库存优化（3.4%）、竞争群（1.7%）。首先，定价策略是收益管理的重要工具，合适的价格能带来合适的顾客，从而增加整体收益，帮助实现盈利目标。定价策略在收益管理研究中占据核心地位。相关研究发现，收益管理中的定价不再是传统意义上根据供求与成本因素制定价格，而是强调根据需求预测进行动态定价，并综合考虑了库存容量、消费者的感知价值，以及需求等因素，同时不同的细分市场以及销售渠道也会影响定价决策。其次，研究者对绩效分析的关注度也占有相对比重，因为收益管理离不开对财务计算方法与收益绩效指标的探讨。

在研究视角方面，统计排名为市场营销（35.8%）与消费者行为（23.3%）极具关注度，其余研究视角的排名依次为运营管理（10.2%）、战略管理（9.7%）、财务与会计（8.5%）、其他（5.7%）、人力资源管理（3.4%）、信息技术与信息管理系统（3.4%）。首先，由此可看出，收益管理与市场营销紧密联系，在营销上重视消费者对收益管理策略的感知与满意度的研究，例如关于价格围栏的设置对顾客的公平性感知的影响。其次，收益管理注重运营管理方法的运用，例如，博弈论算法、概念模型的检验和数学模型的建立。在如今信息技术发展以及大数据应用火热的时代，关于收益管理信息系统的研究也逐渐进入视野，但目前的研究状况存在不足，收益管理未来的研究需要对这些新兴话题多加关注。除此之外，也存在交叉研究，例如市场细分、分销渠道与定价策略存在交叉。

再综合研究焦点和研究视角进行分析，结果显示在市场营销视角的定价策略（13.6%）之外，基于消费者行为视角的定价策略研究占到12.5%，其中主要话题是基于消费者的感知公平性与感知价值，探讨定价策略，包含定价、价格围栏以及折扣设置；另外，还有基于消费者的不同分类，例如，性别、价格敏感程度等细分的顾客类型，对价格制定的影响。有5.7%的研究基于市场营销视角讨论分销渠道管理，而且这类研究着眼于线上分销渠道，研究机构主要来自美国、中国和印度，这与以上三个国家OTA蓬勃的发展状况密不可分。4.5%的研究是基于财务与会计视角讨论收益管理绩效，还有2.8%的文献通过运营管理视角讨论预订控制和容量控制问题，包括餐桌最优组合问题、排队问题等。

（五）定价策略的研究是主流，新问题和新方法不断涌现

从关键词的统计可以看出，收益管理刚刚进入接待业领域的研究视野时，被称为"收入管理（yield management）"，而"收益（revenue）"一词出现得较少。这是因为收益管理在应用之初，企业较多关心的是盈利与需求预测方面的问题。进入20世纪，随着研究的不断深入与行业发展，"收入管理"渐渐被"收益管理"代替。从关键词整体网络中，我们发现定价策略在酒店收益管理的研究一直占有绝对地位。从各时间段关键词的演变过程我们可以看出，随着接待业概念与范围不断扩大，除了酒店业这一核心研究领域，餐饮服务和博彩领域收益管理的研究也逐渐成为热点。同时，许多新兴问题进入研究视野，关注焦点变得丰富多元，如消费者行为视角下，关于顾客感知公平性的研究逐渐增多。而且在信息技术发展迅速的环境下，线上分销渠道管理、线上预订控制等研究问题也开始受到重视。另外，"研究方法"在关键词中的出现频率和类型变多，如时间序列法、联合分析法以及一些概念模型，说明收益管理研究的方法创新也受到学者们

的重视。

不同时间段的收益管理关键词见表 2-9。

表 2-9 不同时间段的收益管理关键词

年份	关键词
1983-1999	Yield，profit，customer，forecasting，hotel
2000-2004	Revenue，yield，hotel，pricing，forecasting
2005-2009	Revenue，hotel，pricing，restaurant，fairness
2010-2014	Revenue，hotel，pricing，restaurant，customer
2015-2017（3月）	Revenue，hotel，pricing，online，model

（六）定量研究为主，数据收集和分析方法多样化

在收益管理研究中，95.5% 为实证研究，仅 4.5% 为理论研究，说明收益管理领域的研究者更注重从实践提炼研究问题。但理论构建或概念性研究对于收益管理研究的发展必不可少，它有利于收益管理概念与理论框架的完善，并为其他研究提供理论基础。

定量研究方法占主导地位（84.1%），7.4% 为定性研究，8.5% 采用了定性和定量混合研究方法。混合研究方法主要利用定性方法提取概念或构想，在实证阶段利用定量方法进行检验，或利用定性方法辅助数据收集和问卷设计，起主导作用的仍是定量研究方法。在短期内，定量研究仍是主流，但长期来看，混合研究方法可能会被越来越多的学者采纳。混合研究方法能将定量和定性方法的优势相互补充，取得更好的研究效果。

数据收集和分析方法呈现多样化的发展趋势。在数据收集上，问卷调查（29.0%）的数据收集方式被运用得最多，企业资料（19.3%）、访谈法（14.2%）和网站信息（13.6%）也被广泛使用。企业资料多用于收集入住率、企业收入、价格等信息，用于绩效分析、定价和市场细分问题的研究，网站信息的收集被大量运用于分销渠道管理的研究中。另外数据库（10.8%）、数据机构（6.8%）也逐渐被重视起来，用于研究企业绩效分析、酒店竞争群和定价问题，数据库是未来研究强有力的工具，但是其获得与使用的成本及难度较高，所以其使用在目前仍有所限制。实验法（9.7%）、观察法（8.5%）和文献研究法（9.1%）的使用均较少，运用实验法和观察法的研究绝大部分都是关于消费者行为的研究。数据分析的统计结果显示，除简单统计（57.4%）之外，运用较多还有回归分析（40.9%）与模型检验（25.6%），概念模型检验与数学模型建立是收益管理研究中常见的方法，主要用于研究需求预测与容量控制方面的问题。方差分析（19.9%）与相关分析（10.8%）主要用于定量研究的数据分析。内容分析（5.7%）、结构方程（1.7%）、路径分析（0.6%）、网络分析法（0.6%）等数据分析方法运用较少。

在收集阶段，68.8% 的文献使用了单一数据收集方法，31.2% 使用了混合收集方式，说明数据获取途径大多是单一的。但在数据分析时，较多为混合使用（60.8%），只有 39.2% 的文章使用了单一数据分析方法，并且多是模型检验以及定性研究方法。

由以上分析结果可知，数据收集和数据分析方法趋于多样化。但总体上，收益管理

研究类型实证研究为主，并且定量研究处于优势地位，定性研究方法使用匮乏，容易导致研究的全面性不足。大部分学者的研究是问题导向而非方法导向，说明收益管理研究者更关注用相应的方法解决实践问题，对研究方法的创新并不关注。

（七）接待业中收益管理的研究存在区域差异，研究方法与研究问题相互契合

本节对作者所在国家和地区、研究焦点、研究领域、研究视角、研究区域、研究方法之间分别进行了单因素方差分析和频数统计分析，来探讨它们之间的关系。分析结果如下：

第一，不同国家和地区的研究者的研究视角有显著差异。以作者所在国家和地区为自变量，以研究视角为因变量进行单因素方差分析，结果表明不同国家和地区的作者在研究视角的选择上存在较为明显的差异。由统计结果（见表 2–10）可知，消费者行为和市场营销是热点研究视角。具体来看，美国研究者的研究视角最为广泛，中国及荷兰的学者着重于市场营销方面的研究，对其他视角下的研究关注不足，这与该国家或地区的核心研究者的研究领域有很大关系。

表 2–10　研究视角的频数统计

作者所在国家和地区	会计与财务	消费者行为	市场营销	战略管理	运营管理	人力资源管理	信息技术与管理信息系统	其他
美国	9	27	26	11	10	4	3	4
中国内地	0	2	4	1	2	0	0	0
中国港澳台	0	6	13	1	3	0	0	0
英国	1	0	3	0	0	1	0	0
印度	0	0	2	0	1	0	1	1
瑞士	1	1	1	1	1	0	0	0
荷兰	0	0	4	0	0	0	1	0

第二，作者所在国家和地区和研究区域之间有密切联系。以作者所在国家和地区为自变量，研究关注的区域为因变量做单因素方差分析，可知不同国家和地区的学者关注的区域存在显著差异。一般而言，研究者常用其机构所在的国家和地区作为研究对象，便于收集数据，并对该地区的行业发展状况有更好的了解，便于对研究情境的控制。

第三，不同研究区域对应的不同的研究视角。这是因为，不同地区收益管理的发展与应用状况存在。差异为了研究成果更能契合当地的情境，促进本国收益管理实践的改善，不同区域作者的研究视角的不同。具体对其进行分析，可以看出（见表 2–11），市场营销与信息技术视角下的研究针对的都是本国市场与技术环境，在研究消费者行为与市场营销的问题时，大部分国家的作者都关心本国和本地区的市场环境以及本地消费者的消费习惯。

表 2-11 研究视角统计

被关注国家和地区	会计与财务	消费者行为	市场营销	战略管理	运营管理	人力资源管理	信息技术与管理信息系统	其他
美国	5	14	19	4	3	4	0	2
中国内地	0	1	2	0	1	0	0	0
中国港澳台	0	4	11	1	1	0	0	1
英国	0	2	2	0	0	0	0	0
澳大利亚	0	1	1	1	1	0	0	0
印度	0	0	2	0	0	0	1	0

第四，在不同的研究视角下，学者关注的研究焦点有显著差异。财务与会计视角下通常关注的是企业绩效的研究，例如，通过收益管理的绩效衡量指标来测算收益，从而反映收益管理策略对企业绩效的影响。运营管理视角下主要的研究焦点是容量控制与预订控制，如利用排队理论和博弈算法等确定最优餐桌组合、建立超订模型等。战略管理视角下的热点问题是企业竞争群的研究。

第五，研究方法与研究视角、研究焦点相互契合。通过单因素方差分析可知，研究方法与研究视角与研究焦点的选择有密切关系，研究焦点和研究视角决定了研究性质，从而影响研究方法的选择。目前收益管理的研究绝大多数是问题导向，研究方法是解决研究问题的工具。但是目前收益管理在接待业领域的研究尚不成熟，因此研究问题的解决仍是当前收益管理的研究重点，所以研究方法的创新非常重要。

三、结论与讨论

收益管理在接待业领域发展了三十多年，学术界对其关注度越来越高，文章数量不断增长。本节选取 SSCI 期刊上主要是接待业收益管理文献，进行了量化内容分析，得出以下几点结论：

第一，收益管理的概念范围广泛，研究领域多元，研究焦点呈现多样化的趋势。以往的研究中，接待业领域的收益管理往往是指酒店业与餐饮业的收益管理，随着研究深入与行业发展，收益管理的研究领域延伸至博彩业、游轮、温泉、高尔夫业务的管理，多领域协同发展有利于收益管理研究的深化，使概念框架更加完整。收益管理概念的范围在不断扩大，从以往强调的“顾客”“时间”“渠道”“服务”“价格”等核心要素，扩展至收益管理的七个核心过程（Noone（2011）及影响收益管理活动的因素（Guillet, 2015）。而且收益管理的研究开始关注这些核心活动之间的联系，以及消费者在这些活动中起到的作用和影响，而不单只考虑企业自身的收益最大化。近年来研究焦点逐渐呈现多样化态势，关于消费者与分销渠道管理的研究不断增加，但定价策略还是收益管理最主要的研究焦点。虽然收益管理的研究领域与焦点范围不断扩大，但研究类型单一，绝大多数都是实证研究，定量研究的主导地位仍然不可撼动。当前的收益管理研究缺乏理论框架的构建，过多的量化研究会制约概念性研究与理论发展，不利于收益管理学术研究的健康发展。未来仍然需要更多关注概念与理论框架构建，更多引入定量与定性混合研究的方法来弥补单一量化研究的不足。

第二，高水平研究机构与核心学者对收益管理研究有“领头羊”的作用，同时机构或个人之间的合作普遍存在。收益管理领域的高水平机构与学者主要集中于美国、中国港澳台地区，他们涉及的研究焦点和研究视角都较为多元和广泛。核心研究者的研究领域主要是酒店和餐饮领域的收益管理，其他领域尚未出现极具代表性的研究者。随着中国学术水平在不断提升，接待业中收益管理实践在不断深入，中国内地的国际影响力在稳步提升，仅次于美国和中国港澳台地区。总体而言，不同国家和地区的学者研究视角存在显著差异，中国的收益管理研究在国际上的影响力不容小觑，但仍应该努力开展多领域合作，使收益管理研究更加深入。

第三，虽然一些新兴话题进入研究视野，但数量及研究深度有限，基于消费者行为视角的定价研究仍是收益管理研究的主流。消费者行为与定价策略是收益管理研究出现以来被学者们主要关注的话题，例如，先前学者们根据消费者价格敏感性的不同细分出不同的市场。但在不同时代，研究焦点也能引申出新的研究问题。在近年的研究中，研究者们开始关心顾客的感知价值是否能影响定价策略的制定，未来的研究中，收益管理定价策略如何影响顾客的价格敏感性也是值得学者们探讨的问题（Guillet，2015）。另外，在全球化和信息化的背景下，服务产品的销售渠道也变得多种多样，分销渠道管理、市场细分逐渐成为关注热点。同时，收益管理信息系统在行业实践和学术研究中起着越来越重要的作用，收益管理信息系统处理与产生的数据，不仅能作为一手数据直接用于学术研究，其数据库或数据机构提供的数据，也能作为学术研究数据的重要来源。除此之外，就收益管理信息系统本身的开发构建、运行管理而言，也吸引了一批跨学科学者的合作与研究，促进了学科间的交叉与融合。未来收益管理的研究将朝着多元视角、多元焦点的方向发展。

研究贡献如下：第一，研究结果反映了接待业领域收益管理的研究发展现状，能帮助研究者们较快地把握收益管理的当前热点与未来发展趋势，有利于收益管理的理论发展与知识拓展；第二，系统完整的收益管理文献综述，有利于指导接待业收益管理的实践，帮助管理者树立与完善收益管理理念，优化收益管理策略的制定与实施；第三，研究机构间的合作网络关系，以及对核心作者的研究领域、焦点和视角的研究，可以为本领域研究者的研究定位提供帮助；第四，有利于促进各行业对收益管理的重视，将收益管理理念与策略推广至更多领域；第五，本节的研究结果具有较强可视性，可为未来收益管理文献研究提供数据支撑，也可为接待业文献综述提供借鉴。

同时，本研究也存在一些局限性与不足。第一，样本文章的选取主要来源于接待业研究领域的重要期刊，覆盖面有限；第二，在样本文章分析部分，确定其研究焦点、研究视角时具有一定主观性；第三，文本未就具体的某个研究领域或研究焦点进行详细描述，未来的研究可以聚焦于某个具体的领域或话题进行探索。

【参考文献】

[1] Anderson，C. K.，& Xie，X. Q.（2010）. Improving hospitality industry sales：twenty–five years of revenue management. Cornell Hospitality Quarterly，51（1），53–67.

[2] Boyd，E. A.，& Bilegan，I. C.（2003）. Revenue Management and E–Commerce.

[3] Bitran，G.，& Caldentey，R.（2016）. An overview of pricing models for revenue management. IEEE Engineering Management Review，44（4），134–134.

[4] Cross，R. G.，& Higbie，J. A.（2009）. Revenue management' s renaissancea rebirth of the art and science of profitable revenue generation. Cornell Hospitality Quarterly，50（1），56–81.

[5] Chen，M.，Tsai，H.，& Mccain，S. L. C.（2012）. A revenue management model for casino table games. Cornell Hospitality Quarterly，53（2），144–153.

[6] Cross，R. G.（1997）. Launching the revenue rocket：how revenue management can work for your business. Cornell Hotel & Restaurant Administration Quarterly，38（2），32–43.

[7] Chiang，W. C.，Chen，J. C. H.，& Xu，X.（2007）. An overview of research on revenue management：current issues and future research. International Journal of Revenue Management，1（1）.

[8] Choi，T. Y.，& Cho，V.（2000）. Towards a knowledge discovery framework for yield management in the hong kong hotel industry. International Journal of Hospitality Management，19（1），17–31.

[9] Donaghy，K.，Mcmahon，U.，& Mcdowell，D.（1995）. Yield management：an overview. International Journal of Hospitality Management，14（2），139–150.

[10] Guillet，B. D.，& Mohammed，I.（2015）. Revenue management research in hospitality and tourism：a critical review of current literature and suggestions for future research. International Journal of Contemporary Hospitality Management，27（4），526–560.

[11] Hu，M.，& Zhan，Z. H.（2013）. An analysis of customer room choice model and revenue management practices in the hotel industry. International Journal of Hospitality Management，33（1），178–183.

[12] Hayes，D. K.，& Miller，A. A.（2011）. Revenue Management for the Hospitality Industry，John Wiley and Sons.

[13] Heo，C. Y. J.，& Lee，S. K.（2009）. Application of revenue management practices to the theme park industry. International Journal of Hospitality Management，28（3），446–453.

[14] Ivanov，S.，& Ivanov，S.（2014）. Hotel revenue management：from theory to practice，Varna，Zangador.

[15] Ivanov, S., & Zhechev, V. (2012). Hotel revenue management - a critical literature review. Tourism, 60 (2), 175–197.

[16] Jauncey, S., Mitchell, I., & Slamet, P. (1995). The meaning and management of yield in hotels. International Journal of Contemporary Hospitality Management, 7(4), 23–26.

[17] Kimes, S. E. (1989). The basics of yield management. Cornell Hotel & Restaurant Administration Quarterly, 30 (3), 14–19.

[18] Kimes, S. E. (2003). Revenue management: a retrospective. Cornell Hotel & Restaurant Administration Quarterly, 44 (5), 131–138.

[19] Kimes, S. E. (1999). Implementing restaurant revenue management: a five-step approach. Cornell Hotel & Restaurant Administration Quarterly, 40 (3), 16–21.

[20] Kimes, S. E., & Mcguire, K. A. (2001). Function-space revenue management: a case study from singapore. Cornell Hotel & Restaurant Administration Quarterly, 42 (6), 33–46.

[21] Kimes, S. E., & Singh, S. (2009). Spa revenue management. Cornell Hospitality Quarterly, 50 (1), 82–95.

[22] Law, R., Leung, D., & Cheung, C. (2012). A systematic review, analysis, and evaluation of research articles in the cornell hospitality quarterly. Cornell Hospitality Quarterly, 53 (4), 365–381.

[23] Licata, J. W., & Tiger, A. W. (2010). Revenue management in the golf industry: focus on throughput and consumer benefits. Journal of Hospitality Marketing & Management, 19 (5), 480–502.

[24] Li, B. Z. (2013). A cruise line dynamic overbooking model with multiple cabin types from the view of real options. Cornell Hospitality Quarterly, 55 (2), 197–209.

[25] Mike Weed. (2006). Undiscovered public knowledge: the potential of research synthesis approaches in tourism research. Current Issues in Tourism, 9 (3), 256–268.

[26] Mcgill, J. I., & Ryzin, G. J. V. (1999). Revenue management: research overview and prospects. Transportation Science, 33 (2), 233–256.

[27] Noone, B. M., Mcguire, K. A., & Rohlfs, K. V. (2011). Social media meets hotel revenue management: opportunities, issues and unanswered questions. Journal of Revenue & Pricing Management, 10 (4), 293–305.

[28] Orkin, E. B. (1988). Boosting your bottom line with yield management. Cornell Hotel & Restaurant Administration Quarterly, 28 (4), 52–56.

[29] Oliveira, R., Pedro, M. I., & Rui, C. M. (2013). Efficiency performance of the algarve hotels using a revenue function. International Journal of Hospitality Management, 35, 59–67.

[30] Phillips, R. L. (2005). Pricing and Revenue Optimization. Pricing and revenue optimization. Stanford Business Books.

[31] Relihan, W. J. I.（1989）. The yield-management approach to hotel-room pricing. Cornell Hotel & Restaurant Administration Quarterly, 30（1）, 40-45.

[32] Sun, X., Jiao, Y., & Tian, P.（2011）. Marketing research and revenue optimization for the cruise industry: a concise review. International Journal of Hospitality Management, 30（3）, 746-755.

[33] Suh, E. J., Tanford, S., & Singh, A.（2012）. The indirect gaming contributions of cash and comped casino dining: does providing complimentary meals pay off at the slots?. International Journal of Hospitality Management, 31（4）, 1303-1310.

[34] Suh, E. J.（2011）. Examining the indirect impact of showroom entertainment on hourly slot gaming volume: the case of a las vegas hotel-casino. International Journal of Hospitality Management, 30（3）, 522-529.

[35] Satir, A., & Sanchez, J.（2005）. Hotel yield management using different reservation modes. International Journal of Contemporary Hospitality Management, 17（17）, 136-146.

[36] Thompson, G. M.（2010）. Restaurant profitability management: the evolution of restaurant revenue management. Cornell Hospitality Quarterly, 51（3）, 308-322.

[37] Talluri, K. T., & Ryzin, G. J. V.（2004）. The theory and practice of revenue management. Journal of Revenue & Pricing Management, 3（4）, 384-386.

[38] Weatherford, L. R., & Bodily, S. E.（1992）. A Taxonomy and Research Overview of Perishable-Asset Revenue Management: Yield Management, Overbooking, and Pricing.

[39] Xiao, H., & Smith, S. L. J.（2006）. Case studies in tourism research: a state-of-the-art analysis. Tourism Management, 27（5）, 738-749.

[40] 李伟清.（2005）. 酒店管理中收益管理理论的研究与运用. 商场现代化（6）, 37-38.

[41] 张燕, ZhangYan.（2005）. 收益管理在餐饮企业经营中的运用探讨. 扬州大学烹饪学报, 22（4）, 35-39.

[42] 曾国军, 刘梅, 张欣.（2016）. 星级饭店自助餐厅收益管理策略研究——基于富力君悦凯菲厅的案例分析. 旅游学刊, 43（2）, 86-96.

[43] 施若, 顾宝炎.（2009）. 收益管理理论基础问题研究综述. 改革与战略, 25（1）, 207-209.

[44] 李根道, 熊中楷, 李薇.（2010）. 基于收益管理的动态定价研究综述. 管理评论, 22（4）, 97-108.

[45] 邓金阳, 罗艳菊.（2010）. 国际性英文旅游学术期刊: 发展、评价方法、排名与分级. 旅游学刊, 25（12）, 79-89.

[46] 罗振雄, 冯学能, 梁尧忠.（2013）. 基于世界顶级学术期刊的中国酒店研究概述. 中大管理研究, 8（3）, 1-29.

[47] 杨慧, 周晶, 邓群.（2008）. 餐厅收益管理的差别定价策略研究——基于对顾客公平度感知的调查. 北京工商大学学报（社会科学版）, 23（2）, 62-66.

第三章

定价战略的框架

【学习目标】

1. 通过学习战略定价金字塔，了解并掌握价值创造、市场细分、价值沟通、价格结构与价格水平的概念，从而更好地理解定价决策与程序。

2. 重新认识成本与竞争对定价政策的影响；此外了解产品生命周期战略融入的概念。

3. 了解渠道在收益管理中的重要性和应用。

【引导案例】

OTA价格战殃及酒店连锁业

2012年，携程全面介入艺龙发起的酒店OTA行业的价格战，一直持续到2013年底。2014年，去哪儿全面转型OTA又挑起了更大的一轮价格战，到现在还在继续。这期间品牌连锁经济型酒店一般不允许OTA给用户返现，而小品牌或单体酒店一般都允许OTA返现。这样在品牌连锁酒店与其竞争对手之间本来已经平衡的价格关系就被打破了。

原来像如家、汉庭、7天、锦江之星这样的品牌连锁酒店，他们依靠自己大量的会员可以维持很高的自有渠道预订比例；OTA给他们贡献的预订量占比一般都小于10%。如家就宣布了其会员数量达3860万。为了维持自己的直销体系，品牌连锁酒店就一定要守住自己官网最低价的优势。但是，OTA打价格战的时候是在连锁酒店官网价格的基础上给用户进行返现；相当于变相把官网最低这点给打破了。虽然OTA返给用户的钱表面上是OTA出，酒店不用负担任何费用，不会有损失；但是，当用户发现OTA的实际价格低于连锁酒店官网的时候，他们就会跑到OTA预订了。

为了应对OTA的这些影响，华住酒店集团的季琦表示要建立一个更大的联盟体系，把非华住旗下的酒店也纳入到其预订平台里面去；这样才能更好地对抗OTA。本质上说，这是让自己获得更高的市占率以赢得更多的话语权。从酒店行业的发展看，走向集中也是一种必然的趋势。

当然，并不是每个创业者都有机会把自己的酒店品牌做成大型酒店集团，小型有个性的特色酒店也依然会有自己的生存空间。只是这种模式下的经营和管理方法就和连锁品牌酒店不完全一样，注重的是口碑而不是会员体系，甚至可以把自己的营销和定价体系直接就建立在第三方上面，自己专注于做好服务和口碑。这样只要在成本和收入之间做好平衡，同样可以活得很好。

（资料来源：蓝莓科技，2015-08-15）

第一节　战略定价金字塔

一套有效的定价战略能够将价格与价值相匹配。定价战略由多个层次组成，这些层次是定价的支撑点，它们可以实现利润最大化。这些层次的组合形成了战略定价金字塔，见图3-1。

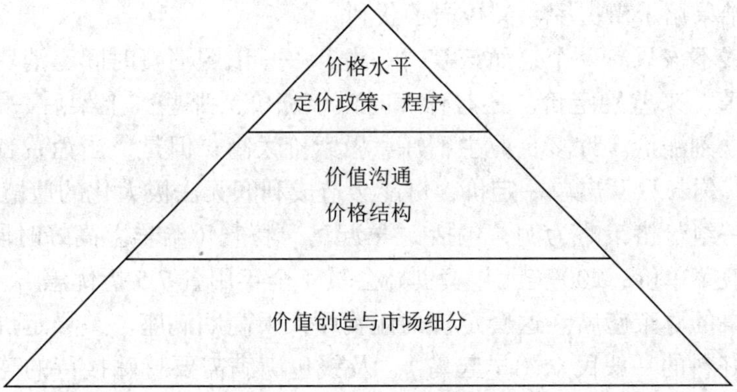

图3-1　战略定价金字塔

一、价值创造与市场细分

价值创造是定价的根本，从产品到营销就是价值创造的环节。正确的市场导向是价值创造的关键，以海尔为例，海尔以消费者需求为中心，创新开发高质量的产品，综合运用价格、渠道、促销等可控因素，在营销过程中，积极创造、沟通与传送价值给消费者，并从中获取利润，实现双方共赢。因此，市场细分作为营销的基础，应该注重价值创造。

（一）细分战略应集中在对定价决策有帮助的客户特征

市场细分基础是根据客户的不同特征进行市场划分，主要有以下三个步骤：①确定与购买者价格支付意向相关的细分标准；②兼顾客户服务成本；③充分估计客户的重点价值。

（二）市场细分步骤

第一，确定基本的细分标准：如年龄、性别等人口统计资料，或者购买模式、客户描述、被满足和未被满足的需求清单等顾客信息；第二，确定区别性的价值驱动因素：咨询行业专业、分销商和销售人员的意见；第三，确定执行限制和执行优势；第四，得出主要的细分市场；第五，具体的细分市场描述；第六，设定细分市场的计量单位和间隔。

二、价格结构

在根据价值进行市场细分之后，定价战略面临新的问题：细分市场上这么多的顾客，怎么知道他们每个人对“价值”的定义？许多经理人把“定价”想成“寻找一个独一无二的完美价格”，而这个价格就会让获利极大化。这会让定价陷入两难：定得太高，损失低价端的潜在顾客；定得太低，则损失利润。最后，不得不选一个看起来“刚刚好”的价钱，结果赔了市占率、又折损了获利。

因此，价钱不该只有一个，而该有“一组”——依照消费时间、消费者特性、消费数量等各种价值，来差别定价。还有什么时候该涨价？那些“上架后一下子就被搬光”的产品，应该立刻涨价。许多企业主不好意思索价太高；但是，当消费者愿意多付一些钱买你的产品，你却只开出单一定价，可能会造成利润无法极大化的遗憾。

以餐厅的一组价格策略为例，包括：“早起鸟”特餐（给早上高蜂时段的客人）、银发族折扣、一般菜单价、200 美元年费创始会员（全年用餐 7.5 折优惠）、三道菜超值特餐及与主厨同桌的尊荣座席。这套定价，让餐厅天天高朋满座。差异定价策略，把口袋不丰、却想吃好料的一般民众（早起鸟），及钱包满满需要特殊接待的高官富贾（主厨同桌尊容座席）等价值观迥异的广大客层，一网打尽。

三、价值沟通：影响支付意愿的战略

“沟通价值”就是让顾客知道、认同产品和服务的价值，并且愿意花钱购买。企业不仅要会卖，还要会宣传。只有做好了价值沟通的工作，消费者才更可能为产品或服务付费。对于某些“高价值”的产品（如精品）而言，只要让顾客了解产品所有的优势和功能，同时提高价格与销售量，并非不可能的任务。

最好的例子就是 iPod。一开始，因为品牌和风格等“心理价值”，iPod 在美国定价 299 美元，是一般 MP3 的两到三倍；加上音乐必须从专属网站上下载，让许多消费者都对这个新产品态度观望。于是，苹果电脑找了些具有潮流引导作用的名人拍广告，强调 iPod 的下载功能，传递“iPod 不但流行，也很实用”的讯息。接着又在公关活动上砸钱，提高一般消费者对新技术的评价。这个行销沟通策略，让 iPod 在三年半内卖出 1000 万台。如果顾客对产品评价颇高，往往会愿意多花点钱购买——只要你给他们机会。

参考价格与价格公平度感知也会影响顾客支付的意愿。在不同产品的比较中，公平感是主观的，同时公平感是可控的，顾客通常会将价格上涨归因于服务的提升，或者某些特殊事件的发生。在当今电子商务迅速发展的背景下，产品收到的评论在客户的购买决策中更是起到越发重要而不可替代的作用。多数顾客没有时间，或者缺乏动力对产品进行全面了解，仅会评估其了解到的部分信息。管理者不仅需要关注顾客对价格的评价，还要分析其后续影响，及时进行价格调整。

四、定价政策

定价的目的只有一个，就是获利最大化。但每个部门都对价格有不同见解，业务部相信，降价可以提高产品竞争力，提高销售量，进而提高利润；财务部认为，严格控制边际获利，才能创造利润，所以偏好成本定价；行销部则认为，为了提高价值感，维持市场占有率以建立长期获利，要谨慎操作促销折扣。缺少统一的定价政策，公司价格将摇摆不定，并因此失去消费者信任，会对长期获利造成负面影响。

企业制定定价策略时，需要思考以下问题：谁来定价？是一线员工还是高层管理者？企业该采用稳定的价格还是变动的价格？对价格政策的分析，是以个体为基础还是以团队为基础？此外根据实际情况，定价战略要区分正式与非正式的定价政策。

日本农产合作社 COOP 札幌专务理事大见英明，非常相信数据的搜集与分析。他认为，“如果不研究昨天 POS 系统资料，就无法解决今日的价格问题。”COOP 札幌每年要开 4~6 次“价格研究会”，找来制造商、大盘商、采购人员等公司内外部人员共 800 多人，一起检讨产品价格。如果有两方对价格有很大的落差，就先挑几个店面测试消费者反应，成功后再推行到所有门市。

制定出价格政策之后，企业需要验证价格政策的适用情况；政策还应透明一致，使公司能积极应对价格挑战。而在政策实施过程中，管理层应明确自己的责任与主要工作，包括：传达信息，获得销售队伍的认可，按重要性对客户进行排序，以及在政策生效后的一段时间内进行结果监测。此外还应注意定价政策实施后产生的管理冲突（采购代理的反应）等问题。

五、定价程序

只有通过前面四层的调查与分析才能攀上定价金字塔顶端，最后按照程序定出让获利最大化的价格：首先以价值评估和战略目标为基础制定基准价格，然后判断客户所获的价值、产品生命周期阶段进行优化价格，并在管理方法上不断调整。

对企业而言，每个部门针对价格水平，有不同的目标，销售部门希望大量销售能带来销售规模；财务部门希望实现最低利润率保证；营销部门则主张选择性定价维持市场份额。那么，哪种定价目标是正确的呢？以下从价格制定程序、定价价值考虑因素、价格优化等方面内容作介绍。

（一）价格制定程序

价格制定程序见图 3–2。

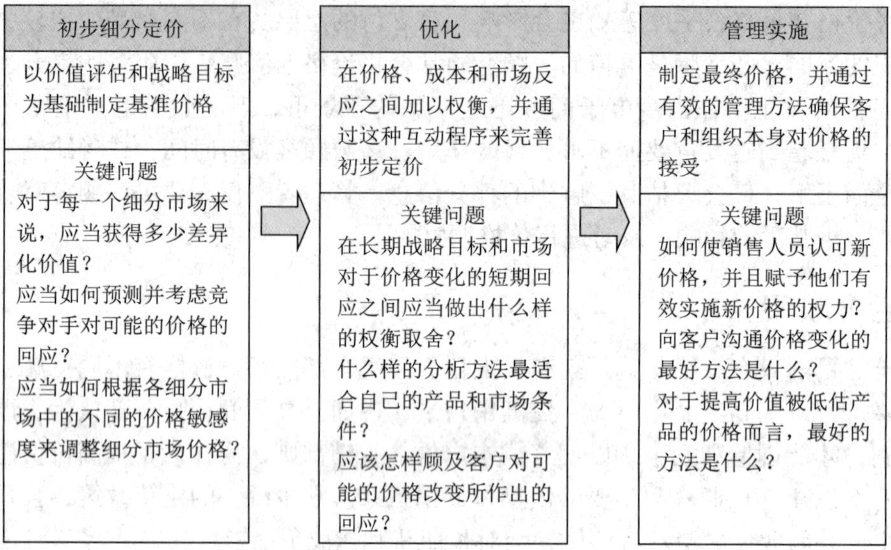

图 3–2　价格制定程序

（二）通过定价获取的价值

其一，对于不同细分市场的客户，价值究竟有多重要；其二，量化并传达差异化价值在资金和时间上的花费有多大；其三，相对于当前或者潜在的竞争对手来说，价格差异能维持多久；其四，和销量相比，利润作为财务目标的重要性有多大。

（三）价值 – 价格敏感度的驱动因素

价值 – 价格敏感度见表 3–1。

表 3–1　价值 – 价格敏感度

驱动因素	描述
支出规模	规模开支越小，越不敏感
分摊成本	当部分或全部的购买价格由他人支付时，购买者较不敏感
转换成本	转换成本越大，购买者就越不敏感
风险认知	购买无法完成而导致的成本损失很高时，购买者较不敏感
最终收益的重要性	若产品的购买只占为获取很高经济或心理收益而支出的成本的一小部分，购买者对价格较不敏感
价格–质量认知	价格被视为产品质量的体现，购买者较不敏感
参考价格	产品价格相对于预期越高，购买者就越敏感
对于公平的认知	若产品价格在购买者所认为的“公平”或“合理”范围之外，购买者就比较敏感

续表

驱动因素	描述
价格框架	当购买者将价格看作一种“损失”而不是一种放弃的“收益”时，或当价格是分别支付而不是作为产品组合的一部分时，购买者较敏感

（四）盈亏平衡的销售量变化

在价格、成本和市场反应之间加以权衡，并通过这种互动程序来完善初步定价。通过动态的销售量变化与盈亏平衡，企业可制定更合理有效的价格水平。表 3–2 是盈亏平衡的销售量变化的实例。

表 3–2　盈亏平衡的销售量变化

5%		边际收益									
		10%	20%	30%	40%	50%	60%	70%	80%	90%	
价格变化百分比	35%	–88%	–78%	–64%	–54%	–47%	–41%	–37%	–33%	–30%	–28%
	25%	–83%	–71%	–56%	–45%	–38%	–33%	–29%	–26%	–24%	–22%
	15%	–75%	–60%	–43%	–33%	–27%	–23%	–20%	–18%	–16%	–14%
	5%	–50%	–33%	–20%	–14%	–11%	–9%	–8%	–7%	–6%	–5%
	0%	0%	0%	0%	0%	0%	0%	0%	0%	0%	0%
	–5%	NA	100%	33%	20%	14%	11%	9%	8%	7%	6%
	–10%	NA	NA	300%	100%	60%	43%	33%	27%	23%	20%
	–15%	NA	NA	NA	NA	167%	100%	71%	56%	45%	38%
	–25%	NA	NA	NA	NA	700%	233%	140%	100%	78%	64%

*NA 代表“无法做到的”

第二节　战略融入：跨越产品生命周期

一、产品生命周期

产品生命周期（product life cycle）是从新产品的构想一直到产品消失的整个过程。大多数的产品生命周期呈 S 型，它可以分为 4 个主要阶段：（1）导入期；（2）成长期；（3）成熟期；（4）衰退期。

一种产品在不同的生命周期阶段，市场对其的反应会有显著差别，因此会有不同的销售和利润表现：在产品开发期间该产品销售额为零，公司投资不断增加；在引进期，销售缓慢，初期通常利润偏低或为负数；在成长期销售快速增长，利润也显著增加；在成熟期利润在达到顶点后逐渐走下坡路；在衰退期间产品销售量显著衰退，利润也大幅度滑落。

二、产品生命周期与价格战略

在产品所在的不同生命周期阶段，由于其市场表现的差异，要进行价格战略调整，以实现利益最大化。

①引入阶段：只有 2%~5% 的潜在买家接受产品后，产品需求才开始加速增长。在定价时，企业应通过试验促销进行价值沟通，此外还可通过直接销售进行价值沟通。

②成长阶段：重复购买者不再对产品价值犹豫不决。对于有差异化的产品，将集中精力发展产品的独特性，适宜采用撇脂定价法；渗透价格法可以防止竞争者模仿。对于低成本产品，若价格弹性低，实施中性定价；若价格弹性高，实施渗透定价。

③成熟阶段：此时价格竞争加剧——重复购买者提高了识别、评价能力；竞争对手的模仿、超越减弱了产品差异性；已有的利润会吸引大量新进入者——企业要对成本和使用改善加以控制，扩充产品线，并对分销渠道实施持续评估。

④衰退阶段：有三种不同策略：精简、收割、巩固。面临数码相机的冲击，柯达采用了精简策略，有意识退出广阔的传统相机市场，保留在一次性相机中的地位；宝丽莱则使用了收割策略，为实现业务收入最大化，在短期内当作金牛业务，但长期内撤出市场；尼康和佳能认识到艺术摄影市场的可能性，实现了巩固策略，即重组业务，并提高产品的性能和定价。

第三节 战略基础：成本与竞争

一、成本如何影响定价战略

（一）利润率分析

主要是基于交易的数量与价格变化的频率，建立并完善自动价格优化系统，并在此基础上进行“增量保利分析”与“风险分析”，最终完成利润率分析的工作（见图 3–3）。

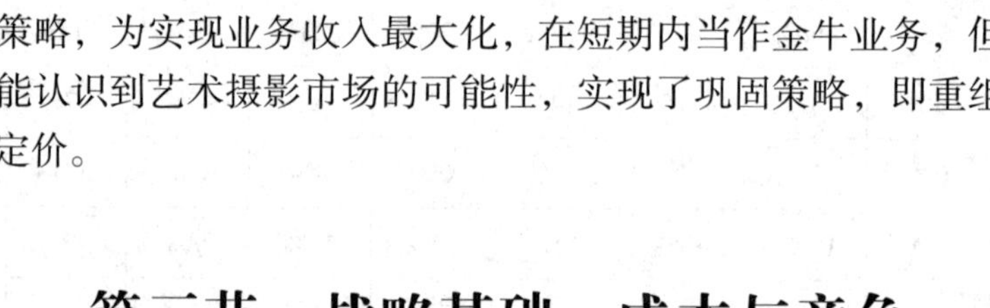

图 3–3 利润率分析

（二）增量成本

增量成本是由增量导致的总成本的变化量，等于生产增量之后的总成本减去生产增量前的总成本。表 3–3 提供了一个交响乐队的增量成本例证：其中由于需要在周日重演，导致了增量演出成本及其他可变成本；由于开发新系列的演出会，导致了增量排演成本、增量演出成本与其他可变成本，最终都导致了净利润下降。

表 3–3　交响乐队的增量成本及利润

	Ⅰ正常情况	Ⅱ星期日	Ⅲ新系列
价格	$4	$6	$10
×产品销售量	200	700	800
=收入	$800	$4200	$8000
–其他放弃的销售量	（0）	（$1500）	（$1000）
收入所得	$800	$2700	$7000
增量排演成本	0	0	$4500
增量演出成本	0	$2000	$2000
可变成本	$200	$550	$700
增量成本	$200	$2550	$7200
净利润贡献	$600	$150	（$200）

（三）可避免成本：沉没成本的对立面

可避免成本是指在某特定方案下可消除的成本，一般而言，可变成本都是可避免成本。20 元的书价，2000 本存货，第一年售出一半。利率提高，导致每本书 4 元的利润不足以支付存货所占运营资金的利息成本。该如何定价？销售顾问建议折价出售，这个策略可行吗？库存一本书的累积利息成本见表 3–4。

表 3–4　库存一本书的累积利息成本

存货年数	1	2	3	4	5	6	7	8
保留存货的利息成本*	$1.80	$3.90	$6.43	$9.39	$12.88	$16.99	$21.85	$27.59

* 第 n 年的利息成本 =$10（$1.18^n-1$）

（四）边际收益率对盈亏平衡的影响

前面提到“盈亏平衡的销售量变化”实例，此处结合成本探讨可变成本和沉没成本对价格的影响，是通过边际收益率对盈亏平衡的影响。表 3–5 是实例数据。

表 3-5　边际收益率与盈亏平衡

	产品A	产品B
制定价格时所占百分比		
可变成本	80.0	20.0
固定或沉没成本	10.0	70.0
净利润	10.0	10.0
边际收益率	20.0	80.0
对盈亏平衡销售量的影响 /（%）		
价格降低5%	+33.3	+6.7
价格降低10%	+100.0	+14.3
价格降低20%	∞	+33.3
价格提高5%	–20.0	–5.9
价格提高10%	–33.3	–11.1
价格降低20%	–50.0	–20.0

如在每日平均房价（Average daily rate）与可供出租客房平均收入（Revenue Per Available Room）的问题中，应改变经营动机，使目标变成“尽可能在高峰时段获取更多，同时确保非高峰时段的入住率并获得盈利”。

（五）纵向一体化、转移成本与定价

非纵向一体化的成本结构见表 3–6。

表 3-6　非纵向一体化的成本结构

	当前的价格、成本及销售量	10%的价格削减30%的销售增加	变化
独立制造有限公司			
当前产品销量	1000000	130000	
价格	\$2.00	\$1.80	
可变的原料成本	\$1.20	\$1.20	
可变的劳动力成本	\$0.20	\$0.20	
固定成本	\$0.40	\$0.31	
边际收益	\$0.60	\$0.40	
边际收益率	30%	22%	
每年的税前利润	\$200000	\$120000	（\$80000）
Alpha零部件有限公司			

续表

	当前的价格、成本及销售量	10%的价格削减30%的销售增加	变化
当前产品销量	1000000	1300000	
价格	$0.30	$0.30	
可变成本	$0.05	$0.05	
固定成本	$0.20	$0.15	
边际收益	$0.25	$0.25	
每年的税前利润	$50000	$125000	$75000
Beta零部件有限公司			
当前产品销量	1000000	1300000	
价格	$0.90	$0.90	
可变成本	$0.35	$0.35	
固定成本	$0.40	$0.31	
边际收益	$0.55	$0.55	
每年的税前利润	$150000	$315000	$165000

在不能转移定价的情形下，边际收益（价格 – 可变成本）为 0.60，价格降 10%，可以增加 50% 的销售量；价格增 10%，损失的销售量不能超过 25%。您的选择：降价还是加价？

纵向一体化的成本结构见表 3–7。

表 3–7 纵向一体化的成本结构

	当前的价格、成本及销售量	10%的价格削减30%的销售增加	变化
联合制造有限公司			
当前产品销量	1000000	1300000	
价格	$2.00	$1.80	
可变的原料成本	没有	没有	
可变的劳动力成本	$0.60	$0.60	
（$0.20+$0.05+$0.35）			
固定成本	$1.00	$0.77	
（$0.40+$0.20+$0.40）			
边际收益	$1.40	$1.20	
边际收益率	70%	67%	
每年的税前利润	$400000	$560000	$160000

在可以转移定价的情形下，边际利润 1.40，边际利润率 70%。降价 10%，可以增加 16.7% 的销售量；加价 10%，销售量损失不超过 12.5%。您的选择：降价还是加价？

二、竞争：理解定价博弈

（一）竞争优势：利润的唯一可持续来源

高度竞争环境下的定价尤为困难。竞争环境的市场具有不确定性，定价不仅要考虑企业的内部因素，还要考虑外部竞争者的行动以及市场的变化。在确定性环境下，定价的改变一定会引致销售量的改变；而在竞争环境下，定价改变很可能引致竞争对手的定价改变。只有拥有竞争优势，企业才能在合理定价的基础上获得可持续利润。以低价策略为例，只有那些拥有成本优势，可以阻止竞争者将价格降到更低的企业，才能通过降价获得长期优势。

（二）应对价格竞争

对于竞争对手做出的价格行动，企业是否需要全部做出回应？这需要企业做出合理权衡，主要有两个考虑因素：竞争者价格调整是否会威胁到企业市场地位以及企业回应的成本。如何回应竞争者价格行动见图 3–4。

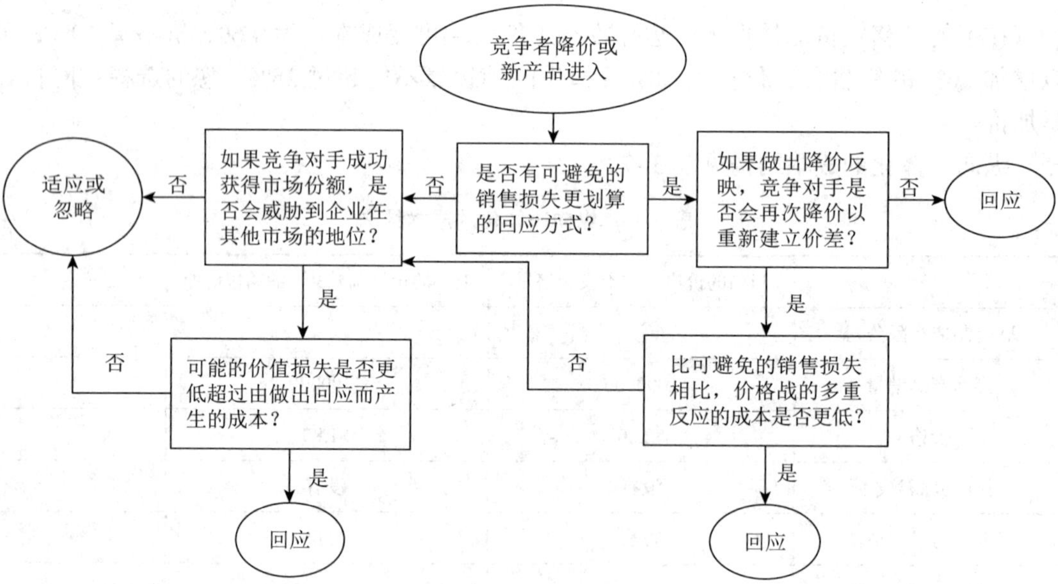

图 3–4　如何回应竞争者价格行动

（三）把握竞争时机

信息时效性是价格竞争中的关键。企业需要实时搜集并评估对手的信息，并快速做出判断选择应对方式。在以下四种情况下，企业就可以考虑采取价格调整：①企业已经拥有或者可以通过低价战略实现巨大的增量成本优势；②价格的调整不会导致竞争对手做出反应；③公司可以用配套产品的利润来有效地补贴它在某一市场上的损失；④价格竞争可以充分扩大市场容量，就算竞争对手跟随降价，全市场的利润仍然增加。

第四节 渠道的收益管理

一、渠道的重要性

渠道是一组独立的组织，致力于向消费者或商业用户提供产品或服务。渠道是将客户推向产品的关键，是酒店收益管理最关键的外部利益相关者，与动态定价密切相关。随着互联网的出现，酒店分销渠道在过去十几年间发生了重大变化，而且它们还在不断发展。尽管酒店不断调整渠道策略，但目标仍是为了获取最高利润。

国际酒店集团完整的销售渠道组合见图 3–5。

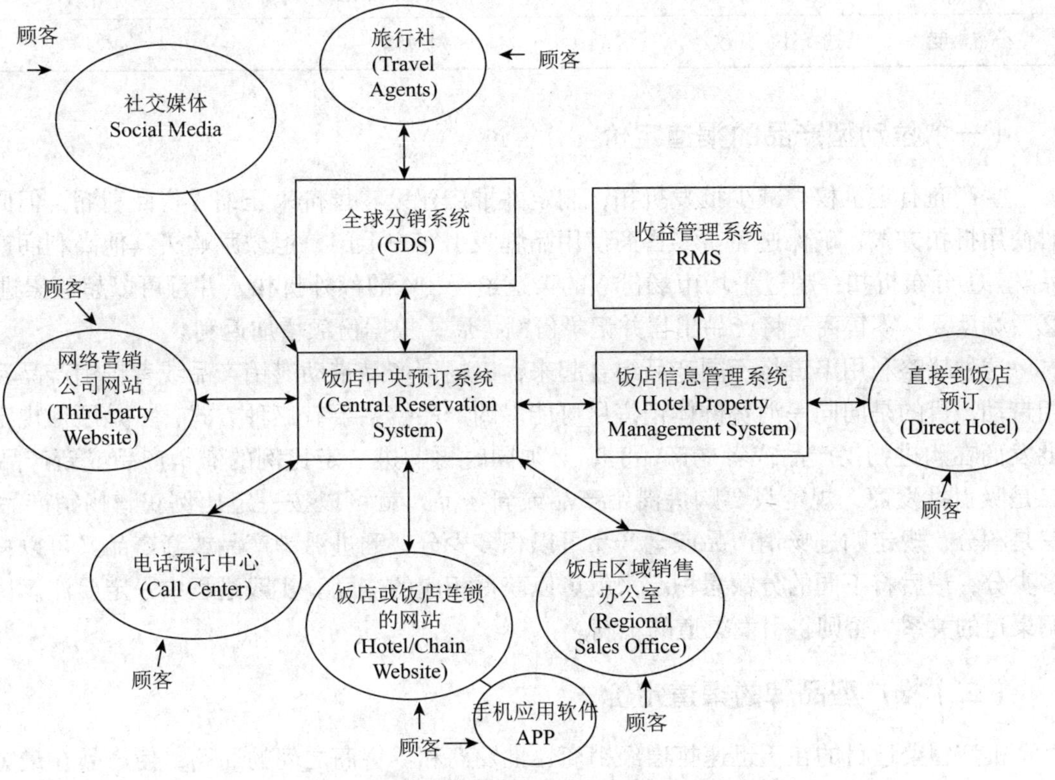

图 3–5 国际酒店集团完整的销售渠道组合

二、渠道的定价

从定价的角度，合适的渠道、良好的渠道关系能加强企业与顾客之间的黏性，提高市场竞争力，降低销售成本和掌握市场信息，从而缩短产品向顾客转移的时间，使产品价值尽快转化为收益。渠道合作关系主要有三种：生产商与零售商关系，生产商与分销商关系以及分销商与零售商关系。对于企业来说，出于不同的目的、经济考虑等多方面的因素，根据不同的合作关系，需要采取不同的渠道战略。

在企业与渠道的关系中，谁能影响客户行为，谁就有定价能力。现实中存在推动型和拉动型两种分销渠道的定价战略（见表 3-8）。

表 3-8　渠道战略选择

	拉动型渠道战略	推广型渠道战略
生产商利益考虑	通过批发折扣和促销费推动使低销量品牌能够进入市场	通过密集广告和大量营销拉动高销量
渠道经济	由多个品牌分摊高额利润以及由销售、广告或服务带来的高成本	要求通过以最低的成本，有效地增加销量以实现盈利
细分市场类型	分散的小众细分市场，利基市场	大众市场
对渠道的依赖	中到高	低，甚至不依赖
分密集度	有选择性、分散	密集

（一）拉动型产品的渠道定价

生产商有定价权。减少批发折扣，制定并推广建设零售价来压缩零售商利润，但同时使用折扣方式，确保避免“零售商使用品牌吸引客户上门，但鼓励购买其他高利润产品”。①分布折扣：超过平均市场份额的渠道给予 1% 的额外折扣，并且可以超额累进；②后端反复：零售商先将产品出售并记录份额扩展，根据份额增加返利。

这种战略利用渠道将不同产品组合起来，以畅销产品带动滞销产品或者畅销产品互相带动，目的是向同一消费群体销售尽可能多的产品。主要有三种方式：一是硬性规定批发商在购进畅销产品或者老产品时，必须同时再购进一定比例的滞销产品或新产品；二是吸引批发商，规定只要购进滞销产品或新产品，就可以按一定比例获赠畅销产品；三是积分，规定购进畅销产品或老产品可以积多少分，购进滞销产品或新产品又可以积多少分，最后将不同的分数累积起来就可以获得相应的奖励。实践过程中一定要注意协调渠道的关系，否则将引发渠道的不满。

（二）推广型品牌的渠道定价

推广型渠道目的在于迅速打通经销商、批发商和零售商之间的通路，使产品在最短的时间内布满渠道的各个层面，从而为随后的大力推广打下基础，同时也能避免竞争者的干扰，抢占渠道占有率。其运作好坏直接关系产品在市场上的流通是否顺畅，以及在整体策略上是否能应对消费者的拉动。最适合的方式是针对渠道开展返利，以利益刺激渠道积极进货，并配合厂家大力宣传。

三、渠道的合作战略

（一）渠道关系维护

良好的渠道关系是通过渠道获利的关键，在实际运作中有非常多的维护渠道关系的方法（见表 3-9），但是每种方法都有其特定的使用条件，在合适的条件下灵活应用合适的方法才能发挥其应有的效果。

表 3-9 渠道关系的维护

维护方式	具体方法
渠道返利	实物返利、费用返利、扣点返利、模糊返利、现金返利、现金卡
赠送礼品/产品	经销商进货时，按照一定比例赠送礼品或市场畅销的其他品牌的产品
压货	一是硬性规定，二是配合实施一定的激励措施，三是加大消费者促销力度加以引导
兑奖卡	主要针对批发商和零售商，适用于产品销售稳定而且销量较大的阶段
配额	消货配额、滞货配额、新货配额、库存配额、囤货配额
工具支持	往往用于产品的推广初期，需要促使经销商加强对市场基础工作的建设，同时也能较多地利用经销商的资源和精力

（二）渠道谈判

在与强势渠道商谈判的过程中，可采取以下策略：①让强势渠道之间相互谈判，以在一定程度上削弱其谈判实力，但要防止强强联合；②对于具有排他性的强势渠道商要给予充分支持，以合作共赢；③将零售商的价值量化，以更好地比较不同方案，做出最明智的决策；④消除不必要的成本，为自己争取更大的谈判余地；⑤对提供的产品进行细分，以更有针对性；⑥采取“分而治之”的战术。

【本章案例学习】

宝洁的定价与渠道

1988 年，宝洁公司在广州成立了在中国的第一家合资企业——广州宝洁有限公司，从此开始了其中国业务发展的历程。

宝洁公司在中国市场的价格策略包括两个阶段。第一阶段是 1990 年之前，这段时间是宝洁的黄金时期，很高的品牌溢价能力使得宝洁独家雄踞高端市场，所以有条件采用市场撇脂的价格策略。第二阶段是 20 世纪 90 年代中期开始，众多本土中小企业的进攻使得宝洁不得不采取低价策略。因此针对不同的产品，宝洁旗下洗发水的价格不同。①基本定价终端卖场与渠道价格要保持大体一致，允许在各卖场销售的价格差额的幅度在 0.8~1.2 元之间浮动．对经销商的蹿货行为要严惩决不手软，禁止打价格战。②折扣价格：为了鼓励经销商多进货，可以考虑一次进货达 100 万元给予 1.2% 的返点（以货物形式返）且与订货一起配送，多打折多优惠。

在宝洁进入中国市场的开始阶段选择了传统的分销方式，即借助分销商完成全国的网络覆盖。这种模式下，分销商承担了所有零售终端的供货，所以哪种产品的利润高，分销商就会卖力推广哪家的产品。鉴于这种情况，宝洁进行了渠道变革。宝洁一改此前经由分销商向零售商供货的方式，逐渐开始向重点零售商直接供货。打破了华南、华北、华东、西部四个销售区域的运作模式，改为分销商渠道、批发渠道、主要零售渠道和大型连锁渠道以及沃尔玛渠道。

案例问题：

在不同的发展阶段，宝洁在中国的定价策略、渠道策略分别有什么变化？它们之间有什么联系？

复习思考

1. 战略定价金字塔是什么？
2. 成本类型与成本结构有哪些主要内容？
3. 如何应对价格竞争？
4. 分销渠道定价的要点是什么？
5. 跨越产品生命周期的定价具体指什么？

知识拓展链接

产品生命周期中的定价管理 http：//www.21cbr.com/html/magzine/200701029/knowledge/200812/081696.html

【本章参考文献】

［1］阿铭．经典价格战［J］．市场周刊（商务营销），2004，1：50–51.

［2］胡顺利．星级酒店客房定价策略分析［J］．经济研究导刊，2011，24：195–196.

［3］赵岩．科特勒顾客价值理论及其发展研究［J］．商业时代，2013，9：46–48.

［4］张明立，樊华，于秋红．顾客价值的内涵、特征及类型［J］．管理科学，2005，18（2）：71–77.

［5］段爱芳．定价策略与消费心理［J］．长治学院学报，2007，24（3）：29–30.

［6］Jacobs，T.，Ratliff，R. and Smith，B. Understanding the relationship between price，revenue management controls and scheduled capacity – A price balance statistic for optimizing pricing strategies. Journal of Revenue and Pricing Management，2010，9：356–373.

［7］罗伯特·菲利普斯．定价与收益优化［M］．陈旭，慕银平，译．北京：中国财政经济出版社，2008，4：81–111.

［8］周晶，杨慧．收益管理方法与应用［M］．北京：科学出版社，2009.

[9] 胡质健 . 收益管理：有效实现饭店收入的最大化 [M] . 北京：旅游教育出版社，2009.

[10] Chiang W C，Chen J C H，Xu X. An overview of research on revenue management: current issues and future research [J] . International Journal of Revenue Management，2007，1 (1) : 97–128.

[11] Escudero L F，Monge J F，Morales D R，et al. Expected future value decomposition based bid price generation for large-scale network revenue management [J] . Transportation Science，2013，47 (2) : 181–197.

[12] Kim M G，Lee C H，Mattila A S. Determinants of Complaint Behavior in a Restaurant Context: The Role of Culture，Price Level，& Customer Loyalty [J] . Journal of Hospitality Marketing & Management，2014，39，11–20.

第四章

动态定价

【学习目标】

1. 学习动态定价，了解如何制定价格、修改价格、发动价格变更。
2. 学习并掌握影响服务定价的要素及方法。

【引导案例】

迪士尼成功背后的动态定价

当听到“迪士尼”这个名字的时候，你第一时间会想到什么？米老鼠？大白？迪士尼乐园？如果是一个商人的话，你可能会首先想到迪士尼强大的品牌公认力和它长久以来的受欢迎程度。也许很少有人会立刻联想到商业数据分析这一点，但这恰恰正是迪士尼保持成功的一个秘密——将数据分析与定价及收益优化管理应用在它的整个商业战略决策中。

尽管剧场相对较小，演出时间也不够长，“狮子王”却是截至现在总收入最多的百老汇演出。这是如何实现的呢？“狮子王”广泛的知名度和受众度是一个原因，但另一原因却是动态定价模式，更广泛来说又被称为定价与收益最优化管理。在迪士尼“狮子王”百老汇演出的票务动态定价系统中，一共分为了三个主要步骤：

1. 根据过往十几年来票房收入的趋势预估每场演出的票房需求，得出需求价格公式，并界定合理的价格范围。

2. 由剧场大小和地形来划分区域，根据座位限制、票价档数和需求价格公式来得出最优化的票价。

3. 开放售票后，再实时观察票房表现来调整价格。

“狮子王”百老汇演出的例子，强调了数据分析和动态定价对于迪士尼成功起到的重要影响。

（资料来源：大数据文摘，2015-03-20）

第一节 动态定价的原理

一、动态定价的使用原因

假设在一个星期天，你去当地的一个杂货店购买你喜欢的面包。平时这种面包是3块钱一个，然而发现今天面包变成了6块钱一个。当你询问价钱变化的原因时，答案是这个面包每到周日的需求量就会大幅上升，面包店为了获取更多收入，所以把价格上升了。那么你还会买这种面包吗？你以后还会去这个杂货店吗？再假设你要参加一个有你最喜欢乐队的音乐会，想要第一排的座位，但是由于仅只剩几个座位了，前排座位票价是后排座位的2倍。那么你还会购买第一排的座位吗？或者假设，你在新年之际想在纽约的市中心曼哈顿的时代广场附近预订一个房间，以便于参加新年倒计时，但是由于当晚的房间需求量非常大，房价上升为平常房价的两倍，你还会预订这个房间吗？

因此动态定价的根本原因是由供需不平衡造成的。通常认为，航空业是一个频繁由于供需不平衡而对价格进行调整的行业——当预期需求增大时就提高价格，当预期需求降低时就降低价格。通常乘客面对的价格浮动，有很多方面的解释，可能是因为服务档次的变化（头等舱、商务舱、经济舱），可能是因为购票日期的不同（提前21天、当天购票等），也可能是因为购买票数的不同（批发商购票、旅行社购票、休闲旅客购票），但最根本原因还是供需关系。其他运用收益管理进行动态定价的行业，包括航海业、火车行业、影视行业等，他们之间的共同点都是服务的不可储藏性，从而很容易产生供需不平衡。

酒店也是如此，采取在适当时间提高或降低房价的做法。因此，如果一个酒店在每年10月份的入住率是较稳定的，那么就不太可能给予一个需求量大的团体客人一个折扣，除非这个团体愿意购买额外的酒店服务以补偿房价折扣。在大多数情况下，消费者能够理解由于供应不足导致的价格上升。但是，不是所有的行业都能有效地应用供需原理。比方说，在节假日由于小汽车的使用率上升，石油公司同步上升汽油价格，公众对汽油价格上升的直接反应是针对“大石油公司”的愤怒和批评，而且要求调查和汽油价格控制。

同时，酒店从业者必须知道，定价调整的不合理使用可能导致消极的结果。因此，酒店从业者对动态定价的定律和使用前提的正确理解，是对其有效运用从而实现收益最大化。

二、动态定价的理论基础

动态定价管理的基本理论基础是：供需原则和差别定价。

理解供需原则对于酒店动态定价十分重要，因为酒店的产品具有生产和消费的同时性和高收入成本。假设一个城市在未来一年将作为一个举行主要年度会议的地方，面临的问题是即使需求将会在会议这几天大量增加，酒店客房可供销售客房的数量无法增加不变。这是因为酒店不能在短短12个月中筹资以及构思、设计和建设客房；而且即使可以实现，当这次会议结束时，这些额外客房的需求将会消失，因此这样做是不明智的。对于出租车业务来说，这个问题就简单得多，他们既可能在会议期间增加出租车的可得数量，也可以通过延长司机在职时间，或同时使用两种策略，从增加的需求中获利。供需原则对于酒店动态定价的重要影响还在于，相对于其他行业，酒店产品的不可存储性。例如，如果在鞋展开始时，在星期一没有卖出一双鞋，可以尝试在星期二再将其出售，无须额外支付成本。但是对于酒店来说，如果这个酒店在星期一晚没有售出101房，那在那个晚上再次售出那间房是永不可能的，而且将会从销售中产生的潜在收入就永远丢失了。

差别定价既是一门艺术，也是一门科学。它的艺术性体现于寻找到一种细分市场的方法，以便根据顾客的价格敏感性进行差别定价。它的科学性体现在通过制定和更新价格，最大化细分市场的总收益。差别定价虽然是动态定价的重要手段，但是容易引起顾客的不公平感。因此，了解顾客对各种差别定价策略的公平度感知，是动态定价需要特别注意的。

在动态定价过程中，管理者要关注对以下几点的把握：

（1）价格的可变性。

酒店收益最大化的战略是将同样的产品，在不同的需求情况下、不同的住宿天数下按照不同的价格出售。航空公司的变动价格制度受到大部分顾客的认可，利用同样原理，酒店行业也使用相应的动态定价。按照酒店行业的惯例，顾客喜欢价格折扣、产品升级、酒店赠送的礼品等，但酒店无法完全满足顾客的期望。因此，酒店需要从顾客的角度进行动态定价，采用不同的价格防护栏，使顾客感到物有所值，目的是保证收益的最大化。

（2）价格的公正性和可接受性。

酒店作为服务行业，由于生产和消费的同时性，顾客对于价格的合理性，只能根据对价格和服务的期望来参考判断，公正就显得更为重要。只有让顾客感受到公正性，顾客才会接受酒店的定价，从而实现收益最大化。顾客的接受性反映在满意度上，如果酒店的利润增加导致顾客满意指数的下降，就说明顾客认为酒店的价格并非公正。

（3）价格的合理性。

顾客对于价格是否合理的判断依赖于对酒店名誉的认识。酒店名誉度高，价格的合理性接受程度高，酒店的名誉度低，价格的合理性接受程度低。反之，合理性的价格能够提高酒店的名誉度。

（4）定价的诚实性。

诚信是企业在社会生存和发展的基础，如果当顾客发现酒店在利用市场权利而对顾客不诚实，酒店就会在顾客心目中失去地位，失去顾客。

（5）溢价和折扣。

顾客对于价格的认识是实际价格和期望价格的比较。顾客的期望价格会参考酒店的门市价，在顾客的心理上，总是想得到比期望价格低的报价。但现在大多数酒店制定的门市价和实际出售的平均房价相距太远，这样的门市价不再受到顾客的参考，同时也失去了原有的意义。

第二节　动态定价的过程

在传统意识中，管理者通常认为顾客是被动的，他们的需求由外部的变量决定，而不会主动参与决策，他们的决策取决于最开始的供给的类型或者属性。但实际的消费过程中，消费者在决策中扮演着主动性角色。也就是说，产品或服务的价格决定于需求和供给。那么，需求与供给的具体内容主要包括哪些？除了需求与供给之外，我们还需要考虑什么因素？是根据市场需求改变供给被动定价，还是根据企业供给改变需求主动定价？有哪些定价方法？以下将具体分析定价的流程及步骤以及定价方法的运用。

一、价格制定

（一）选择定价目标

企业的定价目标是以满足市场需要和实现企业盈利为基础的，它是实现企业经营总目标的保证和手段。同时，又是企业定价策略和定价方法的依据。企业的定价主要包含以下几个目标：拓展目标、利润目标、销售目标、竞争目标和社会目标（见表 4–1），不同目标对应不同的价格措施。

表 4–1　企业定价目标及具体措施

目标	具体措施
拓展目标	维持企业生存、扩大企业规模、多品种经营
利润目标	最大利润、满意利润、预期利润、销售量增加
销售目标	扩大市场占有率、争取中间商
竞争目标	稳定价格、应付竞争、质量优先
社会目标	社会公共事业、社会市场营销责任

（二）确定需求

1. 需求影响因素

顾客的需求是不断变化的，除了社会政治、经济、文化等宏观因素，还有人口统计指标、消费者偏好、替代品价格等因素，都会影响顾客的需求。其中，消费者的价格敏感是重要的影响因素，表 4–2 列出影响价格敏感度的 9 个因素。

表 4-2　影响价格敏感度的因素及特点

因素	特点
独特价值效应（Unique-Value Effect）	产品越是独特，顾客对价格越不敏感
替代品知名效应（Substitute-Awareness Effect）	顾客对替代品了解越少，他们对价格的敏感性越低
难以比较效应（Difficult-Comparison Effect）	如果顾客难以对替代品的质量进行比较，他们对价格越不敏感
总开支效应（Total-Expenditure Effect）	开支在顾客收入中所占比重越小，他们对价格的敏感性越低
最终利益效应（End-Benefit Effect）	开支在最终产品的全部成本的费用中所占比例越低，顾客的价格敏感性越低
分摊成本效应（Shared-Cost Effect）	如果一部分成本由另一方分摊，顾客的价格敏感性越低
积累投资效应（Sunk-investment Effect）	如果产品与以前购买的资产合在一起使用，顾客对价格不敏感
价格质量效应（Price-Quality Effect）	假设顾客认为某种产品质量更优、声望更高或是更高档的产品，顾客对价格的敏感性就越低
存货效应（Inventory Effect）	顾客如无法储存商品，他们对价格的敏感性就越低

资料来源：Nagle，T.T.（1987），The Strategy and Tactics of Pricing，Prentice Hall，NJ

2. 需求的价格弹性

需求价格弹性（Price elasticity of demand）是指需求对价格变动的反应程度，会影响经营者的价格决策。一般情况下，价格上升，需求减少；价格降低，需求增加，所以需求弹性曲线是向下倾斜的。在以下几种情况，需求可能缺乏价格：代用品很少或没有，或没有竞争者；买者对较高的价格不敏感；买者对改变他们的购买习惯和寻找较低价格表现迟缓；买者认为由于质量改进，正常的通货膨胀和其他一些因素，定价较高是公道的。

3. 估计需求趋势

既然需求是会变化的，那么选择合适的方法来估计需求趋势就显得尤为重要。估计需求趋势主要有以下几种方法：①统计分析法，即统计过去的价格、销售数量和其他因素的数据来分析它们之间的关系。这种数据分析适用于纵向估计（随时间变化）和横向估计（在同一时间，不同地点），但是建立合适的模型和处理数据需要相当高的统计技术。②价格实验法，这种方法由贝内特（Bennett）和威尔金森（Wilkinson）开创，具体操作为：在商店里有系统地变动几个销售产品的价格，并观察研究不同价格是怎样影响销售的。③询问判断法，询问购买者在不同的价格水平，他们会买多少产品，这种方法的主要问题是在购买者通常会表示价格较高时会降低他们的购买愿望，这迫使企业不敢制定高价格。

（三）估计成本

1. 成本的类型

成本包括固定成本及变动成本。固定成本是不随生产或销售收入的变化而变化的成本，通常包括固定资产投资和一般管理费用，变动成本随着生产水平的变化而直接发生变化。

2. 不同的成本行为

在不同的生产和销售方式下，企业的成本变化趋势是不一样的，包括基于经验曲线的成本行为和差别营销报价的成本行为。①经验曲线的成本行为，根据经验效应，当产品的生产和销售增加一倍，单位成本就降低10%~30%。②作为差别营销报价的成本行为，如今，企业努力使它们的报价适应不同的购买群体和零售商渠道，为了估算对不同购买群体和零售商的实际盈利水平，生产企业（或服务提供商）必须应用基于活动的成本（Activity-Based Cost）进行会计核算。

3. 目标成本法

目标成本法的思路为，首先用市场研究销售诉求和竞争价格确定该产品的定价，然后，根据目标利润确定目标成本。最后，检查每一个成本项目——设计费用、工程费用、服务费用、销售费用等，确保最后的成本项目在目标成本之内。必要时需要考虑调整成本项目，减少或降低供应商等，来降低总成本。

（四）比较分析竞争者

在现实中，竞争者的定价方法和取得的市场反应，是企业制定产品或服务的价格的有效参考。企业将自己的价格与成本和竞争者进行比较，以了解自己是否具有竞争优势。

竞争者的产品价格等信息，是企业制定自己价格的一个起点。如果企业提供的东西与一个主要竞争者提供的东西相似，那么企业必须把价格定得接近于竞争者，否则就要失去销售额。倘若企业提供的产品和服务在品牌、质量方面有优势，企业定价就可以比竞争者高。

要注意的一点是，竞争者会对市场上的价格变化迅速做出反应。也就是说，盲目的低价策略可能并不能带来竞争优势。只有那些利用成本优势，使竞争者定价无法比自己低的企业，才能通过降价获得了好处。

（五）选择定价方法

定价方法是企业在特定的定价目标指导下，依据对成本、需求及竞争等状况的研究，运用价格决策理论，对产品价格进行计算的具体方法。定价主要包括成本导向、竞争导向和顾客导向等三种类型，有以下几种方法：

1. 成本加成定价法（Markup Pricing）

成本加成定价法指的是在产品的成本上加一个标准的加成。成本加成法被普遍应用，因为相对于需求而言，卖方更容易把握成本变化；当需求变动时，企业无须频繁地调整价格，只需要调整成本。当行业的所有企业都使用这种定价方法时，产品的价格就会趋于一个平衡的水平。成本加成定价法能避免市场价格的频繁变动，降低价格竞争，对买方和卖方来讲都比较公平。

2. 目标利润定价法（Target-Return Pricing）

目标利润定价法又称为投资收益率定价法，是根据企业的投资总额、预期销量和投资回收期等因素，通过量本利分析法制定产品价格。

3. 认知价值定价法（Perceived-Value Pricing）

企业越来越明白定价的关键，不是卖方的成本，而是买方对价值的认知。因此，把价格建立在顾客对产品的认知价值的基础上，依据该产品所带给顾客的每一个附加利益推定顾客所认知的价值，并在此基础上确定该产品的价格。

4. 差别定价法（Discriminatory Pricing）

产品差别定价法是指企业通过不同营销努力，使同种同质的产品在消费者心目中树立起不同的产品形象，进而根据自身特点，选取低于或高于竞争者的价格作为本企业产品价格。因此，产品差别定价法是一种进攻性的定价方法。

5. 密封投标定价法（Sealed-Bid Pricing）

竞争的定价法也支配一些对工程进行投标的企业。企业定价的基点与其说是依赖对企业成本或需求的密切联系，不如说是取决于预期的竞争者将制定怎样的价格。某企业想要赢得某个合同，这就需要它制定比其他企业较低的价格。同时，企业不能将价格定得低于成本，以致恶化它的地位。在密封投标定价法中如何保持投标价格和企业利润的平衡？可采用期望利润判断法，见表 4-3。

表 4-3　期望利润判断法

企业的递价（Company' Bid）	企业的利润 / 美元	递价中标率	期望利润（Expected Profit）/ 美元
9 500	100	0.81	81
10 000	600	0.36	216
10 500	1 100	0.09	99
11 000	1 600	0.01	16

（六）选定最终价格

企业在考虑经营目标、需求、成本、竞争者基础上，最后拟定的价格必须考虑以下因素。

①最后价格必须同企业定价政策相符合。企业的定价政策是指：明确企业需要的定价形象、对价格折扣的态度以及对竞争者的价格的指导思想。

②最后价格还必须考虑是否符合政府有关部门的政策和法令的规定。

③最后价格还要考虑消费者的心理。利用消费者心理，采取声望定价，把实际上价值不大的商品的价格定得很高，以促进销售。

④选定最后价格时，还须考虑企业内部有关人员（如推销人员、广告人员等）对定价的意见，考虑经销商、供应商等对所定价格的意见，考虑竞争对手对所定价格的反应。

二、价格修正

为了综合考虑不同地区需求和成本、市场细分差异、购买时订单的水平、交货频率、服务合同和其他因素等的变化情况，企业通常不是一次性定价，而是采用灵活多变的方式确定产品的价格。主要有以下 5 种价格修正策略：地理定价（Geographical Pricing）、价格折扣和折让（Pricing Discounts and Allowance）、促销定价（Promotional Pricing）、差别定价（Discriminatory Pricing）与产品组合定价（Product–Mix Pricing）。

（一）地理定价

地理定价包含着企业给全国（世界）各地的顾客如何决定其产品的定价，主要包括以下两方面内容。①边远地区顾客价格问题：企业的顾客遍布各个地方，企业该不该对边远的顾客收取较高的价格以弥补较高的装运成本及由此而减少其业务的风险？这个问题企业应该通过管理层多次的会议决策，制定相关标准。②交付款项的方式：交付款项的方式也是地理定价应该考虑的因素，如何交付款项（特别在国际贸易中），当购买者缺乏足够的硬通货来偿付他的购买物时，这一因素就显得尤为重要。很多时候，购买者在付款时需要提供其他的条款，这种实践导致对销贸易的兴起。

（二）价格折扣和折让

大多数企业通常都酌情调整其基本价格，以鼓励顾客及早付清货款、大量购买或增加淡季购买。这种价格调整被称为折扣和折让，折扣的主要形式有以下几种：①现金折扣（Cash Discounts），现金折扣是对及时付清账款的购买者的一种价格折扣。例如，“2/10，净 30”。②数量折扣（Quantity Discounts），数量折扣是卖方因买方数量大而给予的一种折扣。数量折扣必须提供给全部的顾客，可以在非累计基础上提供折扣（每张订单），或者在累计基础上提供折扣（在一个规定的时期内订购的数量）。③职能 / 功能折扣（Functional Discounts），也叫贸易折扣（Trade Discounts）是由供应商向贸易渠道成员所提供的一种折扣。对不同的贸易渠道成员，制造厂商可以提供不同的功能折扣，因为它们提供的是各种各样的服务。④季节折扣（Seasonal Discounts），季节折扣是卖主向那些购买非当令商品或服务的买者提供的一种折扣。季节折扣使卖主在一年中得以维持稳定的生产。⑤旧货折价折让（Trade–in Allowances），在汽车行业和一些其他耐用消费品的交易中最为普遍。⑥促销折让（Promotional Allowances），是指卖方为了报答经销商参加广告和支持销售活动而支付的款项或给予的价格折让。

（三）促销定价

企业可以采用几种定价技术来刺激更早的购买，包括牺牲品定价、特别事件定价、现金回扣券、低息贷款、较长的付款条款、保证和服务合同及心理折价等方式。

①牺牲品定价（Loss–Leader Pricing），店家以少数商品作为牺牲品将其价格定价，以招揽顾客，吸引他们来到本店，并期望他们购买正常标价的其他商品。

②特别事件定价（Special–Event Pricing），在某种季节里，卖主也利用特别事件定

价来吸引更多的顾客购买。

③现金回扣券（Cash coupons），制造厂商有时会在特定时间内向进行购买的顾客提供现金回扣，刺激他们购买产品，可使制造商在不必降低目录价格的情况下达到清仓的目的。

④较长的付款条款（Long-Term Payment），销售者特别是贷款银行和汽车企业，延长它们的贷款时间，这样减少顾客每月的付款金额。

⑤保证和服务合同（Warranties and Service Contracts），企业可以增加免费保证或服务合同来促销。

⑥心理折价（Psychological Discounting），这是指故意给产品定个高价，然后大幅度降价出售它；如“原来标价是 359 美元，现在是 299 美元”。

（四）差别定价

企业常常会以两种或两种以上不反映成本比例差异的价格来推销一种产品或者提供一项服务，以适应在顾客、产品、地理位置等方面的差异，即差别定价。差别定价有以下几种形式：

①顾客细分定价（Customer-Segment Pricing），针对同样的产品或服务，收取不同顾客不同的价格。

②产品式样定价（Product-Form Pricing），根据产品的式样不同，制定的价格也不同。

③地点定价（Location Pricing），在这种情况下，即使所提供的每个地点的成本是相同的，不同地点也可制定不同的价格，如剧院的位置价格。

④时间定价（Time Pricing），在这种情况下，不同季节，不同日期，甚至不同钟点，都可以采取不同的价格，如长途电话收费。

实行差别定价，必须具备一定条件：第一，市场必须能够细分，而且这些细分市场要显示不同的需求程度；第二，付低价的细分市场人员不得将产品转手或转销给付高价的细分市场；第三，在高价的细分市场中，竞争者无法以低于企业的价格出售；第四，细分和控制市场的费用不应超过差别定价所得的额外收入；第五，实践这种定价法不应该引起顾客反感和敌意；第六，差别定价的特定形式不应是违法的。

（五）产品组合定价

产品组合定价的含义是寻求在整个产品组合方面能获得最大利润的共同价格，包括产品线定价法、选择特色定价法、附带产品定价法、两段定价法、副产品定价法、捆绑定价法等。

①产品线定价法（Product-Line Pricing），产品线定价是根据购买者对同样产品线不同档次产品的需求，精选设计几种不同档次的产品和价格点。

②选择特色定价法（Optional-Feature Pricing），许多企业提供各种可选择产品或具有特色的主要产品。

③附带产品定价法（Captive-Product Pricing），某些行业的企业的其他产品必须与

它的主要产品一起使用的产品（打印机和打印色带）。

④两段定价法（Two-Part Pricing），服务性企业常常收取固定费用，另加一笔可变的使用费（电话月租费和通话费）。

⑤副产品定价法（Byproduct Pricing），在生产加工食用肉类、石油产品和其他化学产品中，常常有副产品。如果这些副产品对某些顾客群具有价值，必须根据其价值定价。副产品的收入多，将使企业更易于为其主要产品制定较低价格，以便在市场上增加竞争力。

⑥捆绑定价法（Product-Bundling Pricing），销售商常常将多个产品组合在一起，进行降价销售。虽然顾客本来无意购买全部产品，但由于在这个价格束上节约的金额相当可观，常常会吸引顾客购买。

三、价格调整

（一）发动降价

企业在以下情况须考虑降价：生产能力过剩、产量过多；面对竞争者的“削价战”，企业不降价将会失去顾客或减少市场份额；科技进步，劳动生产率不断提高，生产成本逐步下降，其市场价格也应下降；发动降价以期望扩大市场份额，从而依靠较大的销量，以降低成本；在经济衰退时期不得不降价。

发动降价战略的风险如下。低质量误区（Low-Quality Trap）：消费者会认为产品质量低于售价高的竞争者产品的质量。脆弱的市场占有率误区（Fragile-Market-Trap）：低价能增加市场占有率，但并没有提高顾客忠诚，顾客随时会转向另一个价格更低的企业。浅钱袋误区（Shallow-Pockets Trap）：如果竞争者具有深厚的资金储备，他们也能降价并能持续更长时间。

（二）发动提价

提价的原因是多方面的，包括成本膨胀（Cost Inflation）、供不应求（Over demand）、产品性能提高、竞争减少等，以下是常用的几种调价方法：①延缓报价（Delayed Quotation Pricing），到产品制成或者交货时才制定最终价格，这在生产周期长的产业如工业建筑和重型设备制造业等相当普遍。②价格自动调整条款（Escalator Clauses），企业要求顾客支付交货前由于通货膨胀引起增长的全部或部分费用。③分离产品与服务（Unbundling of Goods and Services），企业把产品分解为各个零部件，按照多个构件定价出售。④减少折扣（Reduction of Discounts），企业减少常用的现金和数量折扣。

（三）对竞争者价格变化的反应

在同质的产品市场（Homogeneous-Product Market），面对竞争对手的降价策略，企业有几种选择：①维持原价格（Maintain Price），这种反应发生在以下几种情况——降价会失去很多的利润；不降价不会失去很多的市场份额；重新获得市场份额的机会不大，此时领先者可以选择高端顾客，而放弃一些较差的顾客给竞争者。②提高被认知的质量（Raise

Perceived Quality），如果与降价相比，在基于维持原价的基础上改进产品，可以增加更多收益或损失更低收益，可以通过改进产品、服务和信息沟通可以使顾客能看到更多价值。③降价（reduce Price），有些时候企业不得不降低自己的价格，以达到竞争者价格的水平，因为市场对价格很敏感，如果不降价将失去很多的市场份额，而且很难重新获得市场份额，但降价时也要保持产品所提供的产品价值。④提高价格同时改进质量（Increase Price and Improve Quality），可以提价并引入一些新的高质量商品，提高产品的竞争力。⑤推出廉价产品线反击（Launch Low-Priced Fighter Line），如果某个正在丧失的细分市场对价格是敏感的，可以在经营产品中增加廉价品种，或者另外创立一个廉价品牌。

第三节　服务定价

无形服务的价格具有不同于有形产品价格的特殊之处。什么影响了服务定价？有哪些服务定价方法？决定使用何种服务定价方法时要考虑哪些因素？

如西方国家的汽车业、飞机制造业、钢铁业等都是寡头垄断。

一、服务产品特征

服务业特征对服务产品的定价有着很大的影响。在不同的服务形态和市场状况中，这些特征所造成的影响也不同。

（一）服务的无形性特征

对于有形产品而言，生产成本与价格之间的关系十分明显，但服务的无形性特征则使得服务产品的定价远比有形产品的定价更为困难。在购买服务产品时，顾客却不能客观地、准确地检查无形无质的服务。第一次购买某种服务的顾客甚至不知道产品里面到底包含什么内容，再加上很多服务产品是按各类顾客的不同要求，对服务内容作适当的添减，使得顾客只能猜测服务产品的大概特色，然后同价格进行比较。

（二）服务的易逝性、不可储存性

这种性质使服务的供求始终难以平衡，产生了不同时期有差别的服务产品价格。当供大于求时，服务企业可能必须使用优惠价及降价等方式，以充分利用剩余的生产能力，从而使边际定价策略得到了普遍应用。例如，在航空旅行和假期承包旅游团的定价。但是，企业如果经常使用这种定价方式，往往会增强顾客的期待心理，因为他们会对降价产生预期，从而故意不消费某种服务。顾客往往可以推迟消费某些服务，甚至可以自己来实现某些服务的内容，类似的情况往往导致服务卖主之间更激烈的竞争。当然这也可能提高某些市场短期价格的稳定程度。

（三）服务质量的差异性

服务的差异性使价格竞争更加激烈。一方面，越是独特的服务，卖方越可以自行决

定价格，只要买主愿意支付此价格。在这种情况下，价格可能用来当作质量指标，而提供服务的企业的声誉则成为顾客的参考价格。另一方面，服务与服务之间没有统一的质量标准供作比较。往往是顾客要求的越多，则其得到的也就越多，而价格则没有变化。这种情况为企业选择细分市场和制定价格战略提供了决策依据。

（四）生产和消费不可分离

服务受到地理因素或时间的限制，消费者只能在一定的时间和区域内才能接受服务，这种限制不仅加剧了企业之间的竞争，而且直接影响到服务的定价水平。

二、服务定价影响因素

影响服务定价的基本因素和产品定价过程一样：包括成本因素、需求因素和竞争因素。

（一）成本因素

服务营销人员必须理解服务产品的成本随时间和需求的变化而变化。服务产品的成本可以分为三种，即固定成本、变动成本和准变动成本。

（二）需求因素

需求价格弹性对企业收益有着重要影响。在现实生活中，不同服务产品的需求价格弹性是不尽相同的，因此其定价决策。例如，在某些市场上，需求受到价格变动的影响很大（如市区公共交通服务、旅游娱乐等），而有些市场则影响较小（医疗、中小学教育等）。

（三）竞争因素

以市场为基础，市场类型和竞争程度的不同决定定价策略的不同。

完全竞争市场是一种不受任何阻碍和干扰的市场结构。特点是没有一个卖者或买者能控制价格，进入很容易并且资源可以随时从一个使用者转向另一个使用者。指那些不存在足以影响价格的企业或消费者的市场。在这种情况下，企业定价活动几乎发挥不了作用，只能接受市场竞争中形成的价格。而要获取较多的利润，也只能通过提高劳动生产率，节约成本费用，使本企业的成本低于同行业的平均成本。事实上，这种完全竞争的市场状态并不存在，很多商品只是接近于完全竞争状态。例如，一些生产简便，供应来源便捷的日用小商品等，对于这类商品，不可能通过加强营销措施来提高价格，提高价格只会造成销售困难。

完全垄断市场指一种产品完全由一家或少数几家企业所控制的市场状况，又称纯粹垄断市场或独占市场。其主要特征是：市场价格由一家或少数几家企业联合控制市场价格，从理论上讲垄断企业完全有定价的自由，通常主要通过市场供给量来调节市场价格。完全垄断一般只能在特定的条件下才能形成，比如拥有资源垄断、专卖、专利产品的企业，像通信、电力、自来水等。但实际上完全垄断市场如果过分抬价会受到消费者抵制和政府的干预。同时对市场的完全垄断会使企业缺乏降低成本的外在压力，导致销售价格较高及生产效率低下，社会资源配置不佳。

垄断竞争市场指一个市场中有许多厂商生产和销售有差别的同种产品。介于完全竞争和完全垄断之间，属于一种不完全竞争，是现代市场经济中普遍存在的典型竞争形式。其主要特征是：同类产品在市场上有较多的生产者，市场竞争激烈，由于产品存在着差异性，使少数拥有某些优势的企业可以创造一种独特的市场地位，影响并控制一定的市场价格。

寡头垄断市场是一种由少数卖方（寡头）主导市场的市场状态，同时包含垄断因素和竞争因素而更接近于完全垄断的一种市场结构。它的显著特点是少数几家厂商垄断了某一行业的市场，这些厂商的产量占全行业总产量中很高的比例，从而控制着该行业的产品供给，个别企业难以单独改变价格。商品的价格主要实行操纵价格，即由寡头们通过协议或默契决定。这种价格一旦决定，会保持较长时期不变，一般不会出现某个寡头升降价，其他寡头随之升降价的现象，但各个寡头在广告宣传、促销方面竞争较激烈。在现实经济中，寡头垄断比完全垄断更为普遍，如西方国家的汽车业、飞机制造业、钢铁业等都是寡头垄断。

三、服务定价方法

影响服务定价的因素来自三个方面，与此相对应，服务定价方法也包括三种：成本导向定价法、竞争导向定价法和需求导向定价法。

（一）成本导向定价法

成本导向定价法是指企业在合理利润的前提下，依据其成本决定价格的方法，这种方法在为产品定价上简单明了。服务组织中的成本与制造业比起来明显复杂得多，成本导向定价法要求服务企业不仅要从会计以外的视角看待成本，还应该把成本看成是公司努力为顾客创造价值的一个组成部分。

根据服务组织的不同特点，选择适合的成本基准定价方法，主要存在两类。

（1）存在显著变动成本和半变动成本的服务企业（专业服务公司）：传统的成本核算方法如固定成本、半变动成本和变动成本，以及贡献的概念和盈亏平衡分析法。

（2）与其他组织共享基础设施的复杂生产线（零售银行产品）：作业成本法。

（二）竞争导向定价法

竞争导向定价法是以在竞争环境中的生存和发展为目标的定价方法，以竞争者各方面之间的实力对比作为定价的主要依据。单位服务成本最低的企业有着令人羡慕的市场优势，通常被称为价格领导者。有通行价格定价（干洗店、快递企业）与主动竞争型定价（航空业、通信业）两种定价方法。竞争导向定价法也存在一定的实施难度及问题：①小企业的定价无法与大企业竞争：例如，小便利店的定价就不能像连锁便利店一样把价格定得太低，否则没有利润。②如何设定合适的竞争因素：例如，健身中心制定会费时，需要根据地理位置、健身设备、健身教练、健身项目等各种因素与竞争对手进行比较，很难得到一个统一的比较因素。

要注意的是，价格竞争的激化会使竞争者越来越多、替代品越来越多、竞争者和替代品供货商分布越来越广泛、行业产能过剩越来越大。

（三）需求导向定价法

需求导向定价法出发点是让定价与顾客的价值感受相一致，价格以顾客会为提供的服务支付多少为导向。顾客总是把价格与服务创造出的价值联系起来，但是服务提供给顾客的价值很难估测。为了合理而有效地进行资源配置和定价，收益管理需要判断价格对需求影响的灵敏度，以及在不同价位各个顾客群体所能产生的净收益，而价格弹性与需求及价格之间有固定的联系，所以价格弹性可以间接帮助企业进行需求预测。

四、价值定价策略

各种有形产品定价的概念和方法均适用于服务产品定价。但是，由于服务受产品特征的影响，企业与顾客之间的关系通常比较复杂。企业定价不单单是给产品一个价格标签，更是顾客对服务的价值感知。而且服务的真实成本不等于提供给顾客的价值，因此很难根据需求决定服务价格，存在两种情况：①成本小于价值的情况：如裁缝修改裤脚的物料成本不到 1 元，为何收费要 10 元？对于一条 50 元的长裤和一条 500 元的长裤，改裤脚是否都收 10 元？②成本大于价值的情况：如一次航班只有一名旅客，飞机是开还是不开？而且，顾客支付的非货币成本也是很重要的需要考虑的因素。

根据顾客对“价值”的需求不同，服务定价战略也有其不同的特点。根据顾客对价值的不同感知，采用四种不同的定价策略。

价值感受与定价策略见表 4–4。

表 4–4 价值感受与定价策略

价值感受	低价格	想获得的东西	从支付的价格中得到的服务	付出的东西得到的全部回报
定价策略	折扣定价 尾数定价 渗透定价	声望定价 撇脂定价	超值定价	捆绑定价 俘获定价：结果导向定价

（一）价值就是低廉的价格

低廉的价格并不能保证高价值，但却能通过提高效用与价格的比值而提高顾客的感知价值。当顾客希望得到的价值就是低廉的价格，可以采取的策略如下。①折扣定价：现金折扣、数量折扣、季节折扣。②尾数定价：许多商品的价格，宁可定为 0.98 元或 0.99 元，而不定为 1 元，尾数定价把握消费者的心理，使消费者产生一种“价廉”的错觉，激发更积极的购买反应。③渗透定价：在新产品投放市场时，价格定的尽可能低一些。

（二）我想从产品中获得的东西

在顾客购买产品或消费服务的过程中，往往会受一种或几种心理的影响与主导，如攀比心理、求异心理。这时顾客所感知的价值就相当于他们的心理需求，获得价值的过程就是满足他们自身心理需求的过程。①声望定价（整数定价）：企业凭借自身的品牌优势制定高价格，从而限制潜在买主数量，打造稀少、高端的印象；“一分钱一分货”，价格代表质量。②撇脂定价（高价法）：通过制定较高价格将超常规利润像撇取牛奶上面的奶油一样迅速收回，主要针对新产品、专利产品、需求价格弹性小的产品、流行产品和未来市场形势难以测定的产品等。

（三）我从所支付的价格中所得到的服务质量

对于顾客来说，价值是每一元钱效用的最大化。换句话说，价值就是感知利益与价格的比率。超值定价更趋向于这样一种定价方式，通过降低价格，提高感知利益与价格的比率，进而提高顾客的感知价值，提高产品或服务的性价比。这不同于低价策略，前者更注重价格本身，而此处更关注顾客感知到的效用与其付出的比率。

（四）我的全部付出能得到的东西

顾客得到的不仅是消费过程的服务，还有消费前和消费后的服务体验，因此，顾客考虑价值时关注的不是服务和成本本身，而是综合各种体验衡量服务的价值。可以采用的定价有：俘获定价，例如数字电视企业免费为用户安装设备、酒吧的特价啤酒；捆绑定价，即将有些单独出售时顾客可能不需要的服务与热门服务捆绑；结果导向定价，以最终服务结果为定价依据的定价方法，能够增加消费者感知公平。

【本章案例学习】

伦敦美食 –Just Around the Corner

让客人自己决定付多少钱，会不会有人存心吃霸王饭？享受一顿丰富的大餐后，如果餐厅老板请你自己决定账单的金额，你会怎么办？

让客人用自己的味觉、嗅觉、视觉来评断这一顿美食的价值，是 Just Around Corner 老板的巧思和噱头，也使这一家菜单上没有价钱的餐厅成为伦敦最有名的餐厅。

Just Around Corner 的位置离市中心稍远，但络绎不绝的客人仍从四面八方涌来，只为了体验这里没有标价的各式佳肴。打开菜单，前菜、主菜都有近 10 种选择，如香橙烤鸭、芥末大蒜烤羊排等；沙拉、甜点也有 4、5 种可供选择，法国料理中不可或缺的葡萄酒，更是有红酒、白酒、香槟等将近 20 种。

要付账的时候，请服务生把账单给你，自己填上价钱即可，至于付账的依据，不外乎吃的餐点多寡、是否喝酒，当然点得越多就要付得越多，同时参考一下伦敦餐厅的平均消费以及你真正对这家餐厅菜色、服务的喜爱程度。

案例问题：

1. 按顾客的支付意愿定价是否合理？
2. 顾客是否了解产品的差异性价值？

3. 这种定价是否破坏价格的一致性？

复习思考

1. 影响价格敏感度的因素是什么？
2. 修订价格的类型及方法是什么？
3. 发动价格变更的途径及步骤有哪些？
4. 影响服务定价的要素是什么，有什么服务定价方法？
5. 服务定价方法包括哪些？

知识拓展链接

肯德基定价策略案例分析 http：//0375.gov.cn/2011/1128/23966.html

【本章参考文献】

[1] 刘向辉. 网络营销差别定价策略的一个案例分析［J］. 价格理论与实践，2003，8：59-60.

[2] 胡顺利. 星级酒店客房定价策略分析［J］. 经济研究导刊，2011，24：195-196.

[3] 赵岩. 科特勒顾客价值理论及其发展研究［J］. 商业时代，2013，9：46-48.

[4] 张明立，樊华，于秋红. 顾客价值的内涵、特征及类型［J］. 管理科学，2005，18（2）：71-77.

[5] 段爱芳. 定价策略与消费心理［J］. 长治学院学报，2007，24（3）：29-30.

[6] Jacobs，T.，Ratliff，R. and Smith，B. Understanding the relationship between price, revenue management controls and scheduled capacity – A price balance statistic for optimizing pricing strategies. Journal of Revenue and Pricing Management，2010，9：356–373.

[7] 罗伯特·菲利普斯. 定价与收益优化［M］. 陈旭，慕银平，译. 北京：中国财政经济出版社，2008，4：81-111.

[8] 周晶，杨慧. 收益管理方法与应用［M］. 北京：科学出版社，2009.

[9] 胡质健. 收益管理：有效实现饭店收入的最大化［M］. 北京：旅游教育出版社，2009.

[10] Chiang W C，Chen J C H，Xu X. An overview of research on revenue management: current issues and future research［J］. International Journal of Revenue Management，2007，1（1）：97~128.

[11] Escudero L F，Monge J F，Morales D R，et al. Expected future value decomposition based bid price generation for large-scale network revenue management［J］. Transportation Science，2013，47（2）：181~197.

[12] Kim M G，Lee C H，Mattila A S. Determinants of Complaint Behavior in a Restaurant Context：The Role of Culture，Price Level，& Customer Loyalty［J］. Journal of Hospitality Marketing & Management，2014，39，11~20.

第五章

预测

【学习目标】

1. 了解收益管理中的预测问题、预测变量，掌握收益管理的预测方法。

2. 了解收益管理预测的准确性及需求修复概念，掌握酒店不同细分市场的预订模型。

【引导案例】

航空公司的座位控制

在航空收益管理中，座位控制是很重要的一部分。座位控制也叫舱位管理或者库管理，其结果就是决定每个航班、每个舱位可销售多少数量，进而最终决定了航班可售的价钱应是多少，可以说舱位管理拥有航班可售价格的最终控制权。

虽然舱位管理的最终结果就是决定了可售价格和舱位的可销售数量，大部分人就认为舱位管理做的就是调整舱位销售数量而已，这就大错特错了。整个舱位管理应该包括：淡旺季的识别、需求预测和调整、订座曲线和上客特点的识别、节假日和特殊事件的识别和应对、超售的管理、订座缩减的管理、贱卖和虚耗座位的监控和评估、需求偏离预期或者订座曲线异常的评估、竞争对手可获取的最低运价识别和响应、舱位可销售数的优化等。

以上每一个过程中，需求预测起着重要作用。预测能不能反映市场需求的真实情况，将直接或者间接地影响舱位管理的后续内容，也影响到最终舱位可销售数的多少。预测作为舱位管理的始发点，收益舱位管理人员应该给予更多的关注，而不要仅仅关注舱位可销售数量。对于需求预测的评判也不能仅仅考虑绝对的准确度，而是更要考虑预测需求确定性的概率提高了多少、是否大规模自动化的完成。即使是预测的准确性仅仅提高百分之一，由于确定性和自动规模化带来的收入增加也是相当可观的。

在航班座位数确定的情况下，舱位管理在预测过程后所有的行动都是围绕“决定每一种价格在此航班上接受多少个需求量”这一主题。

（资料来源：民航资源网，明毅）

第一节　预测的内涵

一、需求预测的重要性

企业经常要进行各种各样的预测，如预测产品的销售量和销售收入、原材料的价格、能源的价格及消耗量、劳动力的成本等。企业整理并分析相关数据，通过预测的结果来计划和组织未来的经营和销售。因此，准确有效的预测，能使企业取得最大可能得到的收益，避免因短视和仓促决策丧失良机，从而节约成本，提高利润率。

需求预测是其他收益管理模块的基石，超订、存量控制和定价等决策都是在需求预测的基础上开展的。高质量的定价、存量控制等需求管理决策都依赖于精确的预测。预测工作的好坏直接关系到收益管理工作的成败，因为收益管理的每个决策都是建立于收益管理人员对未来的预测。例如，酒店收益管理每天都面临着不同的决策，是关掉某些销售渠道还是开放它们，是提高某天的房价还是降低它们，是接受这个团队预订还是接受另外一个团队预订。准确的预测能够给酒店带来的更大的收入，反之，则会带来损失。

预测不仅是收益管理策略的基础和前提，而且在其中扮演一种承上启下的作用。因此，我们要了解收益管理中分析预测的步骤。

二、预测的变量

预测所使用的数据多种多样，不同企业需要预测多方面的数据才能进行最后的收益管理决策。需求预测是收益管理预测中的核心目标，是预测的核心变量。

在收益管理中，除了需求预测，还有许多重要的变量需要预测。包括：顾客对价格的敏感性，与数量有关的预测变量有缺货数量、缺货时间、最低库存量、库存变化规律，与销售过程有关的预测变量有消费者对销售机制、模式、定价策略的响应等。

不同行业的预测变量也不一样，如航空公司的预测变量有对其容量预测，收集起飞前航班不同时点剩余的机票数；取消预订预测以及 NO-SHOW 概率等；酒店业则需对超售数据、市场细分数据、季节性数据、事件影响数据等进行预测。预测使用的变量需要收益管理经理根据预测模型及预测经验进行动态调整。

三、预测的步骤

（一）数据收集和整理

市场分析预测始于数据的收集和整理，为了准确地预测，必须找到充分的数据。理性的市场对未来的把握，是建立对过去和目前的数据研究的基础之上的，为了准确地预测，必须有准确的数据收集和整理。市场的发展变化通常都有一个过程和一定的趋势，从市场的过去和现状入手，一定程度上能找到未来变化的依据。

数据的收集包括对历史资料、现状资料和未来资料的收集。首先是收集历史数据，大多数企业的信息管理系统中对过去数据的保留都有历年、历月，甚至过去每天的数据，有些企业还使用信息管理系统，这些数据中包含的经营管理信息、报表等都能为管理者的预测提供依据。例如，酒店信息管理系统中可以获得历年的客房销售量、销售价格、销售收入、超预订情况、散客及团队情况等。

其次，收集关于现状的数据，这些数据主要包括当天、本周、本月或未来某个月已得到的数据情况。如航空公司近期的预订情况，预订价格变化情况。航空公司数据库中主要包括两类预订数据，一类是按票价等级记录的预订机票数量，另一类是预订旅客的信息。表 5–1 是 A 航空公司 P 等级机票预订数据的记录表，当前日期是 4 月 12 日，第一行表示离港的天数，最后一列表示航班离港的日期，其余表示截至订票时间点预订机票的总数。这些数据可以反映在不同的预订时间旅客对该等级机票的需求规律。

表 5–1 A 航空公司的累积预订记录

–8	–7	–6	–5	–4	–3	–2	–1	0	离港日期
6	9	20	24	33	41	54	57	70	4月10日
8	14	20	23	39	50	55	59	61	4月11日
1	3	3	3	6	12	14	20	28	4月12日
6	6	10	11	13	19	22	24		4月13日
3	11	19	25	30	31	33			4月14日
1	1	3	10	16	20				4月15日
0	1	2	8	13					4月16日
1	12	24	30						4月17日

最后，收集未来一段时期，企业所在市场发展变化的数据和资料，包括本地社会经济的发展前景、本区域的行业发展状况、竞争对手的情况等。

当然，在数据收集后还需要进行数据的整理。现在企业的数据整理大多由电脑完成，许多信息管理系统可以自动生成报表，但有时数据整理也需要人手动完成一些信息录入。另外，大量的数据需要进行筛选，录入的异常数据、错误数据都需要删除，以免影响预测结果。

（二）数据分析和运算

当收集和整理出一定的数据和资料后，还需要对它们进行分析和运算，这样才能达到对市场变化趋势的预测。数据分析的结果呈现需要直观易懂，多利用表现发展变化趋势的图表和多作对比分析，如不同销售渠道之间的比较、不同年份的比较等。通过比较，就能发现市场变化的规律及趋势。

对数据进行简单的加工处理时，采用平均值、百分比以及简单的图表即可。但是，有时一些复杂的数据加工整理则需要复杂的数学模型或借助电脑软件的帮助，使数据不断逼近目标的自适应算法、回归分析、线性分析等。当输入这些资料和数据后，这些模型或软件就会提供分析结果，辅助决策。例如，餐厅收益管理中需要收集餐厅各就餐团体登记时间、结账时间、消费额、就餐人数，通过数据运算与处理，可得出餐厅的收益率（RevPASH），表 5–2 是 M 餐厅 2013 年 9 月上午 11 点至晚上 21 点的餐厅收益率数据，这个过程就需要分析软件建模处理。餐厅收益率越高，表明餐厅在该阶段收益越好，也说明餐厅在该阶段处于忙碌期。餐厅可以在高餐厅收益率阶段，提前递交账单，加快顾客就餐时间；在低收益率阶段，应延长顾客就餐时间，鼓励顾客的消费。

表 5–2　M 餐厅的餐厅收益率

	11：00	12：00	13：00	14：00	15：00	16：00	17：00	18：00	19：00	20：00	21：00
星期一	197.3	194.3	155.9	244.4	181.3	335.7	354.4	353.7	346.7	325.7	379.3
星期二	174.1	203.6	198.7	177.0	265.6	328.7	321.5	315.3	283.7	427.8	468.0
星期三	176.6	139.4	243.5	243.5	207.5	379.0	346.6	450.9	424.1	305.4	410.4
星期四	201.9	212.1	203.6	54.0	156.3	352.1	440.0	366.6	287.2	418.6	476.1
星期五	235.1	234.8	54.0	54.0	280.7	394.4	394.8	403.8	409.3	402.4	373.0
星期六	239.5	242.1	264.3	280.0	280.0	405.6	362.8	384.8	335.0	260.3	434.1
星期日	239.	245.3	201.8	359.9	201.0	350.3	363.9	350.7	342.9	291.3	351.0

（三）特殊数据

一些数据并不遵从市场政策的发展规律，如重大事件会使市场需求突然增加或减少。这些事件包括计划中的或者计划外的突发事件，它们涉及社会生活的各方面，如政治、商业、文娱、节庆等大型事件。收益管理人员应当将这些事件纳入收益管理的考虑当中。大型展览、体育赛事、文娱活动等会给当地酒店带来快速增大的需求量；恶劣的天气、传染疾病等也会导致相关产业的减产或增产。如在广州酒店业中，每到广州交易博览会的前期，各家酒店的房价飙升，餐厅加价，但入住率依然升高。收益管理人员应当对往年特殊事件进行记录及汇总，在次年相同期间的价格制定时，需要进行特殊的价格调整和策略，实现更大收益。H 酒店年重大事件及相关政策见表 5–3。

表 5–3　H 酒店年重大事件及相关政策

编号	事件	时间	政策
1	3月份琶洲展会	03.01~03.03	美容美发展房价调整
		03.18~03.30	家具、木工机械展房价调整

续表

编号	事件	时间	政策
2	第111届春交会第一、二期	04.14~04.19；04.22~04.27	春交会第一、二期各类客源房价调整
3	第111届春交会休会期及第三期	04.20~04.21；04.28~05.05	春交会休会期和第三期各类客源房价调整
4	18点后的夜特惠价	03.31~05.31（除04.14~05.05）	订房中心、旅行社18点后夜特惠优惠活动（商务型）
5	2012年母亲节经营策划	05.13	销售部、餐饮部推出优惠方案
6	调整2012年5~6月份高考期间酒店房价	06.24~06.30	高考期房价调整

（四）预测结果反馈

经营管理者采用的预测方法不同，得到的预测结果也不同。但是在实践过程中，预测往往不是一步到位，而是要考虑变化不断调整；每一阶段预测结果的有效反馈，对下一阶段预测的正确性就显得至关重要。比如，对于不同的预测变量，那种预测方法更接近实际需求的趋势？同时，往往预测方法不是单独使用，而是通过组合多种预测方法，对结果进行线性组合，减少预测的误差，降低策略实施的风险。管理者往往根据预测结果来制定收益管理方案，然后确保收益管理策略的有效秩序，以实现收益最大化。例如，如果能对未来两个月的市场供求关系的变化情况准确预测，便能选择最优的市场组合、产品组合、价格组合和销售渠道组合，控制好预订的节奏和进程，安排好人力物力，实现既定的收益管理的目标。

在实践过程中，预测往往不是点预测，而是同时考虑时间变化的过程预测。这些流程基于定量预测方法，但是，有些时候人们难以获得预测需要的历史数据。比如，酒店的新客源，新开发的高尔夫场地，这些都没有历史数据供经营管理者参考。因此，这种情况需要根据市场的变化情况，将定量预测和定性预测结合起来使用，提高预测的准确性。以下一组数据（见表 5–4）是四家酒店的基本信息，旨在说明数据结果的运用及定性方法的分析过程。

这些数据的用处在哪里？首先，看开业的年份：第四家酒店是 1983 年开业的，那么这家酒店设备是否陈旧？员工有没有激情，员工是否更有经验，相比新开业的酒店会提供更好的服务？酒店品牌是否在市场上占有很大的优势？顾客可能对这个酒店了解，而不了解其他三个品牌的酒店。其次，分析酒店的客房：第四家酒店客房数是最多的，就可能需要更多的人力，根据不同的人员结构，那么定价的策略也会不一样。最后，是会议场所，可能目前还是有一些酒店只有客房，但是如果酒店的主要客户群体是团队，那么就需要为其提供会议场地。如果酒店拥有客房，但是会议场地很小，酒店容纳的办会议的规模就会越小。这就涉及酒店设计的问题，广州白云区一家希尔顿酒店，有一个 $1000m^2$ 的会议室，但是客房只有两百多间。这么大的一个会议场所，是可以接纳很多客人的，但是客房部却是酒店的一个弱点。如果一家拥有 800 多间客房的酒店，会议场所只有 500m^2，会议场所就是该酒店的一个弱点。当然还会考虑酒店的一些配套的设施，酒店是否有健身中心，有没有西餐厅，有没有特色餐厅，都会成为酒店的一个优势或者劣势。所以，我们选择一个酒店的时候不仅仅看基本的设施，还会考虑酒店的方方面面，如企业的长期发展战略。只有根据这些，才能区别于你的竞争对手，根据市场的变化做调整。

表 5-4　四家酒店的相关信息

酒店	开业时间	客房数（间）	会议场所	会议室总面积（平方米）	最大会议场地面积（平方米）
1	2011	487	10	18720	8900
2	2011	493	17	29783	9628
3	2011	445	13	14270	6967
4	1983	850	15	25005	13002

第二节　预测的方法

预测的方法多种多样，有正式预测法与非正式预测法。非正式预测法是管理人员依靠直觉或主观判断的预测方法，用这种方法进行预测通常风险很大。正式预测法有两种：一是通过建立数学模型、运用数学公式以及其他数理统计的原理进行的定量分析法；二是通过开展深入细致的市场调研，或者企业内部各级管理人员或外来专家的专题研讨来预测未来的定性分析法；随着科技的创新，还有一些新兴预测法不断被发明。

一、定量预测方法

定量预测法需要处理较多的历史数据，因果分析和时间序列分析是主要的定量预测法。常用的因果分析法包括回归分析法、模拟法和贝叶斯分析法，因果分析法可以得出数据变化的原因及寻找影响的因素；时间序列法能够预测某一时间的需求，但是无法解释原因。在实际运用过程中，往往结合两种分析方法进行预测。

（一）因果分析预测法

1. 回归分析法（Regression Analysis）

回归分析法认为，要预测的某个对象的结果依赖于其他的一些因素，或者是这些因素作用的结果。回归分析法研究的是因变量和自变量之间的关系，并用公式来描述这些关系。回归分析法的关键在于弄清未知变量与已知变量之间的关系，只有当二者关系紧密时才可采用回归分析法。

回归分析法分为简单线性回归及复合线性回归分析法、非线性回归分析法等。

在一元回归分析法中，利用相关系数以及决定系数可以判定二者关系是否紧密。

计算相关系数的公式如下：

$$r=\frac{n\sum xy;\ (\sum x)(\sum y)}{\sqrt{n(\sum x^2);\ (\sum x^2)}\sqrt{n(\sum y^2);\ (\sum y^2)}} \tag{5-1}$$

其中，x 是自变量，y 是应变量；n 是观测值的个数；r 是相关系数。

相关系数体现了自变量和因变量之间的关系，它的绝对值在 0 与 1 之间，如果相关系数为零，说明它们不相关。相关系数越接近 1，说明正相关的程度越大；如果越接近 –1，说明负相关的程度越大。决定系数反映了自变量对应变量的影响程度，例如某些自变量的变化能解释因变量变化的程度。对简单线性回归而言，决定系数等于相关系数的平方。如 =0.8，则意味着因变量 80% 的变化能被因变量与自变量之间的线性相关解释，另外 20% 的变化由其他因素解释。

2. 其他因果分析法

其他因果分析预测法包括莫秘法和贝叶斯法，这些方法都是以计量经济模型为基础。计量经济学模型是在回归方程的基础上发展起来的一种预测方法，由于这种方法很复杂，在收益管理中不是很常用。

（二）时间序列预测法

时间序列法是根据历史统计资料的时间序列及变化情况，找出一定的周期性和规律性，预测事物发展的趋势。使用这种方法，首先要分析某段时间发生的情况的周期性或季节性变化的特点，然后以此为基础，预测未来同时段将会发生的情况。

时间序列法主要用于短期预测，又可分为直接预测法、简单平均预测法、移动平均预测法和指数平滑法等。

1. 直接预测法

直接预测法又称幼稚预测法，是时间序列法中最简单的一种预测方法。使用这种方法通常用最近发生的情况来预测将来的情况。例如上月酒店客房出售了 5000 个房晚，这个月很可能也出售同样多的房晚。这个结论是建立在一个假设之上，即并没有考虑每月季节性或周期性的变化，预测者很可能就在去年某月实际数量的基础上加上或减去一定的百分比来得出今年同月的情况。

虽然幼稚预测法建立在很简单的推算基础上，但是它们却有可能达到相当准确的预测程度，尤其是预测短期内的情况变化。这种方法预测的成本很小，适合小规模的酒店采用。有时使用这种预测方法的准确性甚至比投资很大的、使用很复杂的模型来预测的方法还高。

2. 简单平均预测法

简单平均预测法是将预测对象过去各个时期的数据平均，以这个平均数作为预测值。这个方法只适用于没有明显波动或较大增减变化的事件的预测。简单平均预测法还可以分为加法预测模式（Additive Forecasting Model）、乘法预测模式（Multiplicative Forecasting Model）和加权平均预测模式（Weighted Average Forecasting Model）三种。以下主要通过案例分析详细说明这三种预测方法的计算过程。

【案例5-1】

2013年3月15日H酒店过去五周在离入住日不同天数时的预订情况见表5-5。离入住日还有一周的时候，酒店已经卖出150个房间，四周的时候，酒店已经卖出50间。入住日的结果是250间，这是指入住日3月15日晚上12点时，酒店最终占用的客房数。可见，在入住日前一周内，酒店卖掉100间客房；在入住日前四周内，该酒店卖掉了200间客房。由此类推，可分别得出入住日若干天内酒店卖掉的客房数。

表5-5 预测模式图

时间	入住日的结果	离住店日还有若干天时的预订情况			
	-1	7	14	21	28
3月15日	250	150	110	80	50
3月22日	246	141	102	69	34
3月29日	248	139	108	70	22
4月5日	244	144	103	63	31
4月14日	247	151	107	63	28
平均数	247	145	106	69	33
距离入住日若干天时获得新预订	0	102	141	178	214
占实际客房销售的百分比	100%	65%	43%	28%	13%

加法预测模式。可见，该酒店在入住日一周内，平均可卖掉102间客房，两周内可卖掉141间客房，三周内可以卖出178间客房，四周内可卖出214间客房。假设离入住日还有21天，该酒店已经卖掉了60间客房，那该酒店当晚能卖掉多少间客房？答案是238间，即60与178之和。

乘法预测模式。乘法预测模式与加法预测模式类似，区别在于计算的不是平均值，而是占实际客房销售的百分比。可见，该酒店离入住日还有一周时，可获得该酒店65%的预订；距离两周时，可获得43%的预订；距离三周时，占最终客房销售的28%；距离四周预订时间时，比例为13%。假如酒店离入住日还有一周时，已有121间客房预订，那么该酒店能出售的客房总数为186间（=121/65%）。

加权平均预测模式。加权平均预测模式综合考虑长期和短期的平均数，给予它们不同的权重，并据此进行预测。例如，距离入住时间还有一周，按照历年的数据，长期预测可出售客房240间，而根据最近几周的数据，得出可出售客房260间。如果给予前者40%的权重，后者则为60%，最后可得出能出售的客房为252间。该模式的挑战在于如何赋予短期和长期的权重，不同的酒店、不同的细分市场所赋予的权重都是有所差异的。收益管理者应该在实际操作过程中，摸索出适合本酒店本市场的比重分配。

3. 移动平均预测法（Moving Average）

如果用来做预测的数据具有随机性，很可能使得预测出现偏差。移动平均法就是一种为了减少偏差，消除这些随机性的影响的方法。移动平均法计算不断向前移动的若干个数据的平均值的方法，它通过引用越来越近的新数据，不断修改平均值作为预测值，得出反映变化趋势的数值。

移动平均预测法的数学公式是：

$$\text{移动平均数}=\frac{\text{过去}N\text{个时段的值的总和}}{N} \tag{5-2}$$

其中 N 是这些时段的值的个数。N 越大，越能降低随机性造成的偏差。

通常认为移动平均法比幼稚预测法准确得多，但是移动平均法也存在一定的局限性，即这种方法给予各个时期的数据同样的比重。然而，有人认为越靠近现在的数据越能反映未来的情况，所以，在预测时，应当给予靠近现在的数据更大的比重。另外，移动平均数的局限性还表现在需要大量搜集和保存数据，费时也费力。

下面介绍的指数平滑法能很好地克服这两个局限性，提高预测的准确性。

4. 指数平滑法（Exponential Smoothing）

指数平滑法是根据本期实际值和过去对本期的预测值，预测下一期数值的方法，它反映了最近时期实际的数值对预测值的影响。这是一种在移动平均法的基础上发展起来的特殊的加权平均分，这种方法在企业管理领域很受欢迎。指数平滑法的基本思想是：如果对某个特定的时段的预测过高，在下个阶段预测时就要降低它；如果预测过低，则需要提高它。指数平滑法的一个主要好处是预测时只需要两个时段的数据，不需要太多的数据，因而无须获取太多的数据，从而节约时间和人力。在预测中，因果预测法和时间序列预测法相当有用，但却都有局限性。首先，利用这两种方法时，对历史数据的依赖性较强，如果没有历史数据或是数据不足，则无法预测。其次，两种方法都假设过去的事情一定会发生，而忽视了未来新发生的以及不再会发生的事。

例如，假设要预测 4 天之后酒店实际实现的预订数量。可以选用幼稚预测法，根据上一年同一日期的数据进行判断，历史数据反映去年同一天售出了 150 间客房。而根据预测曲线，可以看出，这家酒店有 250 间客房，在抵达之前一天超额预订了大约 15 间，然而在抵达当天预订仅仅实现了 245 间。这也说明了超额预订政策的重要性。根据图中显示在抵达前 4 天预订大约为 200 间，占最后实际实现的 245 间的比例大约是 80%。假设今天现有预订 100 间，则 4 天后实现实际的预订为 100/80%=125 间。下面要做的工作就是将幼稚预测法和短期的曲线相结合，如进行加权平均等。当然，预测的日期距离现在越近，越要根据预测曲线，权重要大；当然，所要预测的日期距离现在越远，幼稚预测法的权数也越大。每个酒店的权数可能不同，但确定权数的目的都是为了尽量降低预测的误差。如要继续预测 4 天后的，不妨假设预测曲线确定的数据权数为 0.9。则 4 天后实际实现的预订为 125 × 0.9+150 × 0.1=127.5，大约是 128 间。

酒店的预订曲线见图 5–1。

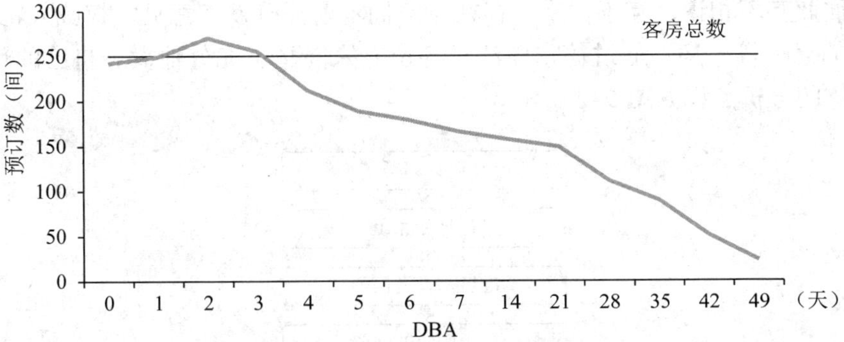

图 5-1 酒店的预订曲线

当然，无论使用什么预测方法，有一点是相同的，即需要大量的历史数据作为预测依据。鉴于预测的重要性，酒店在选用预测方法和计算机辅助系统时一定要选择适合本企业的情况和方法，否则会适得其反。所以，仅仅依靠定量预测法是不全面的，存在一定的预测偏差。

二、定性预测方法

当然还有很多时候当定量预测缺乏数据或者数据不全时，可以使用结合定性分析法则可以补齐定量数据的不足。定性预测法主要依靠人的判断，当然这些判断需要以调查研究结果和收集的信息为依据。常见的定性预测法有市场调研法、企业员工综合意见法、德尔菲法等。

（一）市场调研法

市场调研是指为了提高产品的销售决策质量、解决存在于产品销售中的问题或寻找机会等，而系统地、客观地识别、收集、分析和传播营销信息的工作。

对于酒店而言，需要通过市场调研法获得的市场信息包括如下内容。①经济环境：国内生产总值（GDP）、消费者物价指数（CPI）。②旅游行业环境（Tourism industry）：旅游收入（Tourist amount）、城市接待过夜旅游者人数（Stay over night tourist）、城市接待过夜旅游者人天数（City room nights）、城市接待过夜旅游者的客房收入（City room revenue）。③细分市场环境（Micro industy segment）：过夜天数（Room nights）、客房收入（Room revenue）。④其他：展会日历（Events / Exhibitions Calendar）、特殊事件（Special Event）。

（二）企业员工意见综合法

这种方法需要财务、销售、收益等相关的管理人员先独立进行销售情况预测，包括对购买力、市场需求变化趋势、竞争对手动向等问题，然后开会讨论，汇总所有人的预测结果并整合，最后就预测结果达成一致的意见。

（三）德尔菲法

德尔菲法是为了克服专家会议法的缺点而产生的一种专家预测方法。在预测过程中，专家彼此互不相识、互不往来，存在专家们不能充分发表意见、权威人物的意见左右其他人的意见等弊病。通过德尔菲法，各位专家能真正充分地发表自己的预测意见。该方法具体的分析流程如图 5–2 所示。

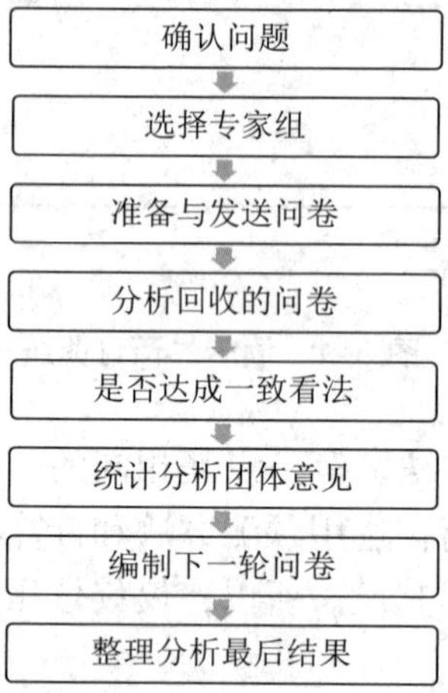

图 5–2　德尔菲法的分析流程

三、新兴预测方法

除了以上常规的预测方法外，近年来还发展了不少新兴的预测方法，较为典型的有：神经网络模型、模拟仿真法和复合模型。其中神经网络是目前发展迅速、应用广泛的前沿交叉学科的一种非线性动力学系统，神经网络模型的特色在于能够分布式存储信息并能够并行协同处理信息，具有自组织和学习的能力。

复合预测是为了解决单个预测方法往往在预测精度和稳定性的缺陷，可以有效地提高预测的精度，并且减小预测的误差。模拟仿真法能够较准确地模拟现实时间顾客随机的预订和取消行为，但是前提是要建立概率统计模型，如二项分布或者泊松分布模型。

现将以上预测方法分类归总如图 5–3 所示。

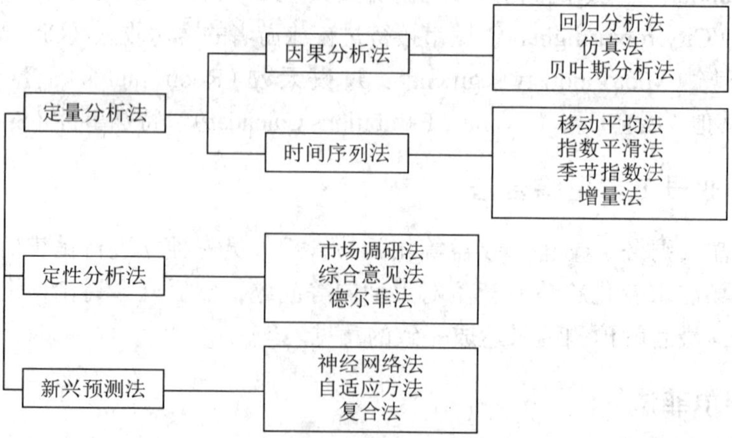

图 5–3　预测方法归类

第三节　预测准确性

一、预测的误差与精度

预测结果比实际结果大时，收益管理的策略必定过于激进；预测结果比实际结果小时，收益管理的策略必定过于保守。预测的精度是保证收益管理工作有效的重要前提。可以用平均绝对偏差、平均平方误差、平均绝对百分比误差及平均百分误差等指标衡量预测的准确程度。

（一）平均绝对偏差

平均绝对偏差（Mean Absolute Deviation，MAD）就是整个预测期内每一次预测值与实际值的绝对偏差的平均值，用公式表示：

$$MAD = \frac{1}{n}\sum_{i=1}^{n}|Z_i - \hat{Z}_i| \tag{5-3}$$

平均绝对偏差的作用与标准偏差类似，但比标准偏差容易求得。平均绝对偏差能较好地反映预测的精度，但它不容易衡量无偏性。

（二）平均平方误差

平均平方误差（Mean Square Error，MSE）就是对误差的平方和取平均值。它可以把频繁出现的预测误差放大，而把偶尔出现的误差缩小，所以这个指标特别实用，它的计算公式是：

$$MSE = \frac{1}{n}\sum_{i=1}^{n}(Z_i - \hat{Z}_i)^2 \tag{5-4}$$

（三）平均绝对百分误差

在估计预测精度的时候，有时采用相对误差更加有效。相对误差是将真实值与预测值之差与真实值相比。平均绝对百分误差（Mean Absolute Percentage Error，MAPE）就是一个衡量相对误差的指标，它的计算公式是：

$$MAPE = \frac{1}{n}\sum_{i=1}^{n}|Z_i - \hat{Z}_i|/Z_i \tag{5-5}$$

（四）平均百分误差

平均百分误差（Mean Percentage Error，MPE）同时考虑到正偏差和负偏差，而不是求平均值，它的计算公式是：

$$MAPE = \frac{1}{n}\sum_{i=1}^{n}(Z_i - \hat{Z}_i)/Z_i \tag{5-6}$$

预测误差的计算

J 酒店 1 月 10 日至 17 日出售客房数量为 Z_i。其中，Z_i 的预测值为 $\hat{Z}_i$，我们之前根据历史数据对每天的出售量进行了预测（见表 5-6）。

表 5-6　J 酒店的需求预测

日期	Z_i	$\hat{Z}_i$	误差	误差绝对值	误差平方	$\lvert Z_i-\hat{Z}_i\rvert/Z_i$	$(Z_i-\hat{Z}_i)/Z_i$
1月10日	189	186	3	3	9	0.016	0.016
1月11日	175	189	-14	14	196	0.08	-0.08
1月12日	180	175	5	5	25	0.029	0.029
1月13日	185	180	5	5	25	0.027	0.027
1月14日	192	185	7	7	49	0.036	0.036
1月15日	181	192	-11	11	121	0.061	-0.061
1月16日	169	181	-12	12	144	0.071	-0.071
1月17日	174	169	5	5	25	0.029	0.029
合计			-12	62	594	0.349	-0.075

由公式 5-3~ 公式 5-6 分别可得

$$\text{MAD}=62/8=7.75$$

$$\text{MSE}=594/8=74.25$$

$$\text{MAPE}=0.349/8=0.0436$$

$$\text{MPE}=-0.075/8=0.0094$$

二、需求修复

由于收益管理策略的执行和顾客行为的影响，收益管理系统中记录的需求数据不能反映真实的需求，较好地修复这些受约束的需求，将使企业更加准确地预测市场需求，制定出更加正确的收益管理策略，实现更大收益。

如在机票预订中，一旦某价格等级产品达到销售限制就会停止销售，通常只会提供更高价格的产品去供旅客选择。但剩余销售周期内仍可能有最大意愿支付价格为已关闭价格等级的旅客来到，其在不能购买到所期望的舱位时将离开，此时离开的旅客的需求就会成为订票数据上不可观察的一个需求，也就造成了预订系统中的历史数据不能反映真实的需求。即使在航空公司上座率很低的情况下，需求修复也使得收益能获得提升如果识别了这个需求，就能提高收益。因此，需要对航空公司订座系统关闭而导致的“溢出”旅客数量进行修复。设 DCP（data collecting point）x 代表任一采集点，DCP（x+1）代表紧随其后的下一采集点。从 DCPx 到 DCP（x+1）的订座有时候增加，有时候减少，订座状态也不相同，所以采用的计算公式也就不相同。一般需求的订座公式有两种：

DCP（x+1）的总修复订座 =DCPx 的修复订座 + 实际订座变化　　（5-7）

DCP（x+1）的修复订 =DCPx 的总修复订座 +max（实际订座变化，历史订座变化）

（5–8）

从 DCPx 到 DCP（x+1）的订座数据增减情况不同，实际订座变化和历史订座变化的公式也不相同。

当从 DCPx 到 DCP（x+1）的订座数据增加时，实际（历史）订座变化 =DCP（x+1）的实际（历史）订座 –DCPx 的实际（历史）订座；当从 DCPx 到 DCP（x+1）的订座数据减少时，实际（历史）订座变化 =［DCP（x +1）的实际（历史）订座 /DCPx 的实际（历史）订座］*DCPx 的修复订座 –DCPx 的修复订座。

修复订座公式的选择由相邻采集点的订座状态和实际订座数据的变化决定，订座状态 O 代表开放（open），N 代表关闭（close），见表 5–7。

表 5–7　订座修复公式的选择

DCPx的订座状态	DCP（x+1）的订座状态	实际	
		订座增加	订座减少
O	O	公式5–7	
O	N	公式5–8	
N	N	公式5–8	
N	O	公式5–8	公式5–7

具体应用见表 5–7，表中数据给出了历史平均订座，抽取了一组实际订座并注明了不同的订座状态，需要求出的是修复后的订座数量。

DCP1~DCP5 的修复订座计算过程以下面 5 步完成。

第一步：DCP1 的订座状态是 open，通常情况下是无约束的，因此 DCP1 的修复订座就等于实际订座 4。

第二步：DCP2 的订座状态也是 open，采用公式 3–7。实际订座变化 =7–4=3。

DCP2 的总修复订座 =DCP1 的总修复订座 + 实际订座变化 =4+3=7。

第三步：DCP2 订座状态是 open，DCP3 的订座状态是 close，采用公式 3–8。

实际订座变化 =9–7=2，历史平均订座变化 =11–7=4。DCP3 的修复订座 =DCP2 的修复订座 +max（实际订座变化，历史平均订座变化）=7+max（2，4）=7+4=11。

第四步：DCP4 和 DCP3 实际订座状态都是 close，采用公式 3–8，并且实际订座数据 DCP4 小于 DCP3。实际订座变化 =［DCP（x +1）的实际（历史）订座 /DCPx 的实际（历史）订座］*DCPx 的总修复订座 –DCPx 的总修复订座 =（8/9）*11–11=–1。DCP4 的修复订座 =DCP3 的修复订座 +max（实际订座变化，历史平均订座变化）=11+max（–1，–1）=10。

第五步：DCP5 和 DCP4 实际订座状态都是 close，采用公式 3–8，并且实际订座 DCP5 大于 DCP4。

实际订座变化=13–8=6，历史平均订座变化=16–9=7。DCP5 的修复订座=10+max(5，7)=17。

同理可求出 DCP6–DCP8 的修复订座，计算结果如表 5–8 所示。

表 5–8 修复订座数据

DCP	历史平均订座	实际订座	订座状态	修复订座
1	3	4	O	4
2	7	7	O	7
3	11	9	N	11
4	9	8	N	10
5	16	13	N	17
6	18	16	O	20
7	20	15	N	22
8	23	17	O	25
……	……	……		……
24	56	49		

第四节 酒店的预测

在酒店业中，不同客源市场具有不同的订房模式，酒店可以通过研究和利用订房模式的规律，合理管理价格的供给来获利，并提高预测的准确性。一般，酒店客人主要分为商务散客、旅游度假散客和团体客。不同的细分市场有不同的预订模式。

一、商务散客预订模式

通过分析商务散客预订数据可以掌握商务散客预订的规律（见图 5–4）。从入住前 100 天到 35 天，酒店的商务散客的预订房间数从 2 间增加到 28 间；而从入住前 35 天到 8 天，则从 28 间增加到 120 间；从入住前 8 天到当日还是 120 间，在期间预订的房间数没有增加，是因为增加的预订数和被取消或修改的预订数刚好相等，导致预订的房间数不变。

由此可见，在入住日前 4 周之间，酒店商务散客的预订量激增；第 5 周之前较少.这与其入住目的有关，商务散客旅行的目的是开展商务活动，一般计划性较强，出差的时间定下来之后，一般都要确定相应的住宿，要提前做出安排。商务散客价格敏感度较低，因此，在商务散客预订激增的时段应当将酒店客房价格定在较高的水平上，如果酒店能准确预测此期间将有多少间客房能以较高的价格销售给商务散客，留到第 5 周的时候，就可以保留足够的客房，以获得更多收入。如果不这样做，就可能发生把客房以太低的价格过早地销售出去了，等到商务散客的需求增加，而且其能支付更高价格的时候，却没有空房可以提供。

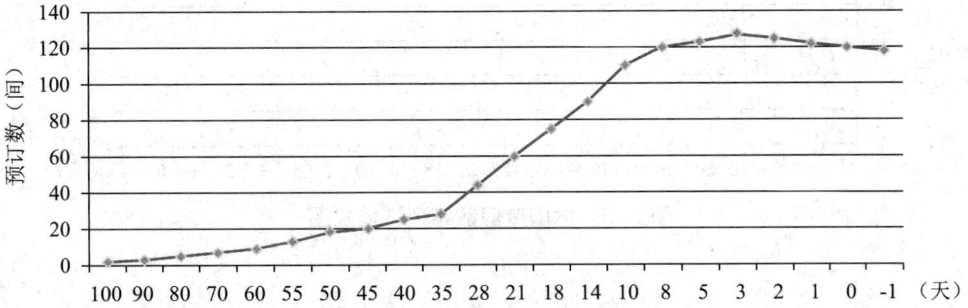

图 5–4　商务散客预订模式图

另外，在淡季时，提前预订天数超过五周时，酒店可以把价格控制在比较低的水平，这样就可以用低价吸引一些对价格敏感、很早就预订房间的客人，以提高客房的出租率。因为酒店的客房如果不卖出，那在当天就无任何收入了。而在入住的一周之内，酒店的价格就应当提升到最高水平，这个时间段订房的客人往往因急于预订客房，对价格敏感程度低，市场上的客房供应量也已不是非常充足，酒店所面对的竞争便没有之前那样大了。当然，要注意的是，商务散客也会因为商务活动的临时变化而临时做出客房预订信息的改变。

二、休闲度假散客预订模式

同样，休闲度假散客也有自己的预订规律（见图 5–5）。休闲度假散客的预订一般在 4 周之前，他们往往较早做出旅行计划，也需要比较多的时间去做好每个人的协调工作和申请假期，一般与家庭成员或朋友一起出游。

因为是自费旅游，休闲度假散客价格往往较为敏感，知道预订越早，可能得到更多的优惠。针对休闲度假散客，酒店就要结合其他类型游客的订房数量以及订房高峰来选择对其的价格，针对他们较早预订的特点，在离入住日较早的时候，把价格控制在较低的水平上，吸引游客预订，在激烈的竞争环境中扩大份额，当他们的预订量增加较快时适当提高价格，减缓房间订购的速度。

当离入住日期少于 4 周时，就要开始提高价格了，来减少他们的预订，这时，支付能力较强的商务散客的需求已经开始主导预订数量的变化，把更多的房间销售给商务客人更加有利可图。留给休闲度假散客的客房份额要准确把握：太多，就会导致在商务散客的需求增加的时候没有足够的房间提供给商务散客，使得利益受损；太少，就会在入住当天出现空房，也会影响酒店收入。

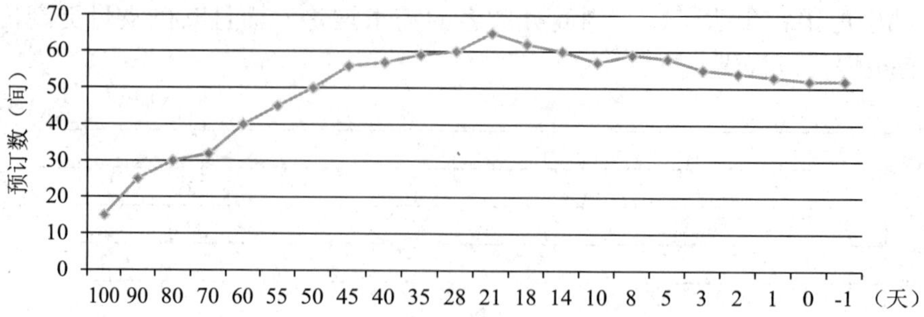

图 5-5　休闲度假散客预订模式图

三、团体客预订模式

当然，团体客的预订也呈现出一定的规律（见图 5-6）。每日客房需求量在 50 间到 100 间的中等团体通常需要提前 30 天至 60 天预订；超过 100 人的大型团体则需要提前 60 天至 1 年订房；一些小型团体，甚至需要超过一年的时间来预订。酒店需要接受什么规模的团队，需要结合商务散客和休闲度假散客预订后酒店客房的剩余量，团体客往往能接受的价格较低，但也可弥补酒店有大量空房时的收入。

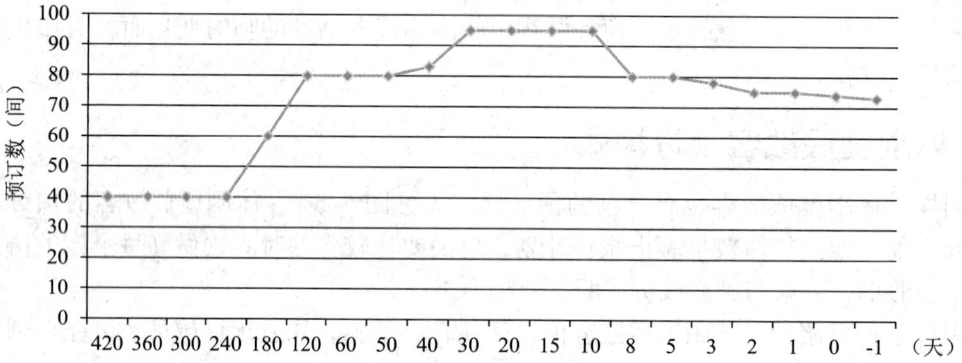

图 5-6　团体客预订模式图

总而言之，酒店的收益管理人员要根据不同细分市场的不同预订规律来制定不同的策略去鼓励或限制不同群体的预订数量和进度，预测酒店不同客源的预订时间及预订量，达到从整体上最大限度增加酒店收益和市场份额的目的。

【本章案例学习】

收益管理中预测是非常重要的部分，下文就使用线性回归方法预测收益。

例如，表 5-9 是一家酒店住客人数及餐厅用餐人数统计表，从表中可看出，餐厅用餐人数总体来说与住客人数成正比，它们的关系可以用简单线性相关公式来描述：

$$y = a + bx$$

其中，y是餐厅用餐人数，a是非住客在酒店餐厅用餐的人数，b是平均每位住客在酒店餐厅用餐的次数，x是酒店住客人数。

根据历史数据，可以推算出每月非住客在酒店餐厅用餐人数平均为341人，而住客在酒店的餐厅平均用餐次数为1.15，带入上述公式，则公式变为：

$$y = 341+1.15x$$

表5-9　某酒店住客人数和用餐人数表

	x	y
月份	酒店住客人数	用餐人数
1月	3602	4523
2月	3984	5120
3月	4200	5066
4月	4410	5122
5月	4511	5523
6月	4150	5133
7月	3841	4866
8月	3741	4456
9月	4511	5512
10月	4854	6123
11月	4212	5215
12月	3751	4755

如果明年一月份该酒店将有2750间客房出租，平均每间客房有1.4个住客，那么一月份将有3850个住客。将此数据代入公式，便可推算出将有多少人在该酒店餐厅用餐。

预测明年一月份餐厅用餐人数 $=341+1.15\times3850=4769$

这个结果表示明年一月份将有4769个客人到酒店餐厅用餐，其中包括341个没有登记的客人。如果平均每位客人在餐厅的消费是100元，那么餐厅明年一月份的收入将是476900元。

复习思考

1. 常用的收益管理预测方法有哪些？如何运用？
2. 衡量预测误差的方法有哪些？怎样运用？
3. 需求修复的含义是什么？为什么要进行需求修复？

【本章参考文献】

[1] 侯铁珊，金统 . 酒店收益管理中预测问题综述 [J] . 辽宁经济职业技术学院学报，2005，3，27–28.

[2] 冯敏 . 航空公司收益管理预测过程分析 [J] . 中国民航学院学报，2004，6，174–177.

[3] 胡志健 . 收益管理——有效实现饭店收入的最大化 [M] . 北京：旅游教育出版社，2009，89–141.

[4] 赵静宜 . 基于收益管理的饭店经营管理研究 [D] . 东北财经大学硕士学位论文，2011.

[5] 周晶，杨慧 . 收益管理方法与应用 [M] . 北京：科学出版社，2009.

[6] Kimes S E. Restaurant revenue management implementation at chevysarrowhead [J] . Cornell Hotel and Restaurant Administration Quarterly，2004，45 (1) : 52–67.

[7] Richard R W. Evaluatin of Forecasting Techniques for Short–Term Demanof Air Transportatin [D] . Cambridge：Univ. of MIT，1995.

[8] 李永超 . 基于收益管理的符合预测研究 [D] . 大连理工大学硕士学位论文，2013.

[9] 陈旭. 酒店收益管理的研究进展及前景 . 管理科学学报，2003，6 (6) : 72~78.

[10] 胡质健. 收益管理：有效实现饭店收入的最大化 [M]. 北京：旅游教育出版社，2009.

[11] Thompson G M，Sohn H. Time–and capacity–based measurement of restaurant revenue [J] . Cornell Hospitality Quarterly，2009，50 (4) : 520~539.

[12] Chiang W C，Chen J C H，Xu X. An overview of research on revenue management：current issues and future research [J] . International Journal of Revenue Management，2007，1 (1) : 97–128.

[13] Şen A. A comparison of fixed and dynamic pricing policies in revenue management[J]. Omega，2013，41 (3) : 586–597.

[14] Sill B T. Capacity management：Making your service delivery more productive [J] . The Cornell Hotel and Restaurant Administration Quarterly，1991，31 (4) : 76–87.

[15] Lovelock C. Seeking synergy in service operations：seven things marketers need to know about service operations [J] . European Management Journal，1992，10 (1) : 22–29.

[16] Thompson G M. An Evaluation of Rules for Assigning Tables to Walk–in Parties in Restaurants [J] . Cornell Hospitality Quarterly，2014，3 (12) : 1–15.

第六章

超额预订

【学习目标】

1. 了解收益管理超额预订的概念、原因、发展历程，掌握收益管理超额预订的方法策略。

2. 了解收益管理中超额预订过量的处理方法。

3. 了解超额竞售策略及可召回票策略内容及实施步骤。

【引导案例】

酒店的 no-show 和取消预订现象

深圳大梅沙京基喜来登度假酒店（Sheraton Dameisha Resort，Shenzhen）是由京基集团（Kingkey Group）投资兴建、由喜达屋及度假村集团（Starwood Hotels and Resorts）管理的海滨商务度假型酒店，于 2007 年 5 月 6 日开业。

酒店有主楼有客房 370 间，房型众多，另有别墅 16 套。酒店具有内部预订部、集团订房中心、酒店网站、在线旅行代理、传统旅行社等分销渠道，其客源主要分两部分，商务顾客和度假散客。酒店制定担保及取消政策：对于公众假期（7~9 月及周五和周六），需要强制担保，如需取消或更改预订，需提前 3 天（1 天）通知，否则收取 1 房晚费用。该政策是否能有效实现顾客取消预订和 no-show 的控制？学者搜集到 2010 年 7 月 1 日至 12 月 31 日（为期 6 个月）的 no-show 和取消预订数据，总样本容量共 5 227 条。获取了包括顾客性别、提前取消的天数、no-show 和取消的房型、no-show 和取消的金额、no-show 和取消的原因等资料。辅以深度访谈，完善获得的资料。

调查结果表明，no-show 和取消的预订客房共有 5 227 间，其中取消预订 4 278 间，平均每天取消 23 间，平均每月取消 713 间；而 no-show 的客房数为 949 间，平均每天 no-show 的客房数为 5 间，平均每月 no-show 的客房数为 258 间。总体来说，取消量占总客房数的 6%，no-show 量占总客房数的 1% 。

对于取消预订行为而言，29.5% 顾客在预订抵店当日取消预订，是一种临时的更改行为；其次，提前 1 天和 2~3 天取消预订的顾客都占 20.4%，说明酒店的预订政策对其行为存在一定的影响力；11.6% 的顾客提前 10 天以上就取消预订，而酒店对这部分顾客的取消原因记录大部分为“未知”。顾客取消预订所产生的金额在 1 000~2 000 元的比例最高，占 40.8%，2 000~3 000 元占 24.1%，1 000 元以下的占 10.2%；而 3 000~4 000 元、5 000 元以上 和 4 000~5 000 元的，分别占 10.0% 、9.0% 和 5.9%。在所有的取消预订中，取消比率最高的房型是豪华海景房，占 24.63%，其次是海洋套房，占 6.9%。经典海景房是酒店重点推荐的一种房型，其取消率仅为 2.52%。取消预订原因最主要的是行程取消或更改，占总样本的 54.42%，大多是商务顾客或旅行社团队；其次，因操作或多渠道预订而导致的重复预订占总样本的 8.18%；天气因素、健康因素、交通事故、价格等原因所占比例非常小。

对于 no-show 情况而言，77% 的 no — show 是未担保的，其余 23% 的是信用卡担保。no — show 比率最高的房型是豪华海景房，占 1.9%，与被取消比率最高的房型一致。No — show 的客源中，绝大部分是无合同约束的散客，占 42.9%，有合同约束的公司协议顾客和通过旅行社预订的顾客分别占 30.5% 和 20.1%，通过促销价和员工价预订的顾客以及会员分别占 4.2%，0.3%、2.0% 。由此可见，合同约束对 no — show 顾客的行为存在一定的约束力，但影响不明显。

基于酒店的 no-show 和取消预订情况，酒店采用担保等政策，不能有效实现酒店的损失最小化。为了弥补这些损失，酒店需要采用了超额预订的策略。

（资料来源：熊伟，蓝文婷:《基于 no-show 和取消预订的酒店顾客预订行为研究——以深圳大梅沙京基喜来登度假酒店为例》，旅游研究 2012 年第 4 卷第 3 期，第 51-59 页）

第一节　超额预订及其成因

一、超额预订的概念

超额预订（Overbooking）是指在酒店订房已满的情况下，再适当增加订房数量，以弥补少数客人取消订房或 no-show 所造成的客房闲置的策略，使酒店既定的资源发挥更大的效用。实施超额预订的关键是如何准确预测并确定超额预订的房间数量。超额预订率就是超额预订房间数与可预订客房数之比。从理论上讲，最优的超预订数是当接受一个额外预订的边际收益等于边际成本时。公式如下：

$$\text{超额预订房间数} = \text{临时取消预订的房间数} + \text{没有入住的房间数} + \text{提前退房的房间数} - \text{延长住宿的房间数} \quad (6\text{-}1)$$

客房闲置主要有以下几种：如果客人在预计抵达日当天或预计抵达日前一两天临时

取消订房，称为临时取消订房（Short–notice cancellation）；若客人订了房，但没有来入住，也没有取消订房，这种情况归为没有入住（No–show）；如果客人本来打算预计住若干天，忽然临时改变主意提前退房，这种情况被称为提前退房（Early departure）；如果客人预订了客房，但比计划到达的时间晚了一两天才入住，这种情况成为延迟入住（Delayed check–in）；相应地，如果客人订了房间，但比计划离开的时间晚一两天才办理离店手续，这种情况被称为延长住宿（Stay over）。例如，如果某酒店某天已入住 15 间客房（Pick up），上周该天的入住客房数为 25 间，现在 5 间客房延长住宿，3 间提前退房，2 间没有入住，7 间客房取消预订，那么该酒店这天的超额预订客房数应该为多少？

一般实施超额预订的酒店，遇到客人实际到达超过预计数时，就将客人介绍到别的酒店。但这并不能解决根本问题。美国运通公司曾作过一项调查，对于遇到超额预订而无法入住预订酒店的客人，半数以上表示，以后再也不会到那些酒店入住。这种因酒店失信而造成的服务质量下降，对客人来说是不能容忍的。为此喜来登酒店制订的“十戒”中就包括一条：不能拒绝接待持有确认预订的客人。

二、超额预订的原因

（一）主要原因：No–show

并非所有的顾客都会如期抵达酒店入住。我们将未按预订时间到达的行为称为 no–show（失约或退订）。no–show 是采用超订的最主要原因。目前国内信用制度还没有彻底完善，顾客不会因为没有履行预订而承担经济责任。对于酒店而言，宾客的取消订房或应到未到行为，造成酒店当天会有一定数量的空房，而这些空房原本可以出售给其他有需要的顾客，从而引起酒店收益的损失。因此，酒店收益管理使用超额预订的技术方法，增加酒店因为 no–show 而下降的出租率来增加酒店收益。

顾客没有在预订的时间出现有多种形式。有可能只是推迟预订的时间，延迟入住（Delayed Check–in），也有可能临时取消订房（Short–notice Cancellation）或未通过任何方式向酒店告知，单方面不来入住，并之后不再出现。还有可能是在入住后，提前离店（Under stay）。与航空业相比，酒店的 no–show 率更高。根据国外酒店以及国内酒店经验，延迟到店占酒店客房预订量的 5% 左右，临时取消订房者占酒店客房预订量的 8%~10%。而未缴纳定金的客人与商务客人出现 no–show 的可能性更高。

酒店的房间预订一般分为两类：团体订房和个人订房。团体订房一般指由国内外旅行社、专业会议、商业机构等事先计划和组织，与酒店签订订房合同，双方愿意共同履行契约，预订不到或临时取消的可能极少，及时有变化也会提前通知；而散客是由个人订房，一般不收定金，随意性很强，出现 no–show 的可能性高。不同顾客群体也有着不同的 no–show 率。

（二）其他原因

除了顾客 no-show 方面的原因，还有其他方面的原因，包如重复预订，代理商、中介虚假预订。①重复预订。由于国内信用制度还没有彻底完善，客人不会因没有履行预订而承担经济责任。这样就导致了一些不受酒店欢迎的行为，例如，客人可能为了价格原因或出游人数不确定等因素而执行多次、多处预订。这种行为在随意性较大的自费旅游客中较为普遍，通过多处、多次预订，他们可以拿到较好的价格，可以确保抵达酒店时成功入住。②代理商、中介虚假预订。酒店代理商或中介通过预期客房数，提前向酒店提供预订信息，当日实际入住数与其所报预期客房数不同且差距大于可接受范围，即虚假预订。

三、超额预订率

通常，酒店接受超额预订的比例高低有下面几点考虑。

（1）酒店的类型。

一般来说，连锁品牌的酒店凭借完善的统一预订系统和庞大的分店数量，可以适当提高超订率以提高利润，独立经营的酒店就相对保守一些。

（2）顾客细分市场。

公费顾客和自费顾客：顾客因公费和自费其消费行为会产生较大的区别，一般自费顾客未入住率较低，不宜多超订。

散客和团体顾客：由于散客的消费行为不确定性大而团体顾客的消费行为受牵制多，超订比例可适当提高；如果是团体顾客居多，超订比例可适当降低。

根据不同时间：细分饭店的淡季、平季、旺季和特殊季，细分节假日和工作日。在我国现阶段，节假日的未入住顾客率较低，不宜多超订。

（3）预订方式。

如果临时性预订的客人多，超额预订定制的弹性也大；确认性预订有充分的时间给以书面确认，向他们收取欠款的风险较小，同时宾馆在失诺时的责任也相对较大，故超额预订定制的弹性就小；对待保证性预订的房间，超额预订无弹性。

因此，超额预订数的计算要受预订取消率、预订而未到客人之比率提前退房率以及延期住店率等因素的影响。

第二节　超额预订的策略

一、超额预订适用的行业特征

适用使用超额预订策略的行业，主要有以下特征：

（1）提供的产品能力有限。

对于不能迅速调整产品能力的行业，面对的问题是如何能够有效地分配总量和产品共享的服务能力，可以用超额预订解决。例如，酒店所拥有的客房数量在短期内是有限固定的，增加新的客房数量在短期内不能实现且投资巨大。

（2）产品具有不可储存性。

服务产品具有不可储存性，超额预订将产品的闲置降低到最低程度。很多企业可以通过存货来缓解供求矛盾，但是有些企业的产品是无法储存的，如果不在给定的时间内销售，那么该产品的价值也就消失了。例如，如果一间客房在某一天没有被销售出去，那么这间客房在当天被使用和为酒店创造受益的机会就永远消失了。

（3）预订可预测。

预测是超额预订的基础，酒店可以通过预订系统观察过去和目前预订情况，获知未来的预订需求量、预订进度和预订的来源，设置超额预订率。

二、超额预订的使用

超额预订策略的实施对行业性质有一定要求，且不同行业超额预订的使用程度也不同，相应出现过度超订时给予的赔偿也不同，如表 6-1 所示。

表 6-1　超额预订的使用情况

行业	程度	出现过度超订时给予的赔偿
民航	非常高	赔偿，免费住宿就餐，等待下一航班
宾馆	高	去其他附近的同档次或更高档次的宾馆住宿
汽车租赁	高	等待或临时使用其他汽车租赁公司的汽车
航空货运	高	用下一班机运送货物，对货物到达的延期进行赔偿
订货型生产企业	中等	延期支付

三、超额预订的实施步骤

以酒店在节假日为例，分析合理的超额预订实施步骤如下：

（一）预测客源情况

首先，酒店管理者需要做好客源预测工作，预测可以从多方面着手。

（1）分析往年同期的预订情况

营销人员应该细分和研究去年同期的每天客房出租情况，如：每日出租房间数、散客房间数以及来自协议的散客比例、来自订房中心的散客比例等，从而将以往的数据与今年同期预订情况进行比较。由于旅行社团队往往会作提前预订，而且通常越接近指定日期时，团队的房间数才会越确定，所以营销人员应每隔一段时间与旅行社核对团队的收客情况，防止旅行社为了控房而作虚假或水分较大的预订。

（2）了解本市同类酒店的预订情况

通过了解竞争对手和不同地段的酒店预订情况，可以估计出自己酒店客房出租的前景。

（3）关注各媒体报道

在酒店客房高峰期时期，特别是节假日期间，各大媒体包括网上都会争相从相关行业、酒店处了解到最新的情况，进行滚动式报道。

（4）其他渠道信息

酒店管理者可以从酒店主要客源来源地的酒店销售界同行、旅行社、客户那里了解信息，以便做出更准确的预测。

（二）做好价格调整的准备

根据预测情况，针对各种客源，制定不同的价格策略。新的价格要尽量提前制定，以便留出足够的时间与客户沟通。其间，营销人员有大量的工作需要落实，不仅通过电话、传真、E–mail 通知客户，更要从关心客户的角度出发，提醒客户尽量提前预订，以免临时预订而没有房间。在价格调整中，不同客源的调整幅度可以不一样，对一贯忠诚于酒店的协议公司客人提价要稳妥，要与他们沟通，尽量在协议客人能够承受的幅度间进行提价；对于订房中心的调整可以从网上进行了解，特别是要调查同类酒店的调价情况，结合客户可以承受的能力和酒店自身情况综合考虑，酒店要从长远的眼光来看待与客户之间的关系，不能只做一锤子买卖，因为建立良好的信誉是发展未来客源的基础，绝不可以因节假日游人增多而“水涨船高”，肆意涨价。

（三）合理计划客源比例

根据调查与预测情况，合理做好客源的分配比例，如果预测天气状况不妙，可以增加团队的预订量，如果预测天气较好，可以减少团队预订量。但不能“一刀切”，不接团队，除非酒店以前从不与旅行社打交道。酒店可以通过价格的上涨来合理控制或筛选不同细分市场。对于长期合作的系列团队，应尽量提供一定比例的房间。

（四）合理做好超额预订

为了降低超额预订的风险，酒店可以通过对以往 No-show 数据进行统计分析，得出一个合理的百分比。从而实现既能够最大限度地降低由于空房而产生的损失，又能最大限度地降低由于未能做好足够预订而带来的损失。因此不仅仅是营销人员要做好预测和超额预订的策略制定，而且需要与总台一线员工进行沟通，并进行培训，如果真的出现客人预订而没有房间的情况，要设法事先在同类酒店安排相同档次的房间，并用酒店的车免费将客人送到那。

第三节　过度超订的处理

超额预订的数量需要有一定的范围，以免出现因“过度超额”而不能使客人入住，或“超额不足”而使部分客房闲置。通常，酒店接受超额预订的比例应控制在10%~20%之间，具体而言，各酒店应根据各自的实际情况，合理掌握超额预订的“度”。

一、过度超售的负面影响

过度超售存在以下一些负面影响。

①信誉及经济损失：超额预订的后果是可能导致客人降低对酒店的满意度，对酒店形象造成负面影响；并且针对无法入住的顾客的一系列赔偿、处理措施都会对酒店造成经济损失。

②法律纠纷：例如，在美国佛罗里达州制定的禁止超额订房的条例规定，饭店必须在顾客已预订房间并预付定金时保证顾客有房间，饭店如果后来客满无房间，就必须尽一切努力，找到其他住处以代之，必须付还定金，并按因超额订房而未入住该饭店的顾客人数，每有一人就罚款达 500 美元。

③消耗额外人力和物力：酒店对客服务是具有整体性和系统性的工作，为处理超额预订和补偿措施，需要订房部、销售部、前台相互协调沟通，消耗更多的人力和物力。

二、避免过度超订的措施

（一）信息收集

超额预订虽然能为酒店带来收益的保障，但需要承担一定的风险。管理者需要根据经验对市场进行预测和对客源情况进行分析，做出适当的超额预订决策。需要的信息包括团体订房和散客订房的比例、各订房资料等。

①掌握团体订房和散客订房的比例：由于团队预订与散客预订出现预订不到或者临时取消的可能性高低不同，通过对一段时间内团队预订与散客预订的比例的测算，决定超额预订的幅度大小。

②根据订房资料分析订房动态：如酒店需要根据预订系统中的历史记录，筛选出过

去以往订房不到者、临时取消者、提前离店者、逾期留宿者及提前退房者的客人，在之后的交易中可以选择将其设置黑名单，或在超额预订安排房间时选择占用其房间。

（二）预防措施

①仔细处理预订资料：每日应仔细审核当日所有的预订资料，及时处理有重复、更改和取消的预订。在预订到入住这段时间内，会有一些客人因为种种原因而无法近期抵达或者取消了旅行，但不是所有客人都会主动通知酒店。前厅部要在客人抵达前通过电话与客人进行多次核对，一旦变更迅速做出调整，并通知相关部门将客房重新预订或销售给其他客人。

②预订担保：预收保证金或要求信用卡担保，将风险合理转嫁给客人，尤其在酒店营业高峰如节假日、当地重大经贸活动时。

③每日核对客房：每日核对每间房的实际使用情况，对当日预计离店客房及时确认，对提前退房客房妥善安排，及时核对当天可以恢复使用的待修房。

三、过度超订的处理

对于酒店而言，超额预订纠纷处理需按照一定的程序进行，以便能更快更好解决酒店的超额预订问题。

（一）确认客房超售服务失误

问题发生后，应该给以顾客真诚的道歉，并与顾客开展有效的沟通。通过耐心倾听，识别并确认客房超售给顾客带来的问题。

（二）解决超售给顾客带来的问题

一旦出现客房超售，不满的顾客会出现抱怨甚至投诉，投诉的一个重要目的就是为了获取补偿及补偿程度。有时仅仅补偿是不够的，还有其他的因素会影响顾客的补救满意度，例如真诚的道歉、合理的解释、补救速度、主动性和不再失误的承诺保证等。

补偿方式有：免费送顾客去其他酒店入住并提供一定额度的补偿；一定金额的代金券，促使顾客再一次来该饭店消费；为顾客提供相同档次其他类型房间或更高档次的同类型房间，必要时由上级批准为顾客免费升级至高一档类型的房间；若酒店已经房满，在上级批准下，征得顾客的同意，为顾客联系相同等级的酒店，并承担顾客入住该酒店的房费以及车费。

可以通过运用心理学原理，使得顾客期望超售。比如饭店可以给予顾客一些承诺，比如，如果预约的顾客来到酒店发现没有房间了，饭店承诺免费给该顾客一张会员卡或者一定金额的代金券，使顾客在心理上得到满足，从而降低顾客对风险的感知，提升满意度。

（三）整体改进超订服务

针对在服务补救中发现的超订过程中存在的问题，提出改进措施，以此来优化超订服务系统，减少类似事物的再次发生。

在实践中，具体使用如下：

1. 发现超额预订情况

出现超额预订时，应仔细审核当日所有预订资料，看是否有重复，未及时更改的或取消的预订。对于重点宾客或保证类预订，务必保证其订房，团队房则次之安排，最后安排一般类的预订房。

2. 查看房间状况

通过各种方法查核酒店所有房间是否已百分百地实际占用，计算出当天可用房数及预订房数，统计出超订的房间数，及时上报主管或经理。

（1）打印一份当前房间状况报表与客房部核对每间房的实际情况。

（2）打印一份当日预计离店客人报表检查此类客人是否全部当天离店，注意不能接受任何续住请求。

（3）检查当日所有住店客人资料，看是否有提前退房的客人。

（4）打印一份待修房报表，与客房部核对是否有当天可以恢复的客房。

（5）检查当日是否有自用房，如有可向客房部总监请示，看是否有可能当天退出，以便提供给预订客人。

3. 做好超额预订到店客人的安排

由客房部总监出面，按照过度超额预订的情况在其他酒店预订相应数量的房间；当超额预订的客人到达后，前台要向客人做好解释说明，恳请谅解，适当时可请大堂副理或经理当面解释。

（1）由大堂副理或客房部总监出面，安排车辆将客人送到已代订好的酒店，该酒店的设施标准至少与本酒店相同或高于本酒店。

（2）由本酒店至代订酒店的交通费及所订酒店房价高于本酒店房价的差额由本酒店承担。

（3）总台应记录转酒店客人入住酒店的名称，房号及电话号码，并通知总机，以便有事时转告。

4. 后续工作

做好房间控制，一有空房立即通知大堂副理或房务部总监，以便由他们安排以上客人返回酒店入住，维护本酒店声誉。同时，分析酒店超额预订出现的原因并将资料存档。

5. 超额预订表

以下是关于某酒店超额预订制度表，包括预防超额预订管理制度表和处理超额预订管理制度表。该类制度表用于登记超额预订前的工作流程及负责的部门、汇报的部门、签发的部门，有利于规范超额预订工作，提高超额预订的科学性和准确性。

预防超额预订管理制度表见表 6–2。

表 6-2 预防超额预订管理制度表

制度	预防超额预订管理制度						
执行单位	前台预订处	文件编号		签发日期		总页码	
内容	一、每日打印第二天预期抵达客人名单。 二、核对所有第二天预期抵达的团队和散客预订，并准确统计出住房数，预计将要入住的客房数。 三、星期预报住房状况。 1. 星期预报由预订部主管负责完成。 2. 星期预报每天下午制作，周一制作周二至下周一的用房数预报，周二制作周三至下周二的用房数预报，依次类推。 3. 首先准确地统计出今后一周或今后几天住店客人的人数和占用的客房数。 4. 统计出今后一周或今后几天内每天离店的人数、空出的间数，同时要考虑到客人延迟离店的规律。 5. 统计今后一周或今后几日内预期抵达客人的用房数。 6. 综合以上统计数字，凭借过去的档案资料，制作出“星期预报房间状况”。 7. 报表抄送前厅部、客房部、销售部等业务部。						
涉及超抄报部门	前厅部及相关部门						
签发人签名	部经理 现将《预防超额预订管理制度》抄发你部，请严格执行。 总经理：（签名）						
执行负责人签名	总经理 兹收到《预防超额预订管理制度》，本人明白制度的详细内容并将严格贯彻该制度在本部门的执行。 部门经理：（签名）						

处理超额预订管理制度见表 6-3。

表 6-3 处理超额预订管理制度

制度	处理超额预订管理制度						
执行单位	前台预订处	文件编号		签发日期		总页码	
内容	一、出现超额预订首先告知预订客人因某些特殊原因，您的订房暂不能确定，如果客人愿意的话可把客人的预订放在酒店预订的“WATING LIST”（优先等待名单）上，根据前后次序，如有客人取消预订或提前退房，可以安排宾客入住。 二、帮助宾客联系同档次、同价格相接近的酒店，帮助客人订房，第二天客房情况出现空房时把客人接回酒店入住。 三、在旅游旺季和重大节假日，有经验的前台部经理为适当控制15%左右的客房保留至最后出售以应付应急之用。						
涉及超抄报部门	前厅部及相关部门						
签发人签名	部经理 现将《处理超额预订管理制度》抄发你部，请严格执行。 总经理：（签名）						

续表

制度	处理超额预订管理制度						
执行单位	前台预订处	文件编号		签发日期		总页码	
执行负责人签名	总经理 兹收到《处理超额预订管理制度》，本人明白制度的详细内容并将严格贯彻该制度在本部门的执行。 部门经理：（签名）						

【本章案例学习】

在旅游旺季，各酒店让出租率均较高，为了保证经济效益，一般酒店都实施超额预订。在A酒店，经大堂经理和前台的配合，已将大部分顾客安排妥当。但是预离2305客房客人直至18点才来前台办理延住手续，而此时，2305房间的预抵客人已经到达（大堂副理已在下午多次打电话联系2305客房预离客人，但未找到）。

大堂副理试图向刚刚到达的客人解释酒店超额预订，并保证将他安排在其他酒店，一旦有房间，就将他接回。鉴于客人态度十分坚决，表示不想到其他的酒店。在值班经理的允许下，大堂经理将客人安置到了值班经理的房间，客人对此表示满意。

酒店为了追求较高的住房率，争取获得最大的经济效益，往往实施超额预订。超额预订是订房管理艺术的最高体现，处理得好会提高客房出租率，会增加饭店的经济效益；但是，如果超额过度，酒店却因客满无法为预订客人提供所订住房，必然会引起客人的不满。发生这种情况属于酒店的违约行为，所以，必须积极采取补救措施，最大限度地满足客人的预订需求，妥善安排好客人住宿，以消除客人的不满，挽回不良影响，维护酒店的声誉。

资料来源：迈点网。

复习思考

1. 什么叫作超额预订？

2. 假如你是一个前台，面对因为超额预订而无法入住的顾客，你该如何与顾客沟通，并做出相应处理？

3. 计算题

某酒店有标准客房600间，5月2日未结住房数为200间，预期离店房数为100间，该酒店预订取消率通常为8%，预订而未到率为5%，提前退房率为4%，延期住店率为6%，试问10月2日：

（1）应该接受多少超额订房？

（2）超额预订率多少为最佳？

（3）总共应该接受多少订房？

【本章参考文献】

［1］王更力．客房实务［M］．广州：中山大学出版社，1996.

［2］杰克·P. 杰弗里斯．美国饭店法［M］．北京：旅游教育出版社，1998.

［3］董念清．航空公司机票“超售”的相关问题．航空运输与航空资源法评论民航资源网，2006，12，06.

［4］夏于全．国际酒店管理制度典范——WTO 下中国酒店管理指南．吉林：吉林摄影出版社．2002.177

［5］夏于全．国际酒店管理制度典范——WTO 下中国酒店管理指南．吉林：吉林摄影出版社 .2002.178

［6］胡质健．收益管理：有效实现饭店收入的最大化［M］．北京：旅游教育出版社，2009.

［7］周晶，杨慧．收益管理方法与应用［M］．北京：科学出版社，2009.

［8］Biyalogorsky E，Carmon Z，Fruchter G E，et al. Research note：Overselling with opportunistic cancellations. Marketing Science，1999，18（4），605–610.

［9］Chiang W C，Chen J CH，&Xu X. An overview of research on revenue management：current issues and future research. International Journal of Revenue Management，2007，1（1），97–128.

［10］Donaghy K，McMahon U，&McDowell D.Yield management：an overview. International Journal of Hospitality Management，1995，14（2），139–150.

［11］Hadjinicola G C& Panayi，C.The overbooking problem in hotels with multiple tour-operators. International Journal of Operations & Production Management，1997，17（9），874–885.

［12］Jones P.Yield management in UK hotels：a systems analysis. Journal of the Operational Research Society，1999，1111–1119.

［13］Kimes S E . The basics of yield management. The Cornell Hotel and Restaurant Administration Quarterly，1989，30（3），14–19.

［14］Kimes S E&Chase R B（1998）.The strategic levers of yield management. Journal of Service Research，1998，1（2），156–166.

［15］Ladany S P.Dynamic operating rules for motel reservations. Decision Sciences，1976，7（4），829–840.

［16］Liberman V，&Yechiali U. On the hotel overbooking problem—An inventory system with stochastic cancellations. Management Science，1978，24（11），1117–1126.

［17］McGill J I，&Van Ryzin G J. Revenue management：Research overview and prospects. Transportation science，1999，33（2），233–256.

［18］Noone B M，&Lee C H. Hotel Overbooking：The Effect of Overcompensation on Customers’ Reactions to Denied Service［J］. Journal of Hospitality & Tourism Research，2011，35（3），334–357.

[19] Rothstein M. Hotel overbooking as a Markovian Sequential decision process. Decision Sciences，1974，5（3），389–404.

[20] Wangenheim F &Bayon T. Behavioral consequences of overbooking service capacity. Journal of Marketing，2007，71（4），36–47.

第七章

酒店的收益管理

【学习目标】

1. 了解酒店业收益管理的发展历程及应用特点。
2. 掌握需求预测、客房超订、客房分配等酒店收益管理技术的应用。
3. 预测未来国内酒店业收益管理的发展趋势。

【引导案例】

酒店收益管理的挑战

酒店收益管理的应用已经不再仅仅局限于客房，在过去的几年中，收益管理从客房拓展到了其他的领域，如餐饮、水疗和宴会厅，我们称之为全面的收益管理。全面收益管理的概念也一直被酒店人所津津乐道。但是，全面收益管理为什么没有真正实现？未来收益管理还会有哪些发展趋势？IT的发展、数据分析技术的成熟如何推动酒店收益管理更为全面化、战略化和自动化？

全面收益管理中的艺术性和科学性两者间的平衡，也更显得倾斜于科学一端。现在很多酒店管理人员缺乏管理收入和支出所需的全面知识，而改变未来收益管理人员的思维方式则是当务之急。一位优秀的收益管理负责人应该更多的是站在战略高度，而非仅仅停留于战术的层面。很多酒店已经把酒店收益管理的角色改变为战略角色。

来自300多位酒店领域的收益管理从业者关于未来的展望，有超过60%的人认为，未来收益管理会更侧重于全面收益管理；接近30%的人认为，收益管理会更加偏向于战略化，其他的还包括自动化分析、渠道收益管理、与市场销售部协同工作、技术化等。酒店的收益管理所面临的最大挑战主要是来自经济环境，经济的疲软以及之前国八条等对酒店市场的冲击还是非常明显的，除此之外，还包括来自于OTA、市场竞争、业主、IT和财务等方面的压力。Kalibri Labs的CEO兼联合创始人Cindy Estis Green建议酒店经营者们采取相应策略和测量工具来将精细的营销数据整合到收益管理中去。这就涉及更广泛的方法、技术和思维方式。

变革的推动最核心的还是IT和数据分析的进步，酒店已经不再满足于现在已有的水平，希望有更好的技术研发出来，满足其他领域的收益管理需求。现在典型的收益管理人员并不具备预期的技能组合，拥有多元化背景的人反而更适合这个岗位。

（资料来源：环球旅讯 http：//www.traveldaily.cn/article/76859.html）

第一节　酒店收益管理特点与衡量指标

Marriot万豪集团为首个使用收益管理的酒店集团。如今，收益管理已被美国，欧洲等地区的酒店集团及个体酒店熟知并运作于日常经营管理。收益管理需综合考虑各项影响酒店住房率及房价的因素并对各渠道、各竞争对手及市场环境作准确分析，具有一定的复杂性。借助数学、计算机系统、统计学等可有效服务于酒店收益管理。如今，包括Marriot在内的酒店集团已拥有科学的收益管理系统，成为收益管理的最大受益者。

收益管理在酒店运营中作为一种有效的商务管理工具，在合适的时间及时段，以合适的价格，将合适的产品通过合适的渠道销售给合适的客户，通过给予产品最合理的价格，使酒店的出租率和平均房价达到最佳的组合来获取最大化的利润。

一、酒店业实施收益管理的特征

（一）产品和服务具有时效性和不可储存性

对于酒店业来说，如果产品或服务未被充分利用就意味着机会成本和收益的损失，想要增加收入就必须把闲置产品或服务降低到最小限度。例如，客房在某天未被租出去，那么这间客房在这一天就损失了创造收益的机会，而且酒店提供给这间客房的服务能力也消失了。

（二）生产和服务能力相对固定且在短期内很难提高

由于酒店的固定资产比重较大，一旦酒店建成，在短期内提高客房数量是很难的。酒店的客房数量是相对固定的，如果全部的客房都住满客人，就算再有客人来酒店入住，酒店已经没有客房提供，失去了盈利的机会。因此，酒店需要应用收益管理将每间客房的可利用价值最大化。

（三）产品和服务的市场细分

收益管理实施动态定价的基础就是细分市场。对于不同的细分市场，面对同质的产品和服务水平，客人愿意支付的价格也是不相同的。一般情况下，酒店的客人可以分为：一类是以休闲度假为目的的旅游客人，另一类是以商务活动为目的的商务客人。旅游客人可以细分为私人出钱的旅游客人和公款的旅游客人等；商务客人又可以细分为政府客和公司客。另外，酒店还可以通过订房数量把客人分为团体客和散客。对于不同的细分市场，酒店应该针对各细分市场的特点，对需求进行预测，制定合理的价格和产品组合策略，实施收益管理，最大化地实现酒店收益。

（四）产品和服务可以提前预订

酒店的产品可以提前预订，而预订客人会由于各种原因改变或取消出行计划，如恶劣的天气、交通、健康等，出现无故未到、临时取消、提前离店等情况而给酒店带来损耗。

（五）需求的波动性

酒店需求量的波动幅度也比较大，在一定程度上会影响酒店的收益。影响酒店的需求量的因素很多，包括旅游淡旺季、国际形势、客人心理、大型展会等。收益管理可以通过一些规律和数据来预测酒店的需求，则在旺季时，可以提高酒店房价，在客房量无法增加的情况下增加营业收入；在淡季时，为了吸引顾客，可以降低房价，提高酒店住房率。

（六）较高的固定成本和较低的可变成本

酒店的前期固定资产投资巨大，而水电费、工资、洗涤费、一次性用品的消耗费等费用随销售量变化，且成本较低。换言之，酒店需要有基本的业务量维持正常的运作，而超过基本业务量所增加的收入就可以提高酒店的利润。这决定了酒店可以采取收益管理来最大限度提高收入。

二、酒店业衡量收益管理的指标

如何判断酒店收益管理水平在工作实践中是有效的？这就需要选择一些可以衡量酒店收益管理绩效的指标，包括客房出租率、平均占用房价和平均可供出租客房收入等指标。

（一）客房出租率（Occupancy，OCC）

客房出租率又叫住房率、客房销售率和客房占用率，是指酒店已经租出去的房间数与可供出租的房间总数的百分比。例如，某酒店某日可供出租的客房有 100 间，当日出租的房间为 88 间，那么这间酒店当日的客房出租率为 88%。

$$客房出租率=\frac{出租的房间总数}{可供出租房间总数}\times 100\% \tag{7-1}$$

出租的房间总数是指酒店被占用或者是被租出去的客房，不包括酒店免费提供给客人使用的客房和酒店内部使用的客房，因为这些客房并没有给酒店带来收入。可供出租的房间数就是指酒店客房内的设备设施齐全完好，能够租给客人使用的房间的总数。

可供出租客房数=酒店客房总数－酒店自用房－正在装修的房间－坏房－其他占用房

客房出租率表明了酒店客房的利用情况，客房出租率越低，说明没租出去的客房越多，客房闲置率就越高。所以，衡量酒店收益管理绩效的重要指标就是客房出租率的高低。

（二）平均占用房价（Average Daily Rate，ADR）

平均占用房价又称为平均房价和平均客房售价，是指酒店每间租用的客房的平均出租价格。

$$平均占用房价=\frac{出租房间的总收入}{出租房间的总数} \tag{7-2}$$

例如，某酒店某日有 85 间客房被租出去，获得收入为 17000 元，那么平均占用房价就是 200 元。

（三）平均可供出租客房收入（Revenue Per Available Room，RevPAR）

平均可供出租客房收入又被称为平均客房收入，是指平均每天可供出租的客房每天能给酒店带来的收入。

$$平均可供出租客房收入=\frac{出租房间的总收入}{可供出租房间总数}=客房出租率\times平均房价 \tag{7-3}$$

例如，某酒店某日可供出租的客房有 100 间，有 85 间客房当日被顾客租用，获得收入 17000 元，那么该酒店的平均可供出租客房收入为 170 元；如果该酒店将其可供出租客房收入提高 10 元，那么它的客房的总收入可提高 1000 元。酒店单位客房的创收能力可以通过平均可供出租客房收入直接反映出来，所以提高客房收入的重要途径就是提高平均可供出租客房收入。

RevPAR 是衡量收益管理绩效一个非常重要的指标。价格与需求是成反比例的，所以在大多数情况下，同时提高客房出租率和平均占用房价是很难的。例如当客房的价格升高时，市场对客房的需求就会下降，客房被租出去的数量会下降，导致酒店的客房出租率下降。所以光看客房出租率，我们并不能判断一个酒店的经营优劣，同理，仅凭平均房价我们也不能做出判断，而 RevPAR 则可以帮助我们比较全面地了解一个酒店的经营状况，因为它综合出租率和平均房价两个方面来考察酒店的经营。

（四）收益率（Rate of Return）

收益率指数是衡量一个饭店经营业绩的重要指标。收益率是实际收入占潜在收入的百分比，即每单位实际平均价格和每单位可能收取的最高价格之间比例。

$$收益率=\frac{实际客房总收入}{潜在客房收入}\times 100\% \tag{7-4}$$

实际收入是客房的实际收入额（可供出租客房数 × 实际房价），潜在收入是所有客房全部以客房牌价售出所得获得的客房收入。例如：一家有 100 间房的酒店。设它的门市价为 100 元，年出租率为 85%，则收益率 =（100 × 100 × 365 × 85%）÷（100 × 100 × 365）× 100%=85%　收益率指数越高，越接近理想的客房收入。假如收益率太低，如低于 75% 时，要查找原因：定价错误，房价太高；竞争太激烈；客源结构有问题等。

以上是客房内部的指标，酒店还会用市场占有率和市场占有指数的变化情况来衡量本酒店在竞争酒店中所处的地位，这些指标的介绍读者可查阅相关书籍进一步了解。

第二节　客房需求预测

酒店需求预测指，酒店依据历史资料的收集及分析，通过市场预测技术的运用，完成对顾客客房需求的预测，将数据提取的信息转化为服务竞争的优势。

酒店业的需求具有很强的季节和时间波动性和时段性特征，对需求预测的准确性直接影响酒店营运资金预算、物料采购计划、人力资源预算、员工定岗和排班次和公关、广告及促销等计划。因此，酒店需要对市场需求情况、饭店出租率情况进行有效预测。本节主要讲解了酒店预测的周期、季节性预测的方法及需求预测模型。

一、预测的周期

根据预测的周期，可以分为长期预测、中期预测和短期预测。

长期预测指以年或者季度为单位的需求预测；中期预测是指以 7 天至 3 个月为周期的需求预测；短期预测是根据提前预订的实际情况，对未来进行需求无约束的预测。

因酒店提前 6 个月前就开始接受预订，所以预订系统中的信息包含未来预订的最新信息，而这些数据往往反映市场需求的最新变化，利用这部分数据有利于提高预测准确性。短期预测一般需要使用提前预订量、取消率、净拒绝数及净需求预订记录方面数据。净需求预订记录是一种历史数据，显示某一特定市场在过去一年的预订量。短期预测过程常使用模型为古典增量预测模型和改进型增量预测模型，增量一般表示为：最终订房 = 已有订房 + 预计增量订房。

二、季节性预测

（一）预测步骤

根据季节性预测的方法可以将季节性预测过程划分为三个步骤：首先，计算季节性指数；其次，对非季节化数据进行回归分析以探明趋势；最后，还原非季节化数据以得到预测值。下面将以一分别代表四个年度的不同季度详细说明这三个步骤。

1. 计算季节指数

（1）计算移动平均值

$$b_i=\frac{a_{i-2}+a_{i-1}+a_i+a_{i+1}}{4},\ i=3,4,\cdots,15$$

（2）计算中心移动平均值

$$c_i = \frac{b_i + b_{i+1}}{2}, i = 3,4,\cdots,15$$

以第三季度为例。

（3）计算季节不规则值

$$d_i = \frac{a_i}{c_i}, i = 3,4,\cdots,15$$

（4）计算季节指数

因受到不规则波动的影响，同样第三季度，和之前存在差别，所以在计算季节指数时要分离时间序列中季节成分的影响。

$$g_i = \sum_{j=0}^{j=3} d_{i+4j}/3, i = 1,2,3,4$$

将定义为 0，故：

$$g_1 =（d_5 + d_9 + d_{13}）/3$$
$$g_2 =（d_6 + d_{10} + d_{14}）/3$$
$$g_3 =（d_7 + d_{11} + d_{15}）/3$$
$$g_4 =（d_8 + d_{12} + d_4）/3$$

利用季节指数对原始数据进行调整，可以得到非季节化需求数量：

$$a'_i = \frac{a_i}{g_i}, i = 3,\cdots,15$$

2. 求趋势方程

求趋势方程有两种方法，分别是：寻找需求与相关变量的关系，如，需求与居民可支配收入的关系；及构建时间 t 与需求的函数。

（1）寻找需求与相关变量的关系

搜集需求与指定相关变量数据，通过数据分析寻找两者之间的关系。这种方法在统计学中较常应用，在此不再赘述。

（2）构建时间 t 与需求的函数

假设酒店需求的线性趋势函数为：

$$a_t = l_0 + l_1 t$$

利用线性回归可得出：

$$l_1 = \frac{\sum_{i=1}^{n} ia_i - (\sum_{i=1}^{n} i \sum_{j=1}^{n} a_j)/n}{\sum_{i=1}^{n} i^2 - (\sum_{i=1}^{n} i)^2/n}$$
$$l_0 = \bar{a} - b_1 \bar{t}$$

式中，是非季节化的需求量。

为所有历史季度的需求量的平均值：

$$\bar{a} = \sum_{i=1}^{16} a_i$$

为所有历史季度序列的平均值：

$$\bar{t} = \sum_{i=1}^{16} i = 8.5$$

3. 计算预测值

使用方程对非季节性值进行预测；使用方程进行季节性调整。

（二）季节性预测评价

季节性预测是一种成本低，简单易行的预测方法，可以对时间段进行逐步深化分析，如分析黄金周。但这种方法的缺陷是不够细致。

三、简单指数平滑法

简单指数平滑法是在酒店收益管理中最常使用的预测方法。指数平滑法实际上是一种特殊的加权移动平均法。其特点是：指数平滑法进一步加强了观察期近期观察值对预测值的作用，对不同时间的观察值所赋予的权数不等，从而加大了近期观察值的权数，使预测值能够迅速反映市场实际的变化。

根据平滑次数不同，指数平滑法分为：一次指数平滑法、二次指数平滑法和三次指数平滑法等。

当时间数列无明显的趋势变化，可用一次指数平滑预测。其预测公式为：

$$Y_{t+1'} = aY_t + (1-a)\ Yt'$$

$Y_{t+1'}$ 是 t+1 期的预测值，即本期（t 期）的平滑值 St–；Yt 是 t 期的实际值；Yt' 是 t 期的预测值，即上期的平滑值 St–1 。

二次指数平滑是对一次指数平滑的再平滑，适用于具线性趋势的时间数列。三次指数平滑预测是二次平滑基础上的再平滑。

它们的基本思想都是：预测值是以前观测值的加权和，且对不同的数据给予不同的权，新数据给较大的权，旧数据给较小的权。

第三节　客房超额预订策略

现实生活中，许多顾客提前预订了酒店的客房，由于顾客的旅行计划受到各种因素的制约，导致客人会出现延迟入住、没有入住、临时取消订房和提前退房的情况。这些情况是不可避免的，而这些情况的出现会导致饭店的空房增多，收入的减少。为了避免客房的虚耗，减少酒店的损失，酒店采取超额预订策略。

根据超订策略的制定方不同，超订策略分为直接超订和代理商超订：直接超订指由酒店统一制定超订策略。不同的超订策略制定方，其最小期望损失也不同，因此最佳超订策略也不同。

一、代理商超订

构建代理商 j 的超订损失表如表 7–1 所示。代理商 j 有一定数目的超订选择，可以超订 0，1，2，…，L_j 个房间。定义 E_{Kj}^{T} 为酒店采用代理商超订策略，超订数量为 K 个房间时代理商 j 的期望损失，用公式表示为：

$$E_{Kj}^{T}=\sum_{i=0}^{K}P_{ij}(K-i)c+\sum_{i=K+1}^{L_j}P_{ij}(i-K)d$$

第一个加项表示期望空房损失，第二项表示期望超订损失。例如，在表 7–1 中当代理商 j 超订两个房间时，期望损失为：

$$E_{2j}^{T}=p_{0j}\times 2c+p_{1j}\times c+p_{2j}\times 0+p_{2j}\times d+p_{4j}\times 2d+\cdots+p_{Lj}j\times\left(L_j-1\right)d$$

代理商 j 的最佳超订策略应当是期望损失最小的策略。

表 7–1 代理商 j 的超订损失表

放弃预订的顾客人数i	放弃预订的概率	超订房间数				
		0	1	2	3	L_j
$X_j=0$	p_{0j}	0	c	$2c$	$3c$	$L_j\,c$
$X_j=1$	p_{1j}	d	0	c	2c	$(L_j-1)c$
$X_j=2$	p_{2j}	$2d$	d	0	c	$(L_j-2)c$
$X_j=3$	p_{3j}	$3d$	$2d$	d	0	$(L_j-3)c$
$X_j=L_j$	p_{Lj}	$L_j\,d$	$(L_j-1)c$	$(L_j-2)c$	$(L_j-3)c$	0
期望损失		E_{0j}^{T}	E_{1j}^{T}	E_{2j}^{T}	E_{3j}^{T}	$E_{L_jj}^{T}$

二、直接超订

定义为酒店超订 K 个房间的期望损失，根据相似算法可得：

$$E_{K}^{H}=\sum_{i=0}^{K}P_{ij}(K-i)c+\sum_{i=K+1}^{L}P_{i}(i-K)d$$

用表示酒店的最小期望损失，则有：

$$E^{H}=\min\left\{E_{0}^{H},E_{1}^{H},\cdots,E_{L}^{H}\right\}$$

第四节　酒店客房分配

收益管理中的客房分配就是不同细分市场的最佳客房动态的分配方案，即在价格歧视水平上的客房供给的合理分配。首先，根据预测的结果，采用统计学原理将各种因素综合起来；其次，优化成一组实际可操作的客房分配规则；最后，再把这些规则反馈到销售系统，达到收益最大化的目标。本节主要分析了由单个市场至 N 个子市场的酒店客房如何分配可以达到利润最大化。

一、客房分配

客房分配解决不同市场细分的价格策略，以及不同价格水平的客房数量问题。一方面，酒店需要尽量保持较高的价格歧视水平，以获得尽可能大的收益；另一方面，市场过于细分，通过单独管理、市场宣传等保持市场独立性的成本 K 会急剧上升。

二、单一市场的客房分配

假设分配到单一市场的客房数是 q_1（$1 \leqslant q_1 \leqslant Q$），则每一客户的售价均为 $p_1=f(q_1)$，此时，利润函数为：

$$r_1(q_1) = q_1 \times f(q_1) - [F + vq_1 + K]$$

对求导，求得使利润最大的满足下式：

$$f(q_1^*) - q_1^* f(q_1^*) - v = 0$$

当然，未必是整数，可以通过向上或向下取整数值使得利润取得最大值。定义为这个客房数是单一市场的每日最大利润。那么给这个单一市场分配 q_1 个房间就可使利润最大化；而这时，分配比 q_1 多的客房并不能额外提高酒店的利润。因此在单一市场下，酒店的最大利润函数可以表示为：

$$\pi_1(q_1) = \begin{cases} q_1 f(q_1) - [F+vq_1+K], & q_1 < q_1^* \\ q_1^* f(q_1^*) - [F+vq_1^*+K], & q_1 < q_1^* \end{cases}$$

三、两个子市场的客房分配

假设分配给这两个子市场的客房总数为 q_2，其中分配给第一个子市场的客房数为 q_1，那么分配给第二个子市场的客房数为（$q_2 - q_1$）。阴影部分为这种情况下酒店的收益情况，见图 7-1。

酒店每日的利润函数可以表示为：

$$r_2(q_2) = (q_2-q_1)f(q_2) - v(q_2-q_1) - K + r_1(q_1), \quad q_1 \leqslant q_2 \leqslant Q$$

两个子市场的收益情况见图 7–1。

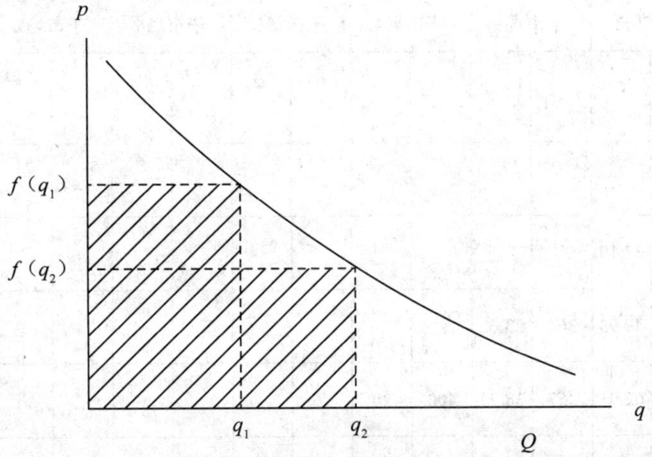

图 7–1 两个子市场的收益情况

定义为酒店的每日最大利润，可以用递归的形式表示成：

$$\pi_2(q_2)=\max\{(q_2-q_1)f(q_2)-v(q_2-q_1)-K+r_1(q_1)\}，1\leqslant q_1\leqslant q_2，q_1\leqslant q_2\leqslant Q$$

计算结果是 π_2（q_2）在 $q_2=q_1$ 时，这说明酒店只有将 q_2 个客房全部分给第一个子市场并采用统一价格 q_1，即仍为单一市场、单一价格，才能获得最大收益。

四、N 个子市场的多级价格

（一）计算方法

假定将 q_n 个客房分配给 n 个子市场，第 n 个市场分配（q_n-q_{n-1}）个客房，定义酒店每日最大利润为：

$$\pi_n(q_n)=\max\{(q_n-q_{n-1})f(q_n)-v(q_n-q_{n-1})-K+\pi_{n-1}(q_{n-1})\}$$

其中 $n\leqslant q_n\leqslant Q$，$n-1\leqslant q(n-1)\leqslant q_n$，…

这样一直计算下去直到找到这样的 n，满足

$$\pi_n(q_n)\geqslant\pi_{n-1}(q_{n-1})，并且\pi_n\geqslant\pi_{n+1}(q_{n+1})$$

则此时的客房分配最优，进而可以求出相应的，以及相应的市场价格 p_i。

（二）举例分析

某酒店有 400 间性质相同的客房；每天的固定成本 F=5000 元，可变成本为 V=6 元；每个市场的附加固定成本为 K=350 元；不同市场的需求函数值 p=126.99exp（–0.004621q）。则根据不同细分市场下的模型解见表 7–2，最优解的客房分配如表 7–3 所示。

表 7-2　客房分配模型解

市场数 n	子市场1		子市场2		子市场3		子市场4		子市场5		子市场6		子市场7		子市场8		最大利润
1	192	52.69															3538.59
2	121	72.60	297	32.19													6968.44
3	88	84.56	2025	49.93	364	23.62											8726.21
4	69	92.32	152	62.91	257	38.73	400	20									9718.19
5	54	98.95	117	73.96	191	52.54	282	34.50	400	20							10239.79
6	45	103.15	95	81.87	153	62.62	220	45.95	300	31.75	400	20					10485.65
7	38	106.54	80	87.75	127	70.62	180	55.28	241	41.70	313	29.90	400	20			10568.70
8	33	109.03	69	92.32	109	76.74	153	62.62	202	49.93	258	38.55	323	28.55	400	20	10547.58

表 7-3　最优解的客房分配

客房数	子市场	设定客房价格/元
38	1	106.54
	2	87.75
	3	70.62
	4	55.28
	5	41.70
	6	29.90
	7	20.00

第五节　酒店收益管理的发展趋势

在这里，我们通过收益管理的核心三部分——人才、流程、工具——去讨论酒店收益管理的趋势。

一、完善培养收益管理人才

收益管理中的需求层、分析层、决策层会被淘汰，反馈和优化层会被保留，最终并入市场、客户关系或是财务相关的职能中，这个过程很长，也有可能很短。但总的来说，未来客户体验会回归到服务行业的本源，并对收益管理经理提出要求，收益管理经理的形态和职能会多元化，没有任何管理方式、技巧、组织能够挑战最原始商业规律。

二、收益管理流程区域化

酒店收益管理应该更加区域化，其次是集中化与独立化。不同的区域对收益管理部门的安排想法是不一样的，亚太区、欧洲、中东等地区，都认为收益管理部门应该独立，而北美区更多的是认为应该放在其他部门下面。未来的收益管理更应该集中于整体的收益，更加关注全面与整体的营收。酒店对自身的 KPI、SOP、部门安排等都需要成体系的进行调整，以适用市场的变化与需求。酒店的收益管理也应该更加独立，帮助酒店做全面的收益管理把控。

三、战略性收益管理工具

随着 IT 和数据分析的进步，酒店已经不再满足于现在已有的水平，希望有更好的工具研发出来，满足其他领域的收益管理需求。收益管理中的艺术性和科学性两者间的平衡，将倾斜于科学一端。开放收益管理的工具应该更多的是站在战略高度，而非仅仅停留于战术的层面。

短期内发展方向：从市场结果预测转变为向用户需求行为预测，前端数据分析崛起、经营数据分析式微，个人取代市场，local 取代 SOP；中长期的发展方向：传统预测建模行为会被打破、淘汰，人工分析会逐渐被 AI 所代替。

酒店收益管理专业词汇

◆平均每日房价指数：ADR Index

用来衡量某酒店平均每日房价与一组预选的酒店的平均每日房价对比的情况；

酒店的平均每日房价指数 =（该酒店的平均每日房价 ÷ 预选的酒店的平均每日房价）× 100

◆平均挂牌房价：Average Published Rate（APR）

在进行市场分析时，如果缺乏被研究的饭店的具体的平均每日房价，可使用它们的平均挂牌价来估算其平均每日房价。

◆竞争对手组合：competitive set

竞争组合是一组饭店可以与之进行综合业绩比较的饭店的组合。

◆合同房：contact rooms

合同房是指因签订合同而提前被占用的客房。

◆**延期停留：extended stay**

以延期停留的顾客为主的饭店可称为长住饭店。它们的重点在于吸引饭店的客人长时间住宿。这些饭店一般报每周平均房价。

◆**应得市场份额或合理市场份额：fair market share**

应得市场份额可以被理解为某被研究的饭店在某个竞争市场这块蛋糕中应该占有的份额。例如，如果该竞争市场上共有1000间客房，其中包括该饭店拥有的100间客房，该饭店的应得市场份额应该是10%。如果某特定时期，该饭店出租的客房数占这个竞争市场出租的客房总数的10%，则认为该饭店的实际份额刚好等于其应得市场份额，此时其客房出租率指数即为100%。

◆**平均每日房价应得市场份额：fair share**

平均每日房价应得市场份额是某饭店在“市场蛋糕”所占有的那一块。例如，某饭店的ADR是50美元，而其竞争集合饭店的ADR是50美元，则该饭店的ADR指数就是100。如果某饭店的ADR是60美元，则该饭店的ADR指数是120，表明该饭店的市场份额高于平均水平。如果某饭店的ADR是40美元，则该饭店的ADR指数是80，表明该饭店的市场份额低于平均水平。

◆**全服务酒店：full-service hotel**

全方位服务饭店，通常是中档价格，带餐厅、休息室和会议厅，提供行李服务和客房服务的高档或豪华饭店。这类饭店有餐饮收入。

◆**平均可出租客房收入应得市场份额：fair share of RevPAR**

平均可出租客房收入应得市场份额是某饭店在市场平均可出租客房收入这块蛋糕中应该占有的份额。例如，某饭店的RevPAR是50美元，而其竞争对手饭店集合的RevPAR是50美元，则该饭店的RevPAR指数就是100。如果该饭店的RevPAR是60美元，则其RevPAR指数是120，表明该饭店的市场份额高于应得市场份额。如果该饭店的RevPAR是40美元，则其ADR指数是80，表明该饭店的市场份额低于应得市场份额。

◆**客房出租率渗透指数：occupancy（penetration）index**

用于衡量饭店在某个细分市场，如一组竞争对手饭店、某个等级的市场或者某个销售渠道等方面所占有的份额。

【本章案例学习】

酒店收益管理进入云时代

随着近期诸多国际知名酒店品牌大规模进军国内市场，本土品牌也不甘示弱，以万达、开元、锦江、建国、如家等为代表的中国本土知名品牌也在积极整合自己的资源，用多档次品牌战略，以快速占领市场，准备打一场攻坚战，各品牌之间激烈竞争和角逐的序幕也由此拉开。

纵观市场，当下酒店之间的竞争，已不仅仅局限在资金、产品和人才方面，而是以品牌文化为核心价值的综合竞争，她不仅要求饭店对自己品牌个性文化把握住精髓，稳健的执行和精准的推广，更要求酒店从市场营销的角度去做单点突破，在把酒店产品在做优、做精、做深和做透的基础上，让酒店产品的价值最大化地转化为产品价格，才能提高饭店收益，增强市场竞争力，立足于市场前列。

收益管理，作为一门应用价格杠杆调节市场供求平衡，以收益最大化带动利润最大化的理论和技术，能够精确地帮助酒店在产品营销中达到收益最大化这一单点突破的目的。回顾收益管理在中国酒店领域近二十年来的发展历程，真可谓喜忧参半。可喜的是收益管理技术通过多年的创新实践与发展，理论和应用技术已日臻成熟，正逐步被业界管理者所认同。令人忧虑的是国际知名酒店集团在国内管理的饭店多在应用收益管理技术，通过提高酒店盈利能力，来在市场竞争中克敌制胜。而国内本土品牌饭店应用收益管理技术的却屈指可数，就连一些酒店集团多数还停留在概念层面，只是在市场营销中引入了收益管理的理念，却没有组建专业的收益管理团队、进行系统的技术培训和应用收益管理软件，单体酒店的应用就更寥寥无几了。仅就这个突破点而言，本土品牌就处于相对弱势的地位。究其原因，除了对收益管理认识层面的因素外，更重要的是人才和经济方面的因素，稀缺的收益管理专业人才和昂贵的收益管理软件成为酒店运用收益管理技术的制障。

随着云计算的诞生，在“大数据”概念被广为传播的同时，也为酒店收益管理的开发和利用带来更加广阔的空间。可以说云时代的来临，结束了酒店收益管理应用系统因需要重金购买而让本土酒店望洋兴叹的历史。借助于大数据和云技术开发的收益管理系统于 2012 年在法国巴黎诞生，这就是 PriceMatch 公司研制和开发的新一代收益管理系统。该系统不需要饭店购买和安装软件，只需与饭店 PMS 系统和渠道管理系统链接便可投入运行，具有很高的兼容性。同时有资深的收益经理通过远程监控为酒店进行日常经营的咨询与指导，能为酒店节省大量的系统资金投入和人工成本，也为中国酒店业收益管理技术的普及与运用打开了一条绿色通道。

除此之外，PriceMatch 在系统设计还充分中融入了人性化和本土化要素，不仅设有全中文界面，简单易懂，而且操作灵活、方便，能够帮助酒店科学地得出收益管理方案，从而提高收益。通过 PriceMatch 平台，既能够依据酒店的历史数据、节庆假日、特殊事件、天气预报、竞争对手价格等综合因素对酒店每个细分市场和不同类型客房的预订量及销售价格进行预测，为酒店提供未来 90 天客房每日预订量和建议价格，通过敏感度分析对酒店价格进行时时优化。还能够为酒店提供竞争群分析、房价与预订变化轨迹分析、目标实现率分析、细分市场客源结构分析等，使酒店实现动态定价和差别定价不再成为难题。除此之外，PriceMatch 还与 Review Pro 等国际知名数据分析机构合作，通过抓取酒店在各个 OTA 渠道和社交媒体上的客评数据，进行多维度、多渠道地统计分析，能够有效地帮助酒店深入了解顾客的消费行为、价值趣向和酒店产品质量存在的不足，改进和创新产品，量化产品价值和制订合理的价格。目前，PriceMatch 在全球被超过 300 余家用户认定为是最先进的收益管理系统之一。运行数据显示，该系统能够有效地帮助酒店把 RevPAR 平均值提高 7% 至 15%，提高利润收益 15% 左右。

（资料来源：2014-10-05 祖长生 迈点）

复习思考

1. 长期、中期、短期需求预测各自有什么特点？适合哪些情形？

2. 如何计算客房超额预订的最小期望损失？如何安排被拒绝入住的顾客才能平衡顾客满意度及损失？

3. 如何确定客房分配数量？

4. 酒店收益管理的发展趋势如何？

【本章参考文献】

[1] MihirRajopadhye，Mounir Ben Ghalia，Paul P.Wang，Timothy Baker，Craig V.Eister. Forecasting uncertain hotel room demand [J]. Information Sciences，2001，132，1-11.

[2] 胡质健. 收益管理——有效实现饭店收入的最大化 [M]. 北京：旅游教育出版社，2009，175-183

[3] 徐建军. 饭店客房收益管理及展望 [D]. 华侨大学硕士学位论文，2006.

[4] 李想. 基于收益管理理论的酒店客房定价策略研究[D]. 辽宁科技大学硕士学位论文，2012.

[5] 赵静宜. 基于收益管理的饭店经营管理研究 [D]. 东北财经大学硕士学位论文，2011.

[6] 吴静. 饭店收益管理探析 [D]. 华东师范大学硕士学位论文，2005.

[7] 王子亮. 饭店业收益管理及天府丽都喜来登饭店的应用研究 [D]. 西南交通大学硕士学位论文，2004.

[8] 赵涛. 收入管理及其在我国酒店业和广告业中的应用 [D]. 复旦大学博士学位论文，2003.

[9] 金统. 基于边际收益法的酒店收益优化决策研究 [D]. 大连理工大学硕士学位论文，2005.

[10] McGill J I, Van Ryzin G J. Revenue management: Research overview and prospects[J]. Transportation Science，1999，33（2）：233-256.

[11] 陈志刚. 网络收益管理与定价研究 [M]. 北京：中国物资出版社，2008：11.

[12] 菲利普斯. 定价与收益管理 [M]. 陈旭，慕银平，译. 北京：中国财政经济出版社，2008：70.

[13] 张季敏. 我国铁路客票价格决定与收益管理研究 [M]. 上海：上海交通大学出版社，2010：33.

[14] Richard D，Hanks，Robert Cross，Paul Noland. Discounting in the hotel industry A New Approach [J]. Cornell Hotel and Restaurant Administration Quarterly，2002，35（4），94-103.

[15] Kimes S E. The basics of yield management [J]. Cornell Hotel and Restaurant Administration Quarterly，1989，30：14-19.

[16] Weatherford L R，Boaily S E. A taxonomy and research overview of perishable-asset revenue management：Yield management，overbooking pricing [J]. Operations

Research, 1992, 10（5）: 831–844..

[17] Bayoumi A E M, Saleh M, Atiya A F, et al. Dynamic pricing for hotel revenue management using price multipliers [J]. Journal of Revenue & Pricing Management, 2013, 12（3）: 271–285.

[18] Hong L, Yan J. Dynamic Pricing Mechanism of Star Hotel Revenue Management [C] //Proceedings of the 2013 International Conference on Business Computing and Global Informatization. IEEE Computer Society, 2013: 615–617.

[19] Mathies C, Gudergan S P, Wang P Z. The Effects of Customer–Centric Marketing and Revenue Management on Travelers' Choices [J]. Journal of Travel Research, 2013, 52（4）: 479–493.

[20] Kimes S E, Beard J. The future of restaurant revenue management [J]. Journal of Revenue & Pricing Management, 2013, 12（5）: 464–469.

[21] Aslani S, Modarres M, Sibdari S. A decomposition approach in network revenue management: Special case of hotel [J]. Journal of Revenue & Pricing Management, 2013, 12（5）: 451–463.

[22] Xiaowen W, Xin T, Kai L I, et al. Research on Factors Influencing Hotel Revenue Management Decision–making and Performance: An Empirical Study Based on High Star–rated Hotels in China [J]. Tourism Tribune/Lvyou Xuekan, 2013, 28（9）.

第八章

餐厅的收益管理

【学习目标】

1. 了解餐厅收益管理的发展历程及特点。
2. 掌握餐厅收益管理的指标运用。
3. 掌握餐厅收益管理的策略，预测其发展趋势。

【引导案例】

约翰的沉思

约翰坐在餐厅中，回想刚才忙碌的中餐时间，看着现在上座率大概只有50%的餐厅，陷入了一阵沉思。此情此景，与忙碌的中餐和晚餐相比，差别太大了，约翰感叹着。

约翰是一家意大利餐厅的经理，他发现餐厅在午餐和晚餐都有一个忙碌阶段，过了忙碌阶段，餐厅就餐人数就很少了。这种现象在周末的时候更加突出，有时候餐厅因为餐位不够，不得不拒绝某些顾客的就餐。如果在就餐高峰阶段，餐厅能够实现满上座率，那么餐厅将会获得更大的收益。相反，当餐厅餐位数不能满足顾客需求，而且顾客不愿意长时间等待的时候，餐厅将失去这些顾客带来的收益，甚至有可能影响这些顾客将来对餐厅的光顾。约翰沉思着：应该采取什么样的策略才能更好地提高餐厅收益呢，提高收益而且不会影响顾客对餐厅的满意度？

（资料来源：Sheryl E.Kimes：Revenue Management at Prego Italian Restaurant，Asian Case Research Journal，2003，7（1）：67–68.）

收益管理作为能够有效提升有限资源约束和易逝性产品企业收入的现代管理方法，目前已普遍应用于我国民航、饭店（主要用于客房产品）、租车、航运、影剧院以及广播电视等行业。但在餐饮业，收益管理方法的应用还很年轻。本章将对收益管理在餐厅经营中的应用作简要阐述。

第一节　餐厅收益管理的概况

一、餐厅收益管理的研究

收益管理起源于航空业，后来扩展到酒店、汽车租赁、交通等行业，在国内外受到企业重视，也成为相关研究的重要议题，但是针对餐饮收益管理的相关研究还较少。从 1961 年至 2013 年，在康奈尔接待业季刊（CHQ）杂志上发表的关于餐厅收益管理的文章仅仅为 50 篇左右。

Kimes 和 Chase（1998）首先提出餐厅收益管理（Restaurant Revenue Management）的概念，从定价管理和时间控制两个维度，以象限的形式分析了餐厅实施收益管理的可行性及特殊性。Kimes 教授引入假设的数据说明餐厅经营业绩的衡量指标餐厅收益率（RevPASH）相对于上座率（Capacity use）及平均消费额（Average check）的科学性。餐厅收益率也被称为每餐位小时收益，指餐厅每小时每个座位带来的收益，综合反映餐厅平均消费额及每个餐位使用率相关信息。餐厅收益率能够显现餐饮企业收益状况及餐桌利用情况，但不能全面反映餐厅的盈利能力。

Kimes 等将餐厅收益管理及运用框架引入 Coyote Loco 餐厅和 Chevys 餐厅两个案例企业，论证了餐厅实施收益管理的可行性，并提出餐厅收益管理实施的 5 个步骤，追踪研究发现收益管理 5 个步骤的应用最终可以实现餐厅收入的大幅度增加。国内学者对一家全球性的比萨店进行了实证研究，分析了该餐厅服务时间各组成部分的时间均值及方差，同时讨论就餐团体构成及餐桌结构问题，但并未提及最后实施的效果。

Thompson 回顾了近 50 年来的文献后认为，餐厅收益管理领域的研究主要集中在概念框架及策略分析两个方面。概念框架包括存量控制和顾客体验，战略框架主要包括差别定价、时间控制和菜单管理。

国内学者最早关注酒店餐厅部门的收益管理，从而开始对餐厅收益管理相关概念及指标的全面了解。国内学者也尝试对餐厅收益管理中的差别定价和时间控制进行初步研究。有学者认为，餐厅收益管理策略包括容量控制、就餐时间控制、价格管理、等待策略、预订策略和市场营销策略。

二、餐厅收益管理的特点

（一）餐厅产品或服务的特点

1. 消费与生产同时性

作为服务业，餐厅区别于制造业的最大特点是餐厅提供的服务与产品具有时效性，生产与消费同时进行。不同于其他的有形产品，例如汽车、电视等日常生活用品，顾客可以通过零售店的展示来获知产品的质量，再决定是否购买该产品。顾客餐厅进行消费之前很难感受产品和服务的质量。所以，餐饮业应该塑造良好的口碑和形象，使顾客在消费之前就能了解餐厅提供的产品和服务，减少顾客期望值与顾客体验的落差，提高顾客满意度。

2. 餐厅的服务能力相对固定

餐厅的服务能力相对固定，同时受到厨房工作能力的约束。如果餐厅已经满客，其生产和服务能力就达到了极限。假如再有宾客前来，就只得让客人等待。由于餐厅的需求波动较大，很难估测客人的数量以及产品的销售量。因此需要通过收益管理合理调配供给和需求，在预测需求的基础上，餐厅可在一定的限度内灵活加座；同时，还可以通过改变菜单控制出菜的速度。

（二）对餐厅产品和服务的需求的特点

1. 根据需求可细分市场

餐厅的客源市场通常都不是单一的，从大的层面划分来说有全价顾客和折扣价顾客。例如，广州某国际品牌酒店的餐厅主要客源包括折扣价顾客（会员、优惠券［coupon］使用者）、全价顾客。数据表明餐厅的全价顾客占餐厅的1/3不到，会员才是餐厅最大的消费群体。

一般来说，餐厅的顾客可以分为：价格敏感型顾客与非价格敏感型顾客；预约顾客与非预约顾客。收益管理针对顾客不同的消费能力、消费需求，来制定相应的产品和价格组合战略，以此实现餐厅的总体收益最大化。

2. 需求波动大

顾客对餐厅提供的服务和产品的需求随着时间的变化而变化，大部分餐饮业有着明显的淡旺季之分。餐厅可以通过预测市场的季节性变化，在需求高峰期提高价格增加收益，需求低谷期降低价格提高销售量，从而实现餐厅的总体收益。

3. 需求可预测

受顾客到达不确定性的影响，对用餐需求的精确预测存在困难。尽管如此，管理人员仍然可以通过餐厅实际的销售数据以及餐厅的预约数据，来获取未来服务以及产品的需求量和预订的进度，从而使价格、预订量、销售渠道和细分市场实现最佳的组合。餐厅可以统计每个时间段抵达餐厅的人数，从而针对不同时间段采取不同的定价及管理策略。

餐厅管理独特的特点，决定了餐厅收益管理在价格、时间、容量上采取相应的策略。

第二节　餐厅收益管理的策略

收益管理策略包括定价策略、时间控制及容量控制策略。与传统行业的收益管理相比，时间控制策略要分析不同的服务环节；餐厅的定价策略主要以差别定价为主，相关定价模型较少；容量控制主要包括最优化的餐桌结构选择。

一、时间管理

控制用餐时间可以提高餐厅收益率，但与航空业和住宿业相比，餐厅的时间占用更加不确定，这增加了餐厅收益管理的难度。

餐厅的时间构成包括顾客等待时间、顾客用餐时间以及翻桌间隔时间。翻桌间隔时间比较容易控制，顾客等待时间依赖于顾客到达时点及当时座位占用情况，顾客用餐时间受个性特征、消费心理等因素的影响，具有随机性。因此，餐厅经营者若想提高对时间的预测和控制能力，首先要分析服务流程，得到每个环节精确的时间长度，然后采取相应的时间管理策略。

（一）餐厅服务流程

一般来说，餐厅为顾客提供产品和服务的流程如图 8–1 所示，主要包括顾客等待时间、顾客用餐时间以及翻桌间隔时间。由图可知，餐厅“用餐时间”大于顾客真正用于吃饭的就餐时间。

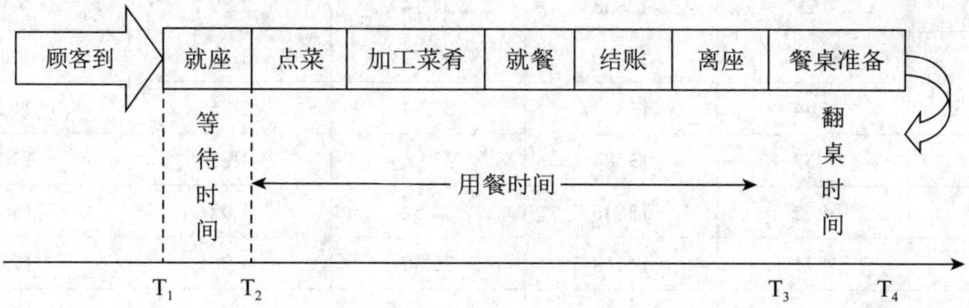

图 8–1　餐厅服务流程图

（二）控制用餐时间和等待时间

时间管理策略的主要目标在于降低顾客等待时间与就餐时间，根据不同的目标，采取相应措施（如表 8–1 所示）。

表 8–1 餐厅时间管理策略

目标	员工措施	顾客措施
降低顾客等待时间	预测 超订	预约押金 预约确认 免费服务鼓励
降低顾客用餐时间	菜单设计 流程分析 员工培训 通信系统	提前清理餐桌 主动递送账单 咖啡和甜品吧 视觉信号

控制用餐时间可以提高餐厅收益率。以 M 餐厅为例，该餐厅有 100 个座位，顾客的平均用餐时间为 60 分钟，在 4 个小时内它有能力接待 400 位顾客，如果顾客的平均消费额是 30 元，那么餐厅的收益是 12000（30 × 400）元，收益率就是 30（12000 ÷ 400）元 /（座位 · 小时）。如表 8–2 所示，减少用餐时间可以提高收益率，例如，平均用餐时间；减少到 40 分钟，餐厅收益的增长可高达 50%。

表 8–2 顾客的用餐时间与 M 餐厅收益率

用餐时间/分	翻桌数	收益（元）	上座率（%）	增长比例（%）	累计增长比例（%）
60	4.00	12000	30.00		
59	4.07	12204	30.50	1.69	1.69
58	4.14	12414	31.04	1.72	3.45
57	4.21	12636	31.56	1.75	5.26
56	4.29	12858	32.14	1.79	7.14
55	4.36	13090	32.72	1.82	9.09
54	4.44	13334	33.34	1.85	11.11
53	4.53	13584	33.96	1.88	13.21
52	4.62	13846	34.62	1.92	15.38
51	4.71	14118	35.30	1.96	17.65
50	4.80	14400	36.00	2.00	20.00
49	4.90	14694	36.74	2.04	22.45
48	5.00	15000	37.50	2.08	25.00
47	5.11	15320	38.30	2.13	27.60
46	5.22	15652	39.14	2.17	30.43
45	5.33	16000	40.00	2.22	33.33
44	5.45	16364	40.90	2.27	36.36
43	5.58	16744	41.86	2.33	39.53
42	5.71	17142	42.86	2.38	42.86

续表

用餐时间/分	翻桌数	收益（元）	上座率（%）	增长比例（%）	累计增长比例（%）
41	5.86	17560	43.90	2.44	43.34
40	6.00	18000	45.00	2.50	50.00

在实践中具体操作如下：

1. 调整座位组合，优化容量分配

通过改进座位组合类型，优化容量分配，顾客的等待时间会降低，餐厅服务的效率将会提高，从而实现餐厅服务能力与顾客需求之间的平衡。

2. 提高员工的服务能力，优化餐厅的服务流程

在用餐高峰期，通常会有许多顾客等待，此时服务员应该让正在等待就餐的顾客提前浏览菜单并进行点菜，在减少顾客等待时间的同时减轻了厨房备菜的压力；员工要熟悉菜单的内容，从而使顾客能够较快地了解菜肴的品质与特色；同时员工应该参与顾客点菜的过程，在就餐高峰期应该尽量向顾客推荐制作时间较短的菜品，而避免推荐制作时间较长且制作工艺烦琐的菜肴。此外，如果顾客的就餐时间较长，服务员可以主动递送账单，或者在餐厅的显著位置放置时钟以达到视觉暗示作用，并且在征得顾客同意的情况之下提前清理餐桌，以降低翻桌时间。

3. 降低顾客到达的不确定性

对于餐厅而言，如果事先预订的顾客在抵达餐厅之前取消预订，或者比预订的时间推迟抵达、甚至对预订不作回应，这些情况都会给餐厅带来损失。事实上，这样的事情在餐厅时常发生。降低顾客到达的不确定性，可以在以下几个方面采取相应的管理措施。

a. 预约确认：在客人抵达之前餐厅应该通过电话与客人进行多次预约确认，一旦客人取消预订便迅速做出相应的调整。

b. 设置预约押金：预订需要支付一定数量的保证金，这样可以将一部分取消预订的风险转移到顾客身上，可以有效地防止餐厅收益的减少。

c. 超额预订：在超额预订可以有效减少顾客取消预订的风险，增加餐厅的收益。然而，超额预订也有着一定的风险，一旦预订客人全部抵达饭店，餐厅将面临供不应求的尴尬局面，因此超额预订的幅度十分关键。幅度过大，将会导致已经预订的顾客没有餐位，引起顾客的不满意，降低餐厅的信誉；幅度过小，餐厅将出现剩余餐位，受到损失。

一般来说，管理人员可以通过餐厅的预订系统在一定程度上获知未来服务产品预订的进度以及预订的来源，从而来控制预订的进度。

4. 减少用餐时间

在就餐过程中，顾客延长用餐时间无疑会给餐厅带来损失。餐厅可采取一定的优惠政策减少顾客就餐的时间，例如：在一定的时间内就餐完毕可以享受优惠折扣；针对优惠政策不敏感的顾客，餐厅可以采取强制的时间限制方法，如若超过就餐时间，需要额外加收费用。另外，也可以在餐厅内开设咖啡吧和甜品吧等其他的休闲娱乐设施，以此来吸引顾客离开餐桌，缩短顾客的就餐时间，同时，还可以为餐厅带来额外的收入，并且提高顾客的满意度。

二、定价管理

（一）差别定价与公平感知

基于需求的差别定价是餐厅收益管理的基本手段，但是差别定价又容易引起顾客反感，导致顾客的流逝。价格围栏产生于对顾客支付意愿、消费习惯、消费需求等进行的细分。围栏可以包括预订、预付、预订取消或更改罚金、使用时间限制和最低消费额等。因此，了解消费者对不同价格策略的公平感知，是设计差别定价策略的重要依据。根据杨慧等人研究消费者对餐厅差别定价的公平度感知，结果表示：

1. 周末——平常的差别定价

顾客一般不能接受周末 - 平日的差异定价（4.52），对于周末涨价的策略，顾客会感觉不公平（4.87）。

2. 晚餐——中餐的差别定价

根据调查，把晚餐时段的价格调高一些较之周末提价的做法，更不容易被顾客接受。若采用午餐打折的形式，顾客同样会感到不太公平。显然，餐厅要实施这种差别定价策略要冒相当的风险。

3. 高峰期——非高峰期的差别定价

高峰时间就餐人数通常很多，顾客等不到座位就会离开；而在非高峰时期，又会出现座位闲置的情况。高峰时期提高价格，可以起到转移顾客的作用。但也有可能，会使价格敏感的顾客离开。

4. 超时——提前的差别定价

研究结果表明，顾客对超过建议用餐时间要增加收费的做法感到反感，但是如果在建议时间内用餐完毕可以享受优惠活动，则接受这种差别定价。

除此之外，顾客认为餐厅发放优惠券、建立会员制度以及根据就餐位置的优劣来进行差别定价是公平的。

消费者对餐厅差别定价的公平度感知见表 8–3。

表 8–3 消费者对餐厅差别定价的公平度感知

价格围栏类型	价格围栏	差别定价策略	均值u	总均值U
非物质型（时间围栏）	Ⅰ周末VS平时	Ⅰ-a周末提价	4.87***	4.52**
		Ⅰ-b平时打折	4.14*	
	Ⅱ晚餐VS中餐	Ⅱ-a晚餐提价	4.92***	4.55***
		Ⅱ-b午餐打折	4.14**	
	Ⅲ高峰VS非高峰	Ⅲ-a高峰时段提价	5.02***	4.62***
		Ⅲ-b非高峰时段打折	4.15**	
	Ⅳ超时VS提前	Ⅳ-a超出建议时间加收费用	5.04***	4.38*
		Ⅳ-b提前有折扣	3.77***	

续表

价格围栏类型	价格围栏	差别定价策略	均值u	总均值U
非物质性（可控）	Ⅴ任用优惠券VS限用优惠券	Ⅴ-a发放优惠券，但有使用条件	4.01	3.44***
		Ⅴ-b优惠券无限制条件	2.81***	
非物质型（特征）	Ⅵ会员VS非会员	Ⅵ-a非会员额外收取费用	5.00***	3.95
		Ⅵ-b会员可享受折扣	2.96***	
物质型	Ⅶ风光区VS非风光区	Ⅶ-a 风光区加收费用	4.69***	4.03
		Ⅶ-b 非风光区打折	3.30***	
	Ⅷ有演出VS无演出	Ⅷ-a有演出时额外收费	4.58***	3.73*
		Ⅷ-b在非演出时间段打折	2.93***	

注：* 表示均值大于或小于中立值 4，显著水平为 $p<0.1$，** 表示显著水平 $p<0.05$，*** 表示显著水平 $p<0.01$。

（二）表达方式与公平感知

根据杨慧等人的研究，消费者对“折扣”的反感程度普遍低于“提价”。但是，对于在超时—提前、会员—非会员、风光区—非风光区、有演出—无演出等四种差别价格中，出现了相反的顾客感知结果。

价格表达与顾客感知见图 8-2。

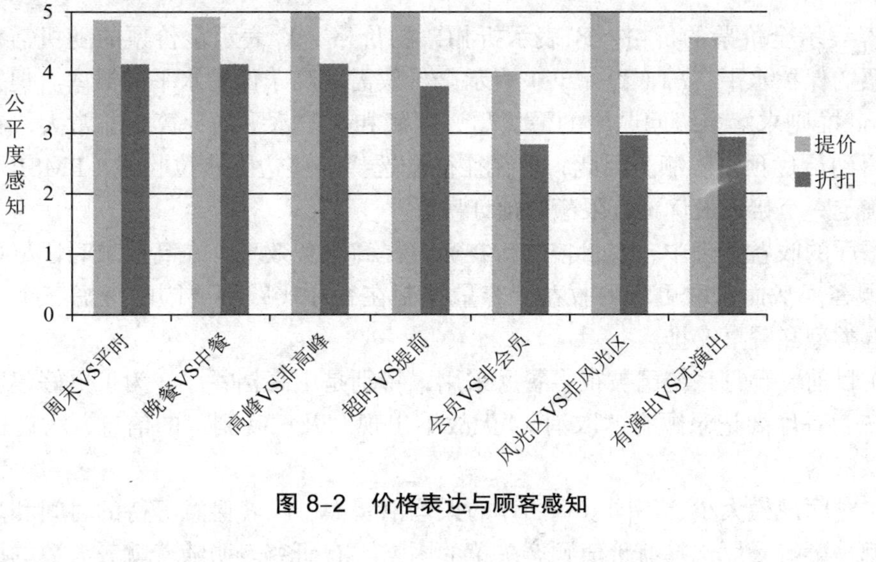

图 8-2 价格表达与顾客感知

（三）定价策略

差别定价是餐厅收益管理主要的定价策略，但是也容易导致顾客形成不公平感。因此，餐厅立足于顾客公平度感知的基础之上谨慎实施差异定价策略。餐厅顾客对差别定价的感知与顾客本身特点相关，包括顾客来源地、性别、年龄等因素。综合现有对国内餐厅差别定价的研究，国内的餐厅可以从以下四个方面实施差别定价策略：

第一，尽量不采用“提价”的表达形式。

第二，尽量不采用与时间有关的价格围栏，如果实在希望提高翻桌率，可以采用“在建议时间内用餐可以享受优惠”的策略。

第三，可控围栏、特征围栏和物质围栏的“折扣”表达形式会有较好的效果。

第四，如果餐厅面向的是交际应酬型顾客，也可以考虑使用时间围栏，不过要采用“折扣”的表达形式。

当然，每个餐厅特点不同，面对的顾客群体也不相同，顾客对差别定价的感知是有差异的。

三、容量控制管理

大部分服务企业都受到不同形式的生产能力的限制，利用现有生产能力进行容量控制，可以提高收益。容量控制就是“在规定的时间及既定的人员、设备、设施下实现产量最大化或收益最大化”。

民航业、酒店业的容量控制策略是在某一时刻决定是否接受顾客对某一类型产品需求的问题。航空中的容量分配管理中，其中最有名的为Littlewood准则，假设只有折扣票和全价票两种票价，该准则认为只要卖出一张折扣票的收益不小于将其保留为一张全价票获得的期望收益，即只要满足以下不等式：

$$P_2 \geqslant P_1 \cdot F_P(X_1 \geqslant y_1) \tag{8-1}$$

其中，P_1 表示全价票的价格，P_2 表示折扣票的价格，X_1 表示全价票的随机需求，y_1 表示全价票的保护水平，F_P（$X_1 \geqslant y_1$）表示全价票需求高于保护水平的概率。但是，利用Littlewood准则求解多级问题中的最优预订限额和保护水平的计算量非常大，在短时间内难以得到最优预订限额。因此，现在往往会选择期望边际座位收益（EMSR）启发式算法，确定一个接近最优预订限额的预订量。

在餐厅的收益管理中，容量控制旨在通过提高服务效率，在高需求时段尽可能接待更多的顾客，从而获取更多的收益。容量控制在餐厅实践中要同时考虑三个方面：预订、顾客类型和餐桌安排。

（1）目前，预订系统已被很多餐厅采用，特别是中高档餐厅，为了更好建立科学的预订系统，餐厅要记录顾客“取消”“无故不出现”及“晚到”的信息，为超额预订等措施提供依据。

（2）餐厅规模大小、不同就餐团体的人均消费额、顾客愿意等待的时间和高峰期持续时间都是影响餐厅选择有价值顾客决策的因素。有研究表明随着就餐人数的增加，平均消费额也会增加，但是就餐人数的增加也会延长其就餐时间，使餐厅翻桌率降低。因此，一部分餐厅管理者也会倾向于选择就餐人数较少的就餐团体，为餐厅带来更大利润，他们认为就餐人数较多的就餐团体平均消费较低，而就餐时间则更长。

（3）餐桌管理效益与等待时间相关，为了避免顾客由于等待时间较长而形成不满意，要根据就餐团体不同人数及到达时间采取不同的餐桌安排策略。目前有四种较为常见的餐桌安排方式（如图 8–3 所示），分别为从前到后、从外到内、从内到外及随机模式。随机及内到外的方式难以实现餐桌组合，整体上，从前到后及从外到内的模式有利于顾客等待较少时间，提高顾客满意度，增加餐厅收益。

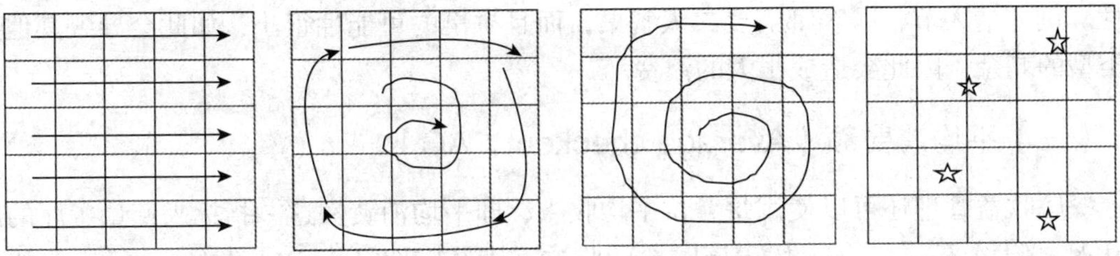

图 8–3　餐桌安排方式

资料来源：Johye Hwang. Restaurant table management to reduce customer waiting times［J］.Journal of Foodservice Business Research，2008，11（4）：340.

随着网络时代的来临，越来越多顾客在网上预订，这部分人往往会关注网上餐厅提供的剩余座位数量信息。餐厅的剩余数量对顾客选择行为的影响存在着这样一个有趣的现象：当顾客在线搜索到餐厅信息时，如果发现餐厅预订很少，剩余座位数很多时，多数顾客会认为餐厅食物不好或者服务不好，从而放弃在该餐厅预订；如果餐厅预订多，剩余座位数很少或需要顾客等待时，顾客会认为预订后用餐人数太多太拥挤或上菜速度慢，从而放弃预订。可见，顾客对餐厅容量紧缺型的感知与顾客价值感知和公平度感知之间有复杂的关系，容量控制策略需要基于一定的顾客认知基础。

第三节　餐厅收益管理的指标

衡量餐厅收益管理策略实施的绩效，需要采取一些定量的指标。传统的衡量指标有：上座率、餐桌利用率、平均消费额。改善后比较全面的衡量指标为：餐厅收益率。

一、传统指标

（一）上座率（Seat Occupancy，SO）

上座率是餐饮业用来度量运作绩效的常用指标，我们用［t_1，t_2］代表考察时段，S 代表餐厅总座位数，$S(t_1,t_2)$ 表示考察时段总上座数，用 SO 表示上座率，则 $SO=S(t_1,t_2)/S$。但是单独使用上座率作为餐厅收益管理的衡量指标，当平均消费额偏低时，高上座率会导致整体利润水平偏低。

（二）餐桌利用率（Table Utility，TU）

餐厅的餐位具有不可储存性，且可以允许在短时间内多次销售、多次翻台。用 T 表示翻桌数，假定团体（个人）的平均用餐时间为 D，$TU=S(t_2-t_1)/D$，餐桌利用率与上座率（SO）是一种相似的指标。如果用餐团体与餐厅的餐桌配置不匹配，会有较大的迷惑性。例如情人节，顾客都需要二人餐桌，而且拼桌的可能性很小，如此会导致其他餐桌类型的剩余，因此会造成很大的浪费。

（三）平均消费额（Average checkout，AC）

餐厅收益管理还可以使用每餐位平均收入，即平均消费额这一指标来衡量餐厅的经营状况。假设 $TR[t_1, t_2]$ 代表该时段的收益，则 $AC=TR(t_1, t_2)/S(t_1, t_2)$。假如单独使用平均消费额作为餐厅收益管理的衡量指标，就会忽略时间的关系，因为平均消费额较高的顾客用餐时间一般较长，这样将减少翻台率。

二、改善指标——餐厅收益率

餐饮业通常用上座率和平均消费额等指标来衡量运作的绩效，但是前者偏重顾客数量，后者偏重顾客的消费金额，可以采取一个更为全面的衡量指标——餐厅收益率 RevPASH（revenue per available seat-hour）。收益率（revenue per available time-based unit, RevPATI）是指投资的回报率，一般以年度百分比表达，根据当时市场价格、面值、息票利率以及距离到期日时间计算，它是指每个与时间相关的存货单元上的收益。因为餐厅提供的产品和服务可以定义为一个座位上的可用时间，所以餐厅收益率表示为每个小时每个座位上产生的收益。

我们用 $[t_1, t_2]$ 代表考察时段，$TR[t_1, t_2]$ 代表该时段的收益，S 代表座位数量，$S(t_1, t_2)$ 代表该时段内享受到服务的顾客数量，D 代表顾客的平均用餐时间，则该时段的餐厅收益率为：

$$\text{RevPASH} = \frac{TR(t_1, t_2)}{S(t_1, t_2)} \qquad (8\text{–}2)$$

用 SO 表示上座率，$T=t_2-t_1$ 为翻桌数，用 AC 表示平均消费额，比较发现指标存在如下关系：

$$\text{RevPASH} = SO \times AC \div D \qquad (8\text{–}3)$$

RevPASH 将上座率、平均消费额与用餐时间结合起来，不仅考虑了顾客数量，还考虑了消费金额，同时还考虑了顾客用餐的时间因素，是一个相对全面的衡量指标。

各指标比较如表 8–4 所示。

表 8-4 餐厅收益指标比较

评价指标	定义	计算公式	优点	缺点
上座率	所有座位的利用情况	已上座的座位数/（可用的所有座位数·翻台率）	反映餐厅利用餐桌设备的关键指标	没有考虑消费额，不能全面反映餐厅的收益情况
餐桌利用率	所有餐桌的利用情况	提供服务的餐桌数/（可用的餐桌数·翻台率）	反映餐厅利用餐桌设备的另一指标	没有考虑消费额，不能全面反映餐厅的收益情况
平均消费额	平均每位顾客带来的收入	总收入/上座数	某一程度上反映餐厅的效益	没有考虑就餐时间，不能全面反映餐厅盈利能力
餐厅收益率	每小时每个座位的收入	总收入/［总座位数·（结束时间–开始时间）］	综合上座率、平均消费额、就餐时间	未考虑成本的变化

【练习】

假设某餐厅有 100 个座位，周五 6：00~7：00 有 50 位顾客结账离开，并且获得 5000 收益，且只有一次翻桌，则该餐厅的收益率为多少？

【案例8–1】

不同定位的餐厅收益率的应用

大学周边的四家餐厅定位不一样，按照不同的收益指标，有不同的比较结果。如表 8–5 所示，餐厅 A 需求较低，若能够实施一些旨在提高需求的措施（降价、打折、赠送优惠券），会对提高收益率有改善；餐厅 C 和 D 的需求量已近饱和，如果规模难以扩大，应该考虑优化服务流程，降低用餐时间，提高翻台数。

表 8–5 不同评分的比较

餐厅	上座率（%）	平均消费额（元）	收益率［元/（座位·小时）］	按上座率排名	按平均消费额排名	按收益率排名
A	30	36.00	10.80	4	1	3
B	60	25.00	15.00	3	2	2
C	80	20.00	16.00	2	3	1
D	90	12.00	10.80	1	4	3

【案例8-2】

餐厅不同时间的收益率

由表8-6可知，M餐厅周五、周六、周日的收益率很高，每天的高峰时段为18：00~21：00，为提高翻台率，在这些时间段应减少在座客人饭后水果或者茶水的供应，提供餐后休闲区等方式，减少用餐时间。

表8-6 餐厅M在不同时段的收益率

收益率［元/（座位·小时）］	17：00~18：00	18：00~19：00	19：00~20：00	20：00~21：00	21：00~22：00
星期日	23.9	67.2	64.3	63.6	36.3
星期一	1.9	29.1	29.2	35.2	29.5
星期二	6.1	29.6	54.6	46.1	54.7
星期三	7.5	27.0	39.2	42.9	22.6
星期四	2.2	14.7	48.6	33.7	28.4
星期五	14.9	60.4	87.6	81.7	92.1
星期六	27.2	62.2	119.8	126.0	115.9

第四节 宴会的收益管理

一、宴会收益管理的特殊性

在客房收益管理实施的过程中，有些酒店逐渐意识到，其团队客房业务的管理经常受到会议及宴会场地、甚至餐饮设施因素的影响，特别是那些会议场地较大的酒店。

部分酒店管理人员开始思考，是否应将会议及宴会的管理融入酒店客房的收益管理中，以达到酒店全面收入的优化？尽管酒店从业者已经开始意识到会议及宴会收益管理的重要性，但到底应该从何开始会议及宴会收益管理工作，如何衡量会议及宴会的业绩表现，以及如何进行会议及宴会场地实际管理等问题，却仍然困扰着大家。

为什么宴会会议收益管理在过去的几年谈论得多，实践较少呢？一方面，在目前酒店行业的组织架构中，到底由哪个部门负责会议及宴会的收入并没有统一的标准。有些酒店是由餐饮部负责，有些则由销售部负责，这些部门中的大部分人员都没有涉及过错综复杂的宴会场地管理，更不用说从收益管理的角度采取调控措施。另一方面，与客房相比，宴会会议各个过程中的数据不完整，缺少包括销售过程、预订过程、决策过程、消费过程和评估过程等重要数据。

宴会的收益管理在过去几年中得到很好的实践，需要注意的是，宴会收益管理需要符合酒店自身的产品定位、文化基础和行业环境。未来，宴会的收益管理需要，根据酒店的短期、中期、长期的战略目标，有针对性地制定宴会收益管理的具体行动路线。

二、宴会收益管理的流程

目前，宴会收益管理已经形成了一个较系统的流程。在收益管理中，收益经理的工作内容是围绕收益管理循环而展开的。同样地，宴会的收益管理也需要遵循一个相似的循环：第一，会议及宴会的数据收集和分析仍然是开展宴会收益管理工作的基础；第二，根据数据分析得出的结论进行预测；第三，根据预测结果，实施会议和宴会场地管理及其价格调控策略；第四，对实施的策略进行评估；第五，根据评估的结果讨论并确定策略的调整，然后进入下一个循环。

（一）数据的收集和分析

数据的收集和分析是决策的前提，收益管理根据数据分析结果衡量业绩表现，然后制定解决方案，并开展各项具体工作。在进行客房收益管理时，酒店通用的客房业绩衡量指标是出租率（Occupancy）、平均房价（ADR）和每房收益（RevPAR），其中每房收益作为衡量客房业绩表现的关键指标。而在会议与宴会收益管理中，同样具有一套对应的业绩衡量指标，即会议及宴会场地使用率、已用场地每时间段每平方米的利润（ProPOST）及可用场地每时间段每平方米的利润（ProPAST），而可用场地每时间段每平方米的利润则是会议及宴会业绩表现的关键指标。客房和宴会业绩衡量指标的主要区别在于会议与宴会业务的成本变化较大，不同于客房相对较为固定的成本，因此，在衡量会议与宴会的业绩时，我们需要更加关注利润最大化。

宴会与客房业绩指标对比见图 8–4。

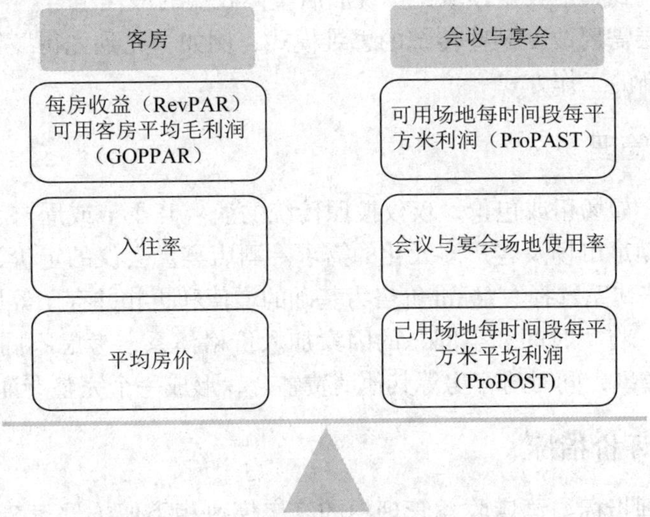

图 8–4 宴会与客房业绩指标对比

在考虑宴会厅使用率的时候，可以按照一天分为几个不同时段的思路分解使用率。而“单位时间段单位面积”是业界被广泛认可的评估方式，类似于酒店客房的平均房价和每房收益。这些指标已经在酒店收益管理得到明确的定义，并且作为目标分解到收益管理、市场营销、宴会管理的团队中，以指导团队向正确的方向前进。

当然，其他数据收集和分析也非常重要，这些数据会贯穿于宴会服务中的各个环节。现有的市场环境中外部数据的获取，例如，行业发展信息、竞争对手信息、客户资料等往往依靠销售团队获取，但是很多酒店尚未建立完善的流程去收集完善的市场资讯。而内部数据的获取虽然可以从酒店宴会管理系统，例如，Delphi 或 Opera S&C 中获得而事实上，众多酒店的内部数据往往存在定义不清、客户市场细分分类不合理、强调结果而忽视“过程”数据等问题。因此，酒店亟需制定一套宴会收益管理的操作流程以及相关标准。

（二）需求的预测

精准的需求量预测是收益管理的关键也是工作难点之一。宴会会议与销售过程管理息息相关，因此从不同团队销售线索的跟进过程中，通过从询价的暂定到确定，甚至变化的各个阶段的转化率，可以获取宴会预测需要的信息。同时，我们关注预测应使用全面收益管理的思路，将宴会预测和客房、餐饮等领域结合起来，这也是 IDeaS 在推出宴会会议收益管理系统的时候一并整合在酒店客房及全面管理的解决方案之中的重要原因。

使用整合起来的预测能够帮助收益管理负责人进行整体决策。单独分析宴会，往往会出现在某一时间段产生供不应求的情况，或者会在日常工作中碰到会议、餐饮、客房几个团队产生冲突的情况。计算“利润”而非“收入”成为重要的一个选择指导方向。有的时候整体收入高的团队带来的整体利润未必高；而一些高利润的规模稍小的团队可以把某些资源协调到其他收益领域，实现酒店整体收益的最佳组合。

酒店的管理层需要改变某些传统的思维模式，例如“先到先得”等，积极配合及尝试新思路，引领新的工作方式。

（三）价格管理

宴会的价格，如场租或包价，仅仅按照传统的淡－旺季节或周末－工作日的分类进行定价已经不能满足市场及客户多元化的需求。酒店宴会会议的定价，不仅要遵循“需求量水平指导价格体系选择”“标准价格为基础的增值和折扣并存”等原则，还应考虑宴会厅的独有特点，将“时间和空间”的因素加入价格体系，考虑不同日期、不同时段、不同场地分布的差别，同时与客房等其他消费整合，形成一个完整严谨的价格体系。

（四）绩效评价指标

宴会收益管理指标与酒店收益管理中的客房模块相类似（见表 8-7），但会议及宴会场地的管理相对来说更为复杂。场地管理需要按照以宴会为单位而非以平方米为单位进行售卖，并且同一天内每个宴会厅也可能进行多次售卖。传统酒店并未实施合理的场地管理，通常会采取“先到先得”的策略，这意味着酒店将接受那些较早预订而利润可能较少的团队，却不得不拒绝后续那些利润更大团队。

表 8-7　客房与宴会收益指标比较

客房	宴会
每间房收益	可用场地每时间段每平方米平均利润
可用客房平均收益	
入住率	场地使用率
平均房价	已用场地每时间段每平方米平均利润

宴会收益管理的目的是，希望通过制订合理的场地销售策略，可以帮助酒店最大化获取“潜在的商务会议业务”和“潜在的培训研讨会业务”，每个场地每个时间段的使用率获得最大化，进而实现利润最大化。在这个过程中，准确的场地使用率的预测，以及在预测基础上制定的有竞争力的价格，成为实现利益最大化的关键。

酒店业主越来越意识到，酒店收益管理不只是客房管理，在所有经营环节采取更为全面的收益管理方案极为重要。酒店需要对客人带来的全部收益情况进行追踪，从而根据客人的价值进行更好的细分。这些收益可能是来自餐饮、水疗和活动场地租赁，甚至可以是赌场、酒店中的博彩活动，需要对每个独立的收益来源实行统一的收益管理规范。而很多本土酒店拥有完善的餐饮设施和会议设施，对顾客有很大吸引力，其餐饮的收益比客房的收益高出好几倍。因此，宴会收益管理在酒店收益管理中越来越受到重视。

【本章案例学习】

1. 餐桌与餐位的艺术

卡尔莫斯教授研究一家位于美国的中档墨西哥餐厅——有 68 张餐桌和 230 个餐位。她通过调查研究发现，该餐厅在餐桌的数量以及不同餐位数的餐桌的组合，厨房生产和制作食品的效率，以及楼面服务输送的效率方面存在一些问题。如果这些问题得到解决，该餐厅的营业收入将得到很大提高。

经过一段时间的调查研究和分析之后，她向业主提出了改善该餐厅餐桌和餐位组合的建议。餐厅业主按照她的建议，请一个设计师重新设计和布置该餐厅的餐桌，把原有的 31 张 2 个餐位的餐桌增加至 39 张，原有的 30 张 4 个餐位的餐桌增加至 35 张，原来的 4 张 6 个餐位的餐桌减少至 2 张，原来的 3 张 8 个餐位的餐桌全部取消。这样的调整使得餐厅的餐桌总数由原来的 68 张增加至 76 张，但是餐位总数不变。餐桌的重新配置和安装，以及餐厅布局的调整等总费用为 $50 000。

另外，餐桌增加后，高峰期用餐人数增加，导致厨房和楼面工作量的增加，对餐巾、餐桌台布、碗和碟等物品的需求也增加。教授建议餐厅经理重新给餐桌编号，然后调整服务员的服务台，增加 3 个员工，增加餐巾、餐桌台布、碗和碟等物品的数量。这些措施将使劳动力成本每年增加 \$15 000，餐巾、台布和碗碟等物品的费用增加了 \$1,500。

以上措施实施之后的两个月，该餐厅高峰期餐桌的使用率从 50% 提高到 59%，平均用餐时间从 53 分钟缩短至 51 分钟。这些变化对餐厅的收入产生了积极的影响，餐厅收入增长了 3.6%，用餐高峰期的 RevPASH 从 \$5.85 增加至 \$6.32。

为了进一步弄清该餐厅收入的增加的原因，是来自于市场需求的变化还是收益管理策略的实施。卡尔莫斯教授把该餐厅以及同一地区另外两家规格和档次相似的餐厅进行比较，包括在该餐厅实施收益管理策略前 6 个星期的收入情况以及实施收益管理策略一个月后 6 个星期的收入情况。结果表明，该餐厅在实施收益管理策略前 6 个月的收入情况比一年前降低了 5.7%，而另外两家饭店同期收入降低了 10.6%。该餐厅实施收益管理策略 6 个星期后的收入比一年前增加了 2%，而另外两家饭店的收入降低了 8.0%。可见，该餐厅从实施收益管理策略前到实施收益管理收入增加了 7.7%，而另外两家餐厅在同期的收入只增加了 2.6%。该餐厅的收益管理策略的实施，使得其收入增加了 5.1%。

综合结果表明，该餐厅在实施卡尔莫斯教授的收益管理策略后，其年收入提高了 5.3%，即 \$120 000，从而使得餐厅的 EBITDA 将增加 45%。虽然这些收入的增加只占潜在收入增加的 73%，但是收入的增加是巨大的。

（资料来源：胡质健 . 收益管理——有效实现饭店收入的最大化［M］. 北京：旅游教育出版社，2009，）

2. JLR 餐厅的座位组合优化法

JLR 主要供应江浙家常菜，是一家口碑较好的老牌餐厅。位于 M 商业街，餐厅的人均消费约 45 元，主要面向家庭、朋友聚餐等百姓生活消费。JLR 店内的 16 个包间，一般晚间翻桌率 1~2 次；大厅共计四人桌 20 张，六人桌 16 张，八人桌 10 张，晚间翻桌率 2~3 次，顾客多为随机到达。这家餐厅在周末中午和晚上是繁忙时段，有专门的导座员为等候的顾客排号、叫号。在餐厅经营过程中，排队等待和座位虚耗现象严重。为了解决这一个问题，因此餐厅管理人员决定对大厅座位组合进行优化，并跟踪实施效果。选取最为繁忙的周六晚高峰时段 PDA 点菜系统与结账系统的数据，经统计分析得到 JLR 大厅用餐团体的特征参数，如表 8–8 所示。

表 8–8　厅堂用餐团体的特征参数

团队大小（人）	所占比例（%）	平均消费（元）	平均消费时间（min）
2	8	52.5	86.5
3	11	38.3	76.6
4	21	41.0	81.5
5	34	44.2	90.2
6	14	45.6	86.6
>7	12	51.3	92.6

将表8–6中的数据经过计算可得到一个新的座位组合方案：二人桌5个，四人桌15个，六人桌23个，八人桌6个。与现有布局相比，新添置了5张二人桌，增加了六人桌，减少了四人桌和八人桌。进行桌椅置换后，该餐厅开始按照新的布局运营。

将2011年12月和2012年1月厅堂营业收入与去年同期相比，发现同比分别增长了26.2%和30.2%。据餐厅管理人员估计，扣除物价上涨等因素，由布局改善这项因素所带来的月收益提高能够达到5%和8%，相当于增加了5万元和11万元的纯收入。尽管5%、8%比起仿真分析中的30%有很大差距，但是仿真分析仅考虑了最繁忙的晚间两小时，而前者是整个月份的综合营业情况，因此相对来说已经是一个较明显的提高。同时，在周六晚高峰时段餐桌使用饱和的情况下，优化方案提高了座位利用率，并使得更多顾客在12分钟之内安排到座位用餐。另外，从数据比较中还可以看出，需求旺盛的月份（这里为1月份）其优化效果更为明显。

该案例提出了一种餐厅收益管理方案，即座位组合优化法，通过应用Flexsim系统仿真分析和实例研究，验证了该优化方法能够有效提高餐厅繁忙阶段的资源分配效率，显著增加餐厅收益，提高收益率，缩短顾客排队的平均等待时间，增加顾客满意度。

（资料来源：杨慧，宋华明，周晶.一种座位组合优化的计算方法及仿真分析［J］.管理工程学报，2013）

复习思考

1. 餐桌结构优化需要获取餐厅哪些数据？
2. 餐厅收益管理策略包括哪些内容？
3. 思考并预测餐厅收益管理的发展趋势。

【本章参考文献】

［1］牛星.杨慧.餐饮服务收益管理的时间控制策略研究［J］.中国管理科学，2011

［2］Kimes, S. E. Implementing restaurant revenue management: a five — step approach［J］. Cornell Hotel and Restaurant Administration Quarterly，1999，40（3）：16–21.

［3］杨慧，周晶，邓群．餐厅收益管理的差别定价策略研究——基于对顾客公平度感知的调查［J］．北京工商大学学报：社会科学版，2008，23（2）：62–66.

［4］Kimes S E，Chase R B，Choi S et al. Restaurant Revenue Management Applying Yield Management to the Restaurant Industry［J］. Cornell Hotel and Restaurant AdministrationQuarterly，1998b，39（3）：32–39.

［5］Thompson G M. Optimizing a restaurants seating capacity：use dedicated or combinable tables?［J］. The Cornell Hotel and Restaurant Administration Quarterly, 2002, 43（4）: 48–57.

［6］Kimes S E，Wirtz J，Noone B M. How long should dinner take? Measuring expected meal duration for restaurant revenue management［J］. Journal of Revenue and Pricing Management，2002，1（3）：220–233.

［7］Kimes S E，Robson S K A. The impact of restaurant table characteristics on meal duration and spending [J] . Cornell Hotel and Restaurant Administration Quarterly, 2004, 45 (4) : 333–346.

[8] McGuire K A, Kimes S E. The perceived fairness of waitlist–management techniques for restaurants [J] . Cornell Hotel and Restaurant Administration Quarterly, 2006, 47 (2) : 121–134.

[9] Kimes S E, Chase R B. The strategic levers of yield management [J] . Journal of Service Research, 1998a, 1 (2) : 156–166.

[10] Thompson G M. Restaurant Profitability Management The Evolution of Restaurant Revenue Management [J] . Cornell Hospitality Quarterly, 2010, 51 (3) : 308–322.

[11] 张燕 . 收益管理在餐饮企业经营中的运用探讨 [J] . 扬州大学烹饪学报, 2005, 4, 35–39.

[12] Desiraju R, Shugan S M. Strategic service pricing and yield management [J] . The Journal of Marketing, 1999, 44~56.

[13] Lovelock C. Seeking synergy in service operations: seven things marketers need to know about service operations [J] . European Management Journal, 1992, 10 (1) : 22~29.

[14] http: //restaurant central.ca/Introduction to Restaurant Revenue Management.aspx

[15] Sill B T. Capacity management: Making your service delivery more productive [J] . The Cornell Hotel and Restaurant Administration Quarterly, 1991, 31 (4) : 76–87.

[16] Thompson G M. Cherry–Picking Customers by Party Size in Restaurants [J] . Journal of Service Research, 2011, 14 (2) : 201–213.

[17] Johye Hwang. Restaurant table management to reduce customer waitingtimes [J] . Journal of Foodservice Business Research, 2008, 11 (4) : 334–351.

第九章

航空公司的收益管理

【学习目标】

1. 了解航空公司收益管理的发展历程。
2. 掌握航空公司收益管理的概念、内容、策略。
3. 了解航空公司收益管理的未来发展趋势。

【引导案例】

以用户为中心的收益管理

在航空公司中，“收益管理”是指航空公司运用科学的定价战略有效管理供需不平衡。借助个性化的营销战略，航空公司可以对收益管理方式进行调整。

举个例子，一年中的某些时刻或者某些航线上，周末的机票总是供不应求，而工作日的机票则供大于求。也就是说，不论是周六还是周二，飞机都只有100个座位，但周六的需求量可能达到150，而周二的需求量可能只有50。

航空公司可以有很多办法解决这个问题。比如：适当下调周二的机票价格；或者在保持周六机票价格具有竞争力的同时，给予周二机票适当的折扣。

这两种办法都有一个最根本的问题：并没有“以用户为中心”，航空公司的定价战略通常与整体的供需情况是一致的。

这并不难理解。即使收益优化团队制订了以用户为中心的定价战略（没错，他们的确有能力这样做），可是该如何从营销的角度来实施这一战略呢？

下面3步可以帮助航空公司实现以用户为中心的收益管理。

步骤一，搜集用户数据：你需要了解你的用户，还需要了解每位用户的客户关系管理数据，这样，你可以获知用户的过往交易及忠诚度数据，这也便于你做决策。

步骤二，识别细分市场，根据分类给出不同的折扣价，需要针对不同的用户提供符合他们特点的产品。如果你做不到这一点，至少你要针对不同用户提供你能提供的最佳产品。

步骤三，根据用户分类采用不同的营销战略。

上述 3 个步骤只是一个简单的框架。当然，实际上，实施起来也并不容易，因为这需要航空公司采取一个全公司都公认的方法。营销团队和商业团队需要在战略、数据以及执行层面达到一致，这样才能真正实现以用户为中心。

（资料来源：2018-01-22 客户管理网 客户管理网）

第一节　航空公司收益管理的发展历程

收益管理的思想最早出现在航空业，航空公司真正采用收益管理始于 20 世纪 70 年代，本节梳理了航空公司收益管理的起源和发展历程，首先介绍了收益管理思想在航空业中的应用与发展历程，随后阐述收益管理的实践——航空业中的收益管理系统的应用；最后，基于上述内容对航空公司收益管理的应用的不同阶段进行阐释。本节第二部分结合我国的实际情况，讲述了国内航空公司收益管理的应用的必要性以及当前的应用情况。

一、航空公司收益管理的起源

20 世纪 50 年代，有专家提出在航空公司引入收益管理的思想。20 世纪 60 年代，在全程统一运价的包机运输领域，英美等民用航空发达的国家率先推出折扣机票，这一类型机票是通过定价获取最大顾客剩余价值的原型。20 世纪 60 年代末期，这些国家的大多数航空公司已经开始依据一周中需求的日变化设定平日价与周末价，以调节顾客需求，改善需求低落期的航班运载率。

进入 20 世纪 70 年代，社会对折扣运价的需求大幅度增加，为此，美国政府采取了鼓励包机航空公司发展的政策。包机航空公司的运营成本远远低于正班航空公司，其运价非常具有竞争力，因而赢得了很大的市场份额。为了与这些公司抗衡，夺回失去的市场，美利坚航空公司（AA）开始利用其航班上的空余座位向旅客提供同样低的运价。然而，如何避免那些愿意出高价的旅客向这些低价舱位转移，减少这部分可获得的利润，成了一个亟待解决的难题。美利坚航空公司的解决方案称为“Super Saver Fare”——一种有订座数额限制的折扣运价。通过制定一系列限制条件，使得那些能够出高价的旅客无法向低价舱位转移，同时又能够从其他交通工具上吸引大量的旅客，将那些本来可能虚耗的座位售了出去，提高了航班的座位利用率。美利坚航空公司的新运价政策在市场上取得了巨大的成功，很多航空公司随后也采取了同样或类似的运价政策。

为了进一步优化，航空公司开始研究旅客的消费行为以及供求规律。人们逐渐发现，大量的统计数据靠人工处理几乎是不可能的。半自动业务研究环境（SABRE）订票系统应运而生，这也是最早使用的收益管理系统。这一系统主要是对未出售机票的价格和分配进行决策，可以进行各种价格水平下的关于航班和待售机票数量的计算工作。同时，系统根据历史数据，即本公司航班以及同一航线上竞争对手的航班状况，提前预测每个航班在各个价格水平上的潜在需求，计算各个价格水平的可售座位数，每日更新整理后传送给全球分销系统。收益管理系统的应用使美利坚航空公司获得巨大成功，因而其他航空公司也纷纷开始效仿，尝试使用收益管理系统。

在国际航空业上，收益管理的发展经历了类似的发展过程。在竞争的推动下，一些航空公司开始修改票价结构，推出了过夜票、周末票等多种类型的机票以吸引顾客。但直到20世纪70年代末期，很多国际航线上还只有三种运价：头等舱、公务舱和普通舱运价。进入20世纪80年代后，国际航空运输协会（IATA）的运价协调职能开始变得名存实亡，航空公司的运价结构也变得越来越复杂。

从1966年至1975年间，收益管理系统实际即为订座系统，系统依据旅客订座、登机、取消订座等情况预测剩余座位数，发展不同的超订方法。在购买正常票的顾客能分摊航班的固定成本的情况下，折扣票的价格只要高于增加一位顾客的变动成本，航空公司就能获得经营收入，这两个方面均建立在航线繁忙的前提下。第二阶段为利用多级票价结构增加航班收入的阶段。在这一阶段中，航空公司设定不同票价等级满足不同顾客细分市场的需求，价格细分程度越高，满足顾客需求的程度就越高，从经济学的角度看，即可以获取更多生产者剩余价值，扩大总收入。然而，这也可能导致顾客由高价向低价转移。第三阶段则为利用流量控制使航线网络收入优化阶段。收益管理的目标是要使网络全航段的收入最大化，在这一阶段中，航空公司多以航节、航段为基础进行分析，估计某一航节中不同舱位等级对应的旅客需求量，然后再根据旅客的需求特征和市场的竞争状况确定价格策略，进行座位分配以使收入最大化。

此后，收益管理系统的作用逐渐受到航空公司及科研机构的重视，收益管理的理论研究也获得相应的发展。学者Littlewood（1972）依据边际收益法提出了期望边际座位收益的概念和基本规则，但缺乏推理过程而没有受到重视。美国麻省理工学院的Peter Belobaba（1987）在其博士论文中创立了“期望边际座位收入”（EMSR）的优化模型理论。EMSR模型成为第一个广泛应用的折扣舱位订座限额优化方法，时至今日仍为很多航空公司采用。美国航空公司Renwick Curry（1990）博士提出了优化极限订座模型（Optimal Booking Limit），这两个模型解决的主要问题是如何在一个航班的某一航段上合理分配各个折扣舱位的座位数量。

二、国内航空公司收益管理的发展

20世纪90年代，伴随着国外航空公司逐渐进入，国内航空管制开始放松，航空业经过重组形成，以南方航空、国际航空、东方航空三大航空公司为主导，以及春秋航空公司等中小航空公司共同发展的格局。航空市场结构发生了巨大变化，航空公司之间的竞争也日益激烈。国内经济的发展催生了商务和休闲的需求，游客对流动性产生较高的要求，不同类型顾客的消费需求差异显著，航空作为长距离移动的快捷交通工具受到越来越多顾客的青睐，但与地面交通工具相比其价格偏高，缺少价格优势。内忧外患之下，航空公司开始采用收益管理，通过不同票价和服务的设置满足不同细分市场的需求。航空公司通过收益管理对顾客需求进行预测，针对不同市场制定差别价格，设置不同的舱位和服务以实现收益最大化。

目前，国内航空公司使用的收益管理系统主要有两个途径：一种是花巨资从国外引进，通常费用高达几千万元左右，而且不适用国内市场；另一种是自主研发。南方航空公司、国际航空公司、东方航空公司、上海航空公司先后向国外软件开发商（如AUADEUS，Galileo，SABRE）购买了航空公司收益管理系统，但这些软件费用较高。因此，在这样的背景下，我国航空公司开始关注收益管理系统开发的问题，开始与高校合作开发自主知识产权的收益管理系统。2004年，厦门航空公司与中国民航学院合作，成功开发了国内首个航空公司收益管理系统，其在航班预测、多航段多等级优化、团队管理等方面达到了国际先进水平。随着收益管理应用逐渐深入，国内专家和学者从管理、运筹、软件设计等学科对航空公司收益管理系统进行研究，相信在未来国内自主产权的收益管理系统会得到更广泛的应用。

第二节　航空公司收益管理的内容

了解航空收益管理的发展后，本节重点讨论航空公司收益管理的策略，包括需求预测、超售和座位优化控制等方法。本节首先通过航空公司的产品特征分析收益管理的必要性，接着介绍航空公司收益管理的评价指标，以帮助读者了解航空公司收益管理的概念和内容。在第三部分收益管理实施方法的介绍中，结合相关案例进行解释。

一、航空公司收益管理的适用性

收益管理主要适用于具有以下性质的产品：第一，短时间内接待能力的有限性：由于硬件设施设备的限制，产品的在短期内的供给能力有限（Lindenmeier&Tscheulin，2008；Noone&Mattila，2009），而改变供给能力成本较高。第二，不可储存性：如酒店客房、飞机舱位一旦过了特定时刻，剩余的供给存货就会失效，无法储存产品，因无法改变产品有效时间而造成浪费（李根道，熊中楷 & 李薇，2010）。第三，高固定成本低变动成本：产品供应需要较高的固定成本的投入，但在供给能力范围内其每增加一单位的产品的成本较低。第四，浮动的需求：顾客需求的不确定性以及产品的不可储存性使供给者需要考虑实际可能的销售量以及如何减少库存（Noone &Mattila，2009；Schwartz，Stewart，& Backlund，2012；Sun et al.，2011）。

航空公司是以各种航空飞行器为运输工具为乘客和货物提供民用航空服务的企业，按照运输种类可以划分为客运航空公司和货运航空公司两类。

对于客运航空公司来说，其提供的产品是——某个特定时间从一个地点飞往另一个地点的航班上的一个座位，及附加在这个座位上的机上餐饮饮食等其他附加服务。这一产品具有以下特点：第一，短期内的供给能力有限——每一架飞机上的座位数是固定的，因此每一趟航班所提供的产品数量也是固定的；第二，不可储存——飞机一旦起飞后，空置座位无法储存，已不再有任何价值；第三，高固定成本低变动成本——对于客运航空司来说承运航班的很大一部分运营成本是固定成本，增加一个旅客的边际成本很低；第四，浮动的需求——与旅游业相同，航空公司也有明显的淡旺季，其需求易受旅客出游意愿和各种大事件影响。

基于以上分析，可以发现客运航空公司的产品完全符合收益管理产品的特点，因此本章所介绍的航空公司主要为客运航空公司。

除了以上特点之外，航空公司收益管理的适用性，还在于顾客的差异和可细分。航空公司最先将顾客群体进行区分，分为闲暇旅客和商务旅客。闲暇旅游和商务旅客有不同的特征（如表 9–1 和表 9–2 所示），航空公司利用这些特征来进一步细分市场，并创造出针对不同细分市场的有效产品。

表 9–1　线下旅客和商务旅客的特征

闲暇旅客	商务旅客
高价格敏感性	低价格敏感性
早预订	晚预订
在起飞和到达时间上更灵活	不太灵活
更能接受诸如周六晚驻留等限制	不太能接受限制

表 9–2　航空市场细分

	市场细分				
	商务旅客			闲暇旅客	
价格敏感	低	中等	敏感	中等	很高
行程灵活度	需要	重要	有一点	偏爱	非常灵活
库存	最后的座位	某种程度上受限制的座位	受限制的座位	受限制的座位	非常有限的座位
产品	不受限的商务型	团体折扣型	折扣商务型	常规闲暇型	通过Price.com等网站售票

（资料来源：Robert L. Phillips. 定价与收益优化［M］. 北京：中国财政经济出版社，2008.）

二、航空公司收益管理的指标

航空业的收益管理一般被称为 Yield Management 或者 Revenue Management。其中 Yield 的含义是航空公司承运每个乘客每公里的收入，单位客公里收入（RPK）；而 Revenue 的含义是每个座位每公里所获得的收入，单位座公里收入（revenue per ASK）。

因此对于航空公司收益管理的效果评价有三个指标，分别是客公里收入（RPK）、座公里收入（evenue per ASK）、客座率。这三个指标的计算方法及其之间的关系可用如下公式表示：

单位客公里收入（RPK）= 总收入 / 客公里

= 总收入 / ∑{ 航段旅客运输量 × 航段距离 }　　（9–1）

单位座公里收入（ASK）= 总收入 / 座公里

= 总收入 / ∑{航段座位量 × 航段距离}　　（9-2）

客座率 = 乘客数 ÷ 座位数　　（9-3）

座公里收入（revenue per ASK）= 客公里收入（RPK）* 客座率　　（9-4）

麻省理工学院 PeterBelobaba 博士做了一个关于以客公里收入、座公里收入和客座率分别为经营侧重点的仿真实验，结果表明以强调座公里收入的原则卖出的票不一定最多，票价不一定最贵，但总收入是三种衡量标准中最高的，其实验结果如今已被许多航空公司证实。

航空公司的目标是收入最大化，因此航空公司收益管理的目标则是追求座公里收入（ASK）最大化。从公式可以看出，座公里收入（ASK）等于客公里收入（RPK）与客座率的乘积，客座率的增加会在一定程度上降低客公里收入（RPK），因此航空公司收益管理的重点是在客公里收入（RPK）与客座率之间寻找到一个最佳平衡点。在保证乘客数不变的情况下，要增加客公里收入的方式是提高定价；而提高客座率的唯一方式是增加乘客数量。所以航空公司收益管理的目标是增加乘客数，同时从每一位乘客那里获得最高利润。

三、航空公司收益管理的实施

根据收益管理指标，航空公司的收益管理可以分为机票差异价格管理和航班座位存量管理两大部分，而这两部分的实现又与需求预测、超售等密切相关。航空公司管理系统中各部分内容之间的关系如图 9-1 所示。

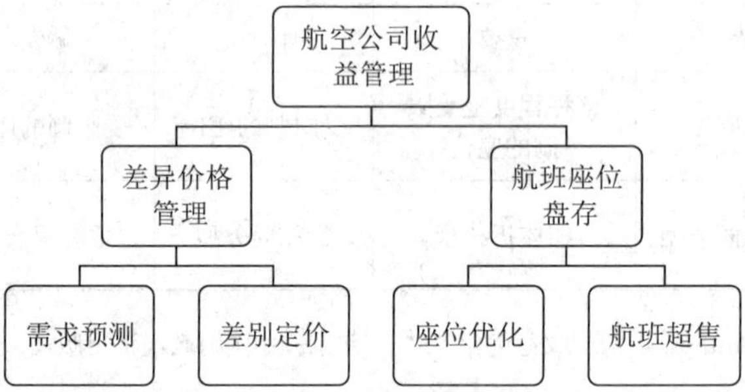

图 9-1　航空公司收益管理的主要内容

（一）需求预测

需求预测是航空公司收益管理中的基础部分，需求预测的准确性直接影响航空公司收益管理的效果。需求预测问题包含了三个不同的层次：针对航线的宏观市场预测，针对旅客行为的预测，针对具体航班各个等级订座需求的微观预测（樊炜，2006）。

通过文献阅读可以发现，早期对于需求预测问题的研究主要集中在需求分布模型和顾客到达模型两方面。Beckman 和 Bobkowskin（1958）以及 Taylor（1962）的研究都认为 γ 分布是最适合描述顾客的订座需求，Lyle（1970）则提出整体的客户需求满足正二项分布。在需求预测模型较为成熟之后，一些研究者意识到将预订时间与需求模型结合起来即可形成顾客到达模型，其中较为典型的是 Lee（1990）基于泊松分布提出的顾客到达模型和 Sanne，Richard&Nanda（2002）提出的动态仿真模型（NHPP）。

随着收益管理系统的出现，近年来对于需求预测问题的研究则开始集中在针对具体航班各个等级订座需求的微观预测。学者们纷纷开始寻求各种预测方法和预测模型，而在实际运用中，常用的集中预测模型为简单均值法、回归模型、增量预测法、乘法模型和指数平滑等。这几种方法已在本书第三章中已经进行了详细介绍，这里就不再赘述，通过一个案例来解读航空公司是如何具体操作的。

对于航空公司来说，收益管理建立于传统营销理论的基础之上，是对传统营销理论的发展和深化。基于需求管理的角度进行的收益管理策略，可将航空公司各项收益管理策略与传统营销策略进行直接整合（如表 9-3 所示）。

表 9-3 航空收益管理与营销管理的关系

收益管理目的（基于管理层）	收益管理策略	收益管理操作	市场营销策略
结构决策	航线、航班 需求预测	航班制订计划与调整 加班包机业务 新产品开发	产品管理
价格决策	价格策略	渠道销售政策管理 散客舱位管理 团体/大客户管理 超售	促销管理 渠道管理 价格管理
存量决策	舱位管理 超售		

【案例9-1】

某航空公司的预测方法

表 9-4 为某航空公司在 ×× 年所采集到的某周一航班的某航段座位预订人数。DCPn 表示该航班起飞的 n 周前。使用不同的方法预测 7 月 15 日到 8 月 15 日中每周一航班的座位预订人数如表 9-4 所示。

表 9-4 某航空公司某航段座位预订人数

起飞日期	DCP6	DCP5	DCP4	DCP3	DCP2	DCP1	DCP0
7月1日	4	9	15	17	25	40	45
7月8日	6	11	15	21	31	35	38
7月15日	4	6	18	25	28	38	41
7月22日	3	3	9	15	24	30	

续表

起飞日期	DCP6	DCP5	DCP4	DCP3	DCP2	DCP1	DCP0
7月29日	3	5	15	22	31		
8月5日	5	5	8	16			
8月12日	1	7	11				
8月19日	6	9					

（1）简单均值法

简单均值法是一种将过去各数据之和除以数据总点数，求得算术平均数作为预测值的预测方法。在本例中使用简单均值法进行预测的结果为 7 月 22 日到 8 月 19 日中每周一航班的座位预订人数为 41.33（(45+38+41)/3≈41.33）。

（2）增量预测法

增量预测法是一种利用过去相邻两个 DCP 点（DCPi-1 与 DCPi）订座差异的均值作为未来该点（DCPi）相对于其前一点（DCPi-1）的增量值的预测方法。在本例中每相邻两个点之间的差异值、增量均值如表 9-5 所示。

表 9-5　某航空公司某航段座位预订人数差异值，增量均值

日期	DCP6→DCP5	DCP5→DCP4	DCP4→DCP3	DCP3→DCP2	DCP2→DCP1	DCP1→DCP0
7月1日	5	6	2	8	15	5
7月8日	5	4	6	10	4	3
7月15日	2	12	7	3	10	3
均值	4	7.33	5	7	9.67	3.67

某航空公司 7 月 22 日到 8 月 19 日每周一各采集点的预测值如表 9-6 所示。

表 9-6　某航空公司 7 月 22 日到 8 月 19 日每周一各采集点的预测值

起飞日期	DCP6	DCP5	DCP4	DCP3	DCP2	DCP1	DCP0
7月1日	4	9	15	17	25	40	45
7月8日	6	11	15	21	31	35	38
7月15日	4	6	18	25	28	38	41
7月22日	3	3	9	15	24	30	33.67
7月29日	3	5	15	22	31	40.67	44.33
8月5日	5	5	8	16	23	32.67	36.33
8月12日	1	7	11	16	23	32.67	36.33
8月19日	6	9	16.33	21.33	28.33	38	41.67

（3）乘法模型

乘法模型是一种通过计算历史数据某个 DCP 点订座数均值与最终订座需求均值之比作为预测当前 DCP 点与最终订座需求之间的参数的预测方法。在本例中各 DCP 点均值与最终需求之比如表 9–7 所示。

表 9–7 某航空公司各 DCP 点均值与最终需求之比

起飞日期	DCP6	DCP5	DCP4	DCP3	DCP2	DCP1	DCP0
7月1日	4	9	15	17	25	40	45
7月8日	6	11	15	21	31	35	38
7月15日	4	6	18	25	28	38	41
均值	4.67	8.67	16	21	28	37.67	41.33
参数	8.86	4.77	2.58	1.97	1.48	1.10	8.86

根据该参数表预测 7 月 22 日到 8 月 19 日中每周一各航班最终订座需求的预测值如表 9–8 所示。

表 9–8 某航空公司每周一最终订座需求的预测值

起飞日期	参数	乘法计算	预测最终订座需求
7月22日	8.86	8.86*30	32.92
7月29日	4.77	4.77*31	45.76
8月5日	2.58	2.58*16	31.49
8月12日	1.97	1.97*11	28.42
8月19日	1.48	1.48*9	42.92

（4）指数平滑法

指数平滑法是一种根据最近的订座数量不断修正航班订座预测值的方法。该数据采集点的预测值等于上一期预测值和上一期实际值的加权总和（其中权重 α 一般取 0.25）。在本例中 α 取 0.25，将初始预测值设定为初始实际值进行计算得到 7 月 22 日到 8 月 19 日中部分采集点的预测值（平滑值）数据如表 9–9 所示。

表 9–9 某航空公司部分采集点的预测值

起飞	DCP6	DCP5	DCP4	DCP3	DCP2	DCP1	DCP0
7月22日	3.00	3.00	3.00	7.50	13.13	21.28	27.82
7月29日	3.00	3.00	4.50	12.38	19.59	28.15	
8月5日	5.00	5.00	5.00	7.25	13.81		
8月12日	1.00	1.00	5.50	9.63			

续表

起飞	DCP6	DCP5	DCP4	DCP3	DCP2	DCP1	DCP0
8月19日	6.00	6.00	8.25				

(二)超售

超售是指航空公司在飞机离港前出售的座位超过了实有的座位，其目的是为了预防部分已经预订座位的旅客没有登机（No-show）或者临起飞前取消订座（Cancellation）而造成虚耗，通过超售可以最大数量的满足乘客的乘机需求，使得航空公司的收益最大化。

图 9-2 为同一航班进行超售和未进行超售的订座曲线的区别。从图中可以看出，当进行超售时，只要超售的订座曲线介于没有超售的订座曲线与超售限制曲线之间，超售的客座率会明显大于没有超售的客座率，从而增加航空公司总体收益。

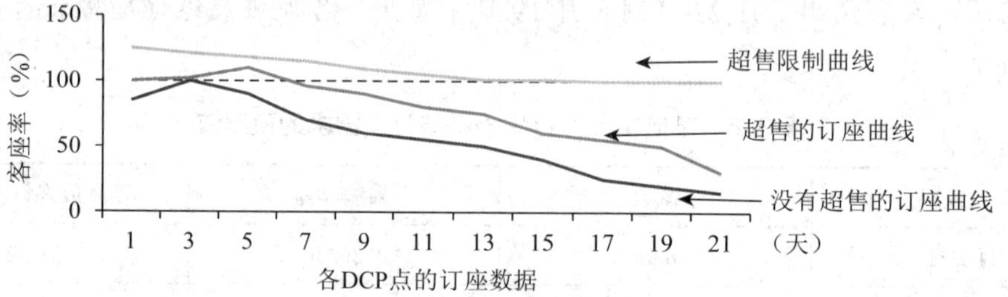

图 9-2　超售收益分析图

（资料来源：潘海莹．国内航空公司收益管理的应用和研究．厦门大学硕士学位论文，2007.）

目前关于航空公司超售的研究主要集中：超额预订模型的制定和超售问题的解决。

对于超额预订模型，从 Beckmann（1958）所提出的航空业非动态最优超订模型演变到 Rothstein（1968）提出的动态超订模型，这些模型的目的都是为了找出由超售带来的收入和损失之间达到收益最大的均衡点。虽然动态超售模型在确定合适超售量方面的准确度较高，但在实际运用方面仍存在较大的困难。因此出于可行性的考虑，在实际操作中，大多航空公司选择了简单可行的静态最优超订模型。这一模型的主要思想是寻找最佳的可售座位数（AU 值）使得空位损失与拒载（DB）损失之和最小。

超售也存在一定的风险，当超售量过大时，超售往往意味着有部分旅客到达机场后因人数过多而无法登机，即所谓的拒载（Denied Boarding，DB）。在这种情况下，航空公司需要支付额外的成本（例如免费升舱，免费提供住宿等）来解决顾客的不满。随着可售座位数（AU 值）的增加，空位损失不断降低，但拒载（DB）损失不断增加，因此总成本则呈先减少后增加的趋势。各成本与 AU 值之间关系如图 9-3 所示。在超售问题解决方面，Falkson（1969）提出了用竞价的方法解决机票超售后不能登机的问题。

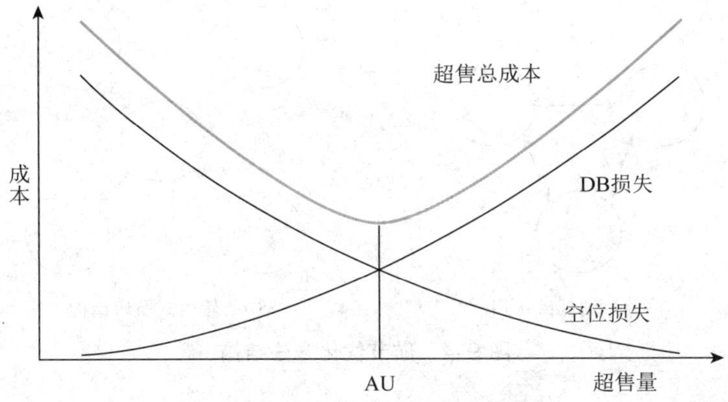

图 9-3 超售总成本与超售量关系图

（三）座位优化控制

座位优化控制是指航空公司对在需求预测和超售管理中得到的可出售座位（AU），合理地分配给不同等级的舱位，以获得最大的座公里收入（RSK）。座位优化控制是航空公司收益管理中的关键部分。

航空业的座位优化控制研究经历了 Littlewood（1972）提出的单航段、两级票价座位控制决策模型到 Belobaba（1987）之后的单航段，多级票价的期望边际座位收益（EMRS-a）模型，再到 Glover 等人所带动研究的网络优化问题。

不同的座位优化方法都是基于一些共同的假设：在进行座位优化时将 AU 值作为舱位容量，即不再考虑超售；各个舱位等级的需求是独立的；如果一个低等级的订座请求被拒绝，则该旅客就永远失去了，不可能转入同一航班的更高等级。按照其优化的频度，这些方法可以划分为静态方法和动态方法。静态方法在每个数据采集点（DCP）后进行一次座位优化，而动态方法则是在每次发生订座后都进行优化。

总体上来说，这些方法按其所适用的航线结构可以被分成两大类：航节优化（Leg-Based seat Inventory Control）方法（如图 9-4 所示）和网络优化（Network Seat Inventory Control）方法。其中航节优化方法适用于点对点的航班结构，而网络优化方法一般适用于中枢辐射式航线网络结构。航节优化方法在进行座位优化控制时，一般考虑的是单航段上的收益最大化，而网络优化方法则考虑的是整个航段上的收益最大化。从现有研究来看，航节优化方法中较为典型的是期望边际座位收益模型，而网络优化方法中较为典型的是贪婪虚拟嵌套法（Greedy Virtual Nesting）、影子价格（即置换虚拟嵌套法，Displacement Adjusted Virtual Nesting）和竞价法（Biding Price）。在目前的实际运用中，尽管网络优化法在合理性和准确性方面明显优于航节优化方法，但从成本和可行性方面考虑，使用较多的仍然为航节优化方法。

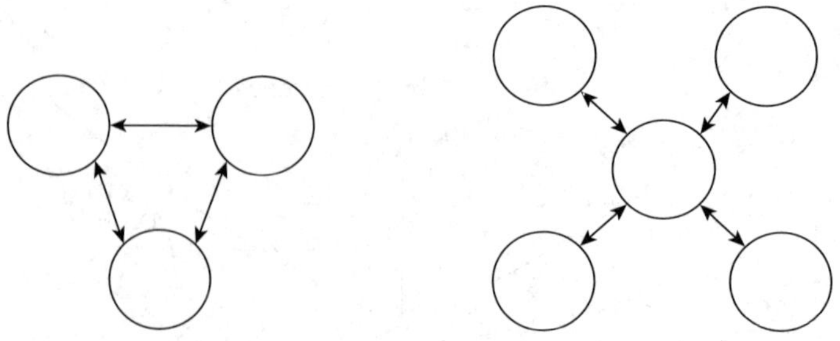

图 9–4　航节优化方法结构

航节优化方法中最著名的是 Belobaba（1987）提出的期望边际收益（EMRS）理论。该方法的核心思想是，寻找到一个是否应该将一个座位出售给某旅客的无差异点。该理论认为某个订座等级的某个座位的期望边际座位收益为 EMSR_i：

$$\text{EMSR}_i = f_i * P_i（S_i）$$

其中 f_i 为 i 订座等级的票价，P_i（S_i）为 i 等级接受多于 S_i 个订座的概率。航空公司在进行座位优化的决策，就是寻找高等级座位针对低等级座位的座位保护数。以两个舱位等级的座位优化决策为例，若 $f_l > \text{EMSR}_2$（其中 f_1 为低等级座位票价，EMSR_2 为高等级某个座位的期望边际收益）时，则可以接受该低等级的订座申请。

为了解决多等级舱位的座位优化控制问题，Belobaba（1992）改进原来高舱位针对低舱位一对一的座位保护数的算法，把大于某低舱位的所有高舱位联合起来，计算相对于此低舱位的联合保护数，也就是著名的 EMSR–_b 理论。

【案例分享】

航空公司收益管理的重要经验

（1）定价与收益优化带来的不仅仅是短期盈利能力上的好处。收益管理能使美国航空公司成功击败 PeopleExpress 航空公司的挑战。这也就意味着国家汽车租赁公司幸存与破产的一线之差。1992 年，国家汽车租赁公司每月损失 100 万美元，同时濒临被其当时的所有者（通用公司）清算的边缘。当时，国家汽车租赁公司已经进行了两轮裁员，而公司管理层感到在节约成本方面已无法取得更多成效了。作为最后的努力，国家汽车租赁公司决定从收益管理方面着手。公司同 Aeronomics 收益管理公司合作开发了一套系统，用来预测 170 个租车点每一种类型 / 租车期的汽车的供需情况，并通过调整价格平衡供需，效果立竿见影。

（2）航空公司借鉴电子商务的开发能够实现更科学更精确的管理。航空公司首创了电子分销——计算机化的分销系统，如 SABRE 和 Galieo[①] 是“互联网之前的网络”。这些系统能快速接受和处理顾客的预订请求。它们也能使航空公司快速调整价格和可获得性，同时将更新的信息瞬间传送到全球各地。随着像互联网这样的电子分销渠道变得更加普遍，越来越多的行业感觉到了持续观测需求和更新价格的必要性，越来越体会到实施收益管理的必要性。

（3）收益管理中，进行有效的市场细分是关键。收益管理在航空业成功的关键在于，它们能够细分早期预订的闲暇旅客和晚期预订的商务旅客。航空公司通过对产品的差异性、创造满足不同细分市场的不同产品来制定不同的价格。基于支付意愿来细分顾客和对不同的细分市场收取不同的价格，是收益管理的关键策略之一。

（资料来源：Robert L. Phillips. 定价与收益优化［M］. 北京：中国财政经济出版社，2008.）

第三节 航空公司收益管理的展望

本节对航空公司收益管理的发展趋势进行探讨分析航空收益管理目前在技术和应用上面临的挑战，然后再探讨未来的发展趋势。

一、航空收益管理的未来挑战

（一）收益管理模型的风险

当前收益管理预测模型大多使用相对简单的测量模型，虽然降低了操作难度，但预测的准确度也下降。尽管已有研究提出了更精确的预测模型可供收益管理使用，但仍然只停留在概念和假设阶段。这些模型只有通过实证数据加以验证，才可以用于未来收益管理系统的程序编写，从而使预测结果更精确。由于信息的不完全和不可避免的预测误差，使得实际收益必然与理论的期望结果有一定差距，因此，要加强航空公司收益管理的风险分析。稳健最优化模型的研究，有助于提高收益管理效益的稳健性，降低收益管理预测的风险，提高市场预测结果的准确性。

（二）机票价格透明度增加，收益管理复杂化

机票销售渠道日益丰富，消费者可以通过航空公司、代理商等各种线上或线下渠道购买，而互联网价格预测的展示使机票价格透明度大大提高，这无疑使收益管理的定价策略失去其原有的效用。机票透明度增加带给收益管理的冲击是巨大的，收益管理将变得更复杂，如何应对这一趋势仍需要众多专家学者和管理者共同思考。

① 现已发展为全球分销系统（GDS），形成 SABRE、GALILEO、AMADEUS、WORLDSPAN 等巨头，目前中国国内最大的 GDS 为中国航信 TRAVELSKY。

（三）价格关注减弱，流量控制管理强化

由于销售渠道价格透明度增加和竞争加剧，加上当前开始出现以单一票价结构吸引顾客的廉价航空公司，多数航空公司所采用的多级票价结构可能将受到冲击。收益管理者需要加强对流量控制和管理的关注，在流量控制和管理时更重视整体与部分的关系，即航节与航段、航段与航程的关系，采用网络优化的观点对整个航班收益进行规划。现有网络模型主要针对可替代产品，对于组合产品的网络收益管理有实用价值的研究成果还比较少，网络收益管理在理论和算法研究方面还有待深入。

另外，一些与航空公司的地理位置、商业模式和 / 或规模没有关系，但普遍存在的市场问题和所产生的业务挑战也为航空公司带来了其他新的障碍。

这些障碍包括提升利润、优化分销模型、解读非结构化数据和提供更加个性化消费者体验的需求等。新分销点产生了大量的数据，为航空公司提供了消费者的更全面信息。航空公司现在面临着有效收集、处理和分析这种数据的任务，随后据此感知不断变化的市场动态并做出响应。消费者越来越希望个人旅行体验能无缝衔接，而航空公司也正努力落实一种以客户为中心且与收益目标一致的综合战略。

二、航空收益管理的未来发展

为了确保未来能够取得成功，航空公司需要一种新的收益管理方法，将重点关注消费者的需求，将经营效率整合到整体的业务流程中。另外，还应该包含容易查看的实时信息，进而完善零售和以消费者为中心的战略，同时克服市场竞争的影响力。虽然航空公司面临的业务挑战在不断发生变化，但收益管理的核心内容仍然是提高利润、生产力和响应市场变化的能力，同时完善消费者体验。

达到这些目的以克服未来挑战需要使用新一代的收益管理解决方案：通过尖端技术可为航空公司的总收益优化路径提供支持；通过利用所有可用的收益流，包括来自合作伙伴、代码共享、联盟、航空零售、和其他税费的收益流，可令航空公司从中受益。

新一代收益管理解决方案需要超越座位收益管理，为航空公司提供一种有关收益数据的更加广泛的消费者视角，通过将销售和服务工具全面整合用户界面，推出实时信息为库存和动态定价提供支持。具体趋势如下：

（一）鼓励总收益优化

航空公司正在脱离传统合作伙伴模型，创建分享成本的股权合作伙伴，以及具备联合库存和优化收益管理能力的合作伙伴关系。然而，由于无法从合作伙伴处取得可用的数据，所以航空公司无法制定精确的收益管理决策，继而导致预测模型不准确，收益回报锐减。

航空公司收益管理为了应对当下环境中的零售挑战，需要引进新的业务流程，并采用更详细的实时信息的解决方案。航空公司必须开始理解总收益优化（TRO）的原则和价值。TRO 可确保收益管理解决方案兼顾到各潜在消费者价值与基本票价的价值，为收益管理提供一个新的解决框架。TRO 可以将海量实时信息转化为航空公司持续为客户提供满意服务，并从所有渠道增加收益的机会。TRO 的使用能极大程度上提高航空公司

的收益管理能力，根据 2016 年 Sabre Airline Solutions 的基准分析可知，航空公司通过 TRO，单在航空零售上就可取得 0.5%~1.0% 的增长。

（二）实时优化方法

在目前竞争激烈的环境下，时间就是一切。按需经济的出现改变了信息的使用方式，对管理的制定和决策提出了更高的时间要求。无法访问实时可操作的数据，会导致航空公司出现决策延误，进而导致产品缺乏竞争力，收益受损且市场价值降低。

未来的收益管理解决方案需要实时提供消费者价值的完整视图，以及合作伙伴数据，展现各航班、各市场和所有出发日期的信息。这种视角可为各市场提供精确的实时预测与优化逻辑，囊括了海量共享代码、合作伙伴和附加选项的潜在收益影响。

（三）整合势在必行

现如今，航空公司的一个关注点就是实现系统同步。但是，传统企业的职能划分及各职能部门技术的独立，使大量呈现离散复杂的情况，阻碍了综合信息的可用性。因此，航空公司无法主动感知实时运营情况，并据此做出反应，也就无法迅速应对市场变化。结果导致航空公司总收益低下，丧失市场份额并产生竞争力低下的产品。

在收益管理的过程中，整合发挥着越来越重要的作用。航空公司分析师无法通过片面的库存、票价、航班时刻和代码共享信息，制定次优决策。因此，收益管理流程要通过一套整合的系统来管理所有商业规则，并消除各职能部门间的潜在冲突。这些可使航空公司更快且更准确地针对竞争性冲突做出反应，同时能够在市场机遇出现时抓住机会。

当今的航空产业仍在不断演变，收益管理系统必须不断更新，为这些变化和新规定提供支持。利用收益管理来管理库存和促销活动的做法，已经不再是最佳选择或可长期盈利的战略。如今行业的成功需要新一代收益管理解决方案，先进的强大技术可为航空公司提供更加实时有效的收益管理策略，达到收益最大化。

【本章案例学习】

收益管理的成功之道

一些小型航空公司采用大型航空公司的收益管理技能，以便更好地开展竞争。这意味着公司管理层对航空公司整体、每一个航班、每一位旅客能取得的收益都要认真研究，以期取得增加收入的目的。但是对于许多航空业内人士而言，如何做好收益管理依然是一个谜。

现在，一些小型航空公司和新成立的航空公司都成功地实施了收益管理举措和流程，不但生存下来而且正在欣欣向荣地发展，它们的秘诀是什么呢？

1. air Baltic 的探索变革

拉脱维亚的航空公司——air Baltic 于 1995 年开始运营，是拉脱维亚政府和北欧航空公司的合资企业。公司以前主要实施支线业务模式，通过北欧航空公司在斯德哥尔摩以及哥本哈根基地建立起联程业务，得以进一步扩展市场。2004年，拉脱维亚加入欧盟，这为air Baltic打开了欧洲的市场。利用这个机会，公司转型成为低成本航空公司，引入了单一票价体系，以及运营更多点对点航线，自此公司业绩不断增长。

然而，波罗的海地区经过几年增长后陷入了停滞状态。公司表示："进入2008年，波罗的海地区市场萎靡不振，这也是我们公司很大程度上需要依赖的市场。"拉脱维亚，立陶宛和爱沙尼亚市场中，当地旅行社销售量在2008年同比下滑超过40%，前往这三国的游客数量也是呈下降态势。

为了应对这样的形势，air Baltic决定自我革新。它重新制定了战略，将里加（拉脱维亚共和国首都）建设成为枢纽，新开辟了许多目的地，比如汉诺威、阿姆斯特丹、迪拜以及在斯堪的纳维亚半岛上的许多支线城市航线。通过在东西欧洲之间建立起航线网络，此战略取得了成功，同时因为立陶宛flyLAL航空公司的倒闭，让它进入了立陶宛市场。

2009年上半年，air Baltic收益同比增长了15%；客运运输量增长了7%；载运率增长了7%。在公司2008年实施变革之前，中转联程运输量只占12%，2009年已达到52%。公司将重心完全放在了联程业务上，原先是低成本模式，如今以联程为主要发展目标，这样对公司的收益管理方法、流程和组织架构带来了严峻挑战。

为了应对这个挑战，air Baltic从汉莎系统公司引入了收益管理解决方案，从Amadeus公司引入了客运管理系统。自己内部开发了支持性信息数据库，主要对公司目前枢纽－轮辐网络架构实施收益优化。公司收益管理总监法兰克·纽曼表示："网络/航班计划部门和收益管理部门建立起非常密切的合作关系，推动了收益管理取得进展，对于运力安排和价格可以快速做出决策，在公司不熟悉的市场中，这非常关键。"

从一开始，公司就意识到新战略想要取得成功，要依赖于正确的商业领导力和组织，并且运用更多的分析工具。公司任命了以前在海湾航空公司工作过的首席财务官，以及以前在澳洲航空公司工作，如今成为负责战略网络和机队规划的高级副总裁；纽曼自己曾在英国航空公司德国分公司和德国之翼航空公司工作过。

如何保持赢利性，这个挑战还依然存在，主要是目前市场状况不佳以及燃油价格在上升。但是对于这家具有开创性精神的航空公司而言，收益改善的机会依然存在。纽曼表示："我们希望引入双栖型收益管理系统，能够同时预测和管理航段和始发航线的需求，这会带来更多收益。"

2. Aegean航空公司的弯道加速

位于雅典的Aegean航空公司于2009年庆祝公司成立10周年活动。在2008年它成为希腊排名第一的航空公司，可谓进步神速。同时还值得注意的是，尽管面临油价的冲击，公司收入仍增长了27%，达到6.12亿欧元，运营利润增长了23%，达到0.575亿欧元。目前公司发展势头依然强劲。初步统计数据表明，公司2009年旅客运输量同比增长了9%，收入增长了13%。公司长期的合作伙伴——汉莎航空公司帮助它加盟了星空联盟，这还为公司带来了大量中转客源。

公司的成功发展历程中，收益管理发挥了什么样的作用？收益管理和定价部门经理罗兰·佳吉表示："其中最主要的是我们必须应对希腊市场中旅客很晚预订机票的习惯，促成旅客更早订票。"公司通过自己网站以及一系列具有创新性的广告宣传，旨在使希腊的旅行者意识到更早订票就意味着更低的票价。那么努力是否取得了实效？

2006年夏季，从雅典始发航班中一半的订票基本上都是提前14天以内。2008年订票通常提前到35天。在很晚时间才订票的旅客中50%要支付更高的票价，这样公司收益也相应上升了10%。

随着公司规模不断扩大，手工操作已经不太现实。通过评估，公司2007年年底成功从Sabre公司引入了Airmax收益管理系统，这对公司上下的许多流程都进行了大幅度的变更。佳吉表示："由于系统提供了更好的预测和报告功能，使我们对销售预测把握得更准确了。该系统提供了很有帮助的过滤功能，员工可以优先处理需要关注的航班。然而这套系统需要很多培训工作才能让员工真正掌握其中的各种功能。"

佳吉领导的团队如今关注的都是重要航班管理，及早进行监控和干预，对竞争对手动态随时掌握。由于Aegean运营点对点网络，因此票价不是非常复杂的组合票价，但如今公司正在开发欧洲网络中的中转联程市场。因此收益管理团队的工作重心也放在了今后主动超售的业务开发上，对于超售后的后续流程进行了研究规划，同时对附属收入产品还进行了精挑细选。

尽管如此，想要精确计算收益管理对于公司的财务贡献到底有多大，这非常困难。该公司总经理表示，如果没有引入新收益管理系统，公司可能更容易受到2008年油价的肆虐，以及当年年底经济低迷的冲击。

（资料来源：酷讯旅游 http://jipiao.kuxun.cn/jichang-hts/zixun-4029.html）

案例问题

1. air Baltic航空公司与Aegean航空公司收益管理策略能够成功的共同点是什么？
2. 对于小航空公司来说，其收益管理策略能够成功的关键点是什么？
3. 小航空公司在实施收益管理的过程中与大航空公司的区别主要体现在那里？应该重点考虑哪些问题？

复习思考

1. 航空公司收益管理与其他行业有何不同？
2. 航空公司为什么使用收益管理？
3. 航空公司收益管理未来的挑战和方向在哪里？

【本章参考文献】

[1] 樊玮. 航空公司收益管理研究综述[J]. 中国民航学院学报，2006，24(05)：42-50.

[2] 郭辉. 区域航空公司收益管理模型及应用研究[D]. 华中科技大学博士学位论文，2008.

[3] 黄为，刘永俊.航空公司收益管理初探[J].民航经济与技术，1998，05，25-28.
[4] 李根道，熊中楷，李薇.基于收益管理的动态定价研究综述[J].管理评论.，2010，22（4）：97-108.
[5] 潘海莹.国内航空公司收益管理的应用和研究[D].厦门大学硕士学位论文，2007.
[6] 汪瑜.竞争环境下航空公司收益管理舱位控制问题的研究[D].南京航空航天大学论文，2008.
[7] A. 0. Lee. Airline Reservations Forecasting：Probabilistic and StatisticalModels of the Booking Process [D]. Ph. D. thesis，Flight Transportation Laboratory，Massachusetts Institute of Technology，Cambrige，MA，1990.
[8] Beckmann J. M. Decision and Team Problems in Airline [J]. Reservations Econometrica，1958，26：134-145.
[9] Belobaba P.P. Air Travel Demand and Airline Seat Inventory Management [D]. Ph. D. thesis.Flight Transportation Laboratory，Massachusetts Institute of Technology，Cambridge.MA，1987.
[10] Belobaba P.P. Optimal vs.Heuristic Methods for Nested Seat Allocation [D]. Brussels：AGIFORS Reservation and Yield Management Study Group，1992.
[11] Falkson. L. M. Airline Overbooking：Some Comments [J]. Journal of Transportation Economics Policy，1969，3：352-354.
[12] Glover. F，Glover. R，Lorenzo. J，et al. The passenger mix problem in the scheduled airlines [J]. Interface，1982（12）：73-79.
[13] Lindenmeier，J.，& Tscheulin，D. K. .The effects of inventory control and denied boarding on customer satisfaction：The case of capacity-based airline revenue management [J]. Tourism Management，2008，29（1）：32-43.
[14] Littlewood. K. Forecasting and Control of Passenger Bookings. In：AGIFORSSymposium Proceeding，12，1972.
[15] Lyle C. A Statistical Analysis of the Variability in Aircraft Occupancy .10th Agifors Symposium Proc. Terrigal，Australia：Agifors，1970，10.
[16] Noone，B. M.，&Mattila，A. S. . Hotel revenue management and the Internet：The effect of price presentation strategies on customers' willingness to book [J]. International Journal of Hospitality Management，2009（28）：272-279.
[17] Pak K，Piersman. Overview of OR techniques for airline revenue management [J]. StatisticaNeerlandica，2002，56（4）：480-496.
[18] Robert L. Phillips. 定价与收益优化[M].陈旭，慕银平，译.北京：中国财政经济出版社，2008.
[19] Rothstein M. & Stone A. W. Passenger Booking Levels，AGIFORS Symposium Proc. 7，Noordwijk，The Netherlands，1967.
[20] Sanne V De B，Richard F，Nanda P. Stochastic programming for multiple-leg

network revenue management [J] . European Journal of Operational Research, 2002, 137: 72–92.

[21] Schwartz, Z., Stewart, W., &Backlund, E. A. . Visitation at capacity–constrained tourism destinations: Exploring revenue management at a national park [J] . Tourism Management, 2012 (33) , 500–508.

[22] Sun, X., Yue, J., & Peng, T. . Marketing research and revenue optimization for the cruise industryA concise review [J] . International Journal of Hospitality Management, 2011 (30) , 746–755.

[23] Talor C. J.. The determination of Passenger Booking Levels . In: AGIFORS Symposium Proceeding, 1962, 2.

第十章

IDeaS 收益管理系统

【学习目标】

1. 理解 IDeaS 收益管理系统的定价原理。
2. 了解 IDeaS 收益管理系统的功能模块。

【引导案例】

第三代 IDeaS 收益管理系统

2014 年对 IDeaS 来说，是业务空前增长和创新的一年。它推出全新的拥有前沿技术的自动化收益管理系统——第三代 IDeaS 收益管理系统（IDeaS G3 RMS）。这一市场领先的解决方案使用顶尖的 SAS 分析技术，并结合 IDeaS 25 年来的技术创新，旨在以业内最全面的定价决策、最精确的预测和最详细的报告工具，帮助用户提高酒店收益。

IDeaS 首席运营官 Sanjoy Nagalia 表示："此次发布的新产品，主要基于我们过去 25 年来在收益管理方面积累的丰富经验，并得到业内最强大的 SAS 分析技术的支持。IDeaS G3 RMS 重新定义了收益管理，满足了当今酒店业者不断发展的复杂需求。该新产品能够让酒店做出更明智的决策，每天增加新的收益机会。

IDeaS G3 RMS 中的先进功能可以帮助酒店收益经理将市场策略、数据分析以及决策有机结合，从而获取更多增加收益的机会。该系统是可扩展的，既能够针对单个酒店也可以针对全球多酒店做出定价决策。其明确的操作流程、内容丰富的控制面板和最匹配的分析模型让用户能够得到极其详尽且功能强大的报告。

IDeaS G3 RMS 最初是在和希尔顿酒店集团合作的基础上开发的，如今已有 2000 多家酒店使用这一系统，而且将与日俱增。"

Nagalia 补充道："我们一直以来都在帮助我们的客户解决他们所面临的收益管理挑战。我们以一流的分析工具作为核心，利用革新性技术不断改善我们的产品。IDeaS 此次推出的收益管理系统代表着新一代先进收益管理解决方案系列，我们非常荣幸走在行业的前沿。”

（资料来源：旅业观察 2014-07-24）

第一节 IDeaS介绍

拥有 25 年历史的 IDeaS Revenue Solutions（以下简称为 IDeaS）是 SAS 子公司，是业界领先的定价及收益管理系统和咨询服务供应商，通过提供最先进的定价及收益管理系统和咨询业务，一直引领行业发展。IDeaS 总部位于美国明尼阿波利斯，于印度浦那设立全球技术中心。IDeaS 的销售、支持和分销办事处覆盖北美洲、南美洲、欧洲、非洲、大洋洲和亚洲等区域。

一、IDeaS 的产品

IDeaS 公司采用 SAS 分析技术，利用将近 30 年的行业经验为来自 124 个国家超过 10000 多的客户提供服务，持续努力地为酒店管理者提供更有见地的数据管理方式和定价策略。不论是对于单体酒店还是世界知名的酒店集团，IDeaS 都以“创收有道”为承诺，帮助酒店管理者建设并持续培养收益管理文化。IDeaS 拥有帮助客户构建基于新一代分析技术的有效收益管理、专业技能和成熟方案，便于客户深入分析并及时把握绝佳的收益机会，这不仅限于酒店客房，也包括酒店其他各方面的收益。目前，每天有超过 160 万间酒店客房通过 IDeaS 先进的系统进行定价。

IDeaS G3 RMS 是其向酒店业推出的应对全新挑战的第四大产品。其他产品包括如下内容。

（1）IDeaS Mobile RMS：全球首款可以随时做出收益决策的移动应用。

（2）IDeaS Revenue Performance Insight（RPI）：高度可视化、并可提供动态报告和商业智能分析的软件。它极大增强了酒店管理者报告、分析和应对业绩数据的能力。

（3）IDeaS Reputation Pricing Module（基于舆评的定价模块）：业界首创，让酒店将其现有的在线口碑作为定价决策的标准之一。

二、IDeaS 的合作伙伴

IDeaS G3 RMS 最初是在和希尔顿酒店集团合作的基础上开发的，如今已有 2000 多家酒店使用这一系统，而且将与日俱增。

国际知名酒店集团 Scandic Hotels 的业务覆盖北欧地区，它是首批使用 IDeaS G3 RMS 的四大酒店集团之一，并且在该系统的帮助下取得了巨大成功。

Scandic Hotels 收益与发展总监 Tom Blomquist 表示：“我们相信 IDeaS G3RMS 在定价和优化方面的新策略将持续帮助我们提升酒店的收益，让我们站在收益管理的前沿。该系统采用 SAS 分析技术以及假设分析法，是收益管理的一次巨大飞跃。我们期待能充分运用 IDeaS G3 RMS 的优势来提升我们的收益。”

北美最大的业主和连锁酒店集团 Extended Stay America 最近也宣布将于 2014 年底前在拥有 76000 间客房的近 700 家门店部署使用 IDeaS G3 RMS。

第二节 IDeaS RMS的优势

作为行业领先的收益管理系统供应商，IDeaS RMS 有其特有的产品和服务优势。在服务上，IDeaS 一贯向客户提供专业的、个性化的客户支持服务，为每一个用户安排一名在酒店本区域的专职的客户关系经理，定期和酒店进行电话会议讨论回答酒店在使用系统过程中遇到的问题，并与酒店一同查看系统预测决策数据保证系统使用的成功，而其他的系统供应商则没有提供这样的服务。

在产品上，IDeaS RMS 的独特优势体现在收益管理中的各个运行环境，本文着重介绍 IDeaS RMS 在需求预测、定价和渠道管理方面上的优势。

一、IDeaS RMS 的预测优势

收益管理是数据的科学，通过对数据进行分析，对未来进行预测，是酒店制定营销和定价策略以及未来运营决策的基础。为确保顺利实现上述目标，酒店收益管理首先要有准确预测的能力。

（一）分析酒店业务结构

IDeaS RMS 能主动分析历史数据中的不同业务构成，把数据按照不同的购买行为进行分类。按照诸如不同的顾客类型（散客或团队）、不同的业务来源（公司/休闲/批发商等）、不同的入住时间等来进行划分，并对其组合形成相应的细分市场。这样有什么好处呢?

一般酒店在统计出租率的时候，很多时候仅仅关注于整体酒店的表现。但是酒店整体的数据是否能告诉我们酒店业绩的真相了呢？我们先看看下面这样一个例子。

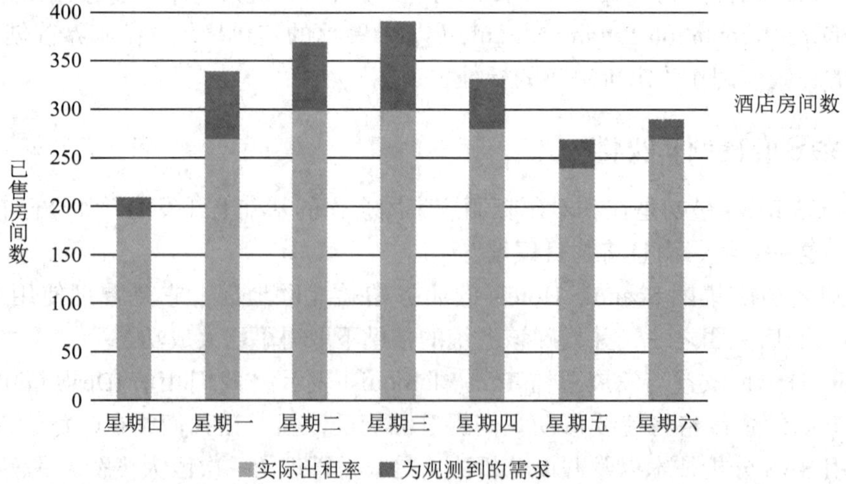

图 10-1 酒店历史入住数据

观察图 10-1，可以看到蓝色代表的是酒店的实际出租率。光从数据本身看，其实酒店的表现非常不错，周二和周三满房，周四和周六的出租率也相当高。但是，如果再加上绿色代表的其他需求，可以看到，如果控制得好的话，也许能够使周一满房到周四。加上这样的需求，称之为无限制需求。

但是酒店很难直接预测无限制需求。因此，需要进一步把酒店的业务按照不同的购买行为进行分类。通过构建不同的细分市场分组，然后加上其所能带来的价值，基本能够勾勒出酒店的业务结构。

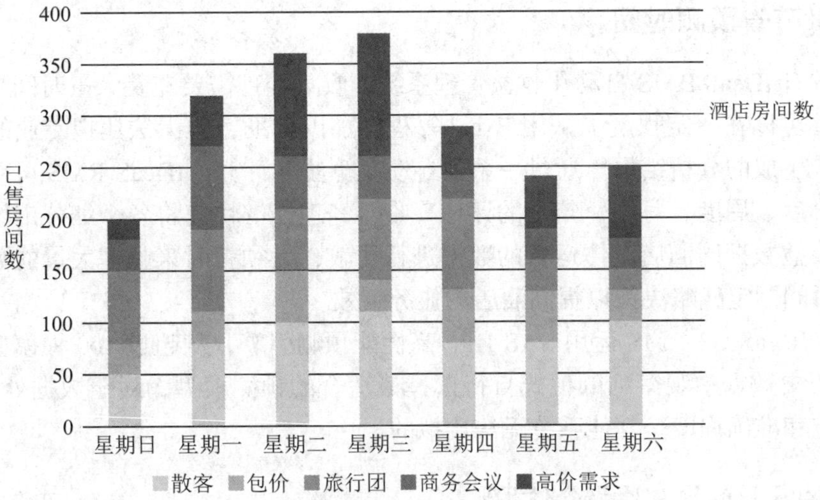

图 10-2 调整后的 M 酒店历史入住数据

从图 10-2 中，我们可以看出，一般来说，低价的业务（比如说，团队、包价等）都是出现得比较早，而相对的，那些高价需求（比如一般无限制条件的需求）总是出现得比较晚。如果不加控制的话，就会出现酒店有限的客房可能会被低价的，或者仅入住最满当天的需求所占据。

IDeaS RMS 通过对不同业务进行分类，得到无限制的需求预测，能够帮助我们更精确地了解不同的业务所出现的模式以及趋势，进而了解业务结构的构成和变化，以帮助酒店进行最佳业务结构的选择。

（二）统计预订进度

并不是所有的需求都会导致预订的产生，因为需求本身的不确定性是不可避免的。尤其当需求出现的时间非常临近的时候，其不确定性的剧烈与否，可能会对酒店最终的出租率造成重大的影响。大部分的酒店管理系统（PMS）都会记录下每一天的最终销售数量，但是只有很少的酒店管理系统会跟踪记录入住日提前多日每天的客房销售数据。而恰恰是这些数据，需要被应用来理解无限制需求的预订进度的。

因此，酒店对每一天对客房的表现情况的数据整理和追踪就非常重要。而且要确保获得的数据的一致性，帮助酒店理解长期数据所表现出的走向。IDeaS RMS 在数据处理时对预订的变化进行实时跟踪，并存有长期的数据历史档案。IDeaS RMS 通过归纳、总结得出此类数据的相对比较固定的进度模式，这样能使酒店更加容易了解每个不同业务的趋势变化，进而运用在将来的预测中。

（三）获取置换收益

置换收益是指那些由于已经提前接受了低价的需求，而无法接受更高价的需求时，所减少的那部分可能的收益。对于没有无限制需求预测的酒店来说，计算置换收益非常困难。IDeaS RMS 对无限制需求的分析，建立起计算置换收益的基础。

（四）节省预测时间

如果没有 IDeaS RMS 自动化收益管理系统，收益经理需要花费大量时间采集和分析数据。尽管可以在一定程度上采用 Excel 等程序加以辅助，但无法比拟专业的自动化收益管理系统生成的分析结果。通过一系列自动化算法和计算，IDeaS RMS 可对酒店业绩自动进行日度、周度、月度、年度的评估。收益经理能够快速将各个细分市场中已售客房数量及收益数据同酒店整体运营的数据进行比较；无须费时来整理大量的数据，可以有更多的时间制定战略决策以提高酒店的业务绩效。

因此，IDeaS G3 RMS 运用 SAS HPF 高性能预测引擎，从超过 100 种模型中系统根据从酒店历史数据中观察到的模式自行选择最适合的预测模型，对于数据处理的能力，预测的先进和准确程度是其他系统无法比拟的。

二、IDeaS RMS 的定价优势

据麦肯锡公司的一项调查显示："正确定价是企业实现利润最大化的最快最有效的方式"。对于酒店业来说，定价的重要性也是毫无疑问的，"如何在合适的时间针对合适的客户群制定合适的价格"是酒店业管理者面临的最大挑战之一。尤其在酒店业进入了动态定价时代之后，寻求能够使利益最大化的有效定价策略对酒店来说是一个复杂、耗时且难以捉摸的过程。

价格是提升酒店盈利能力的主要杠杆，酒店定价常常遇到如下问题：酒店定价是否合适？酒店已经制定了动态定价策略，怎么知道这是不是合适的价格或价格范围呢？或者是否在不经意间失去了一些业务机会呢？这不仅需要准确的定价过程，还需要及时对价格进行优化。

对酒店来说，IDeaS RMS 先进的数据分析技术让定价过程和优化变得更加简单、使其定价结果更加有效。

（一）定价过程

通过针对影响定价的三大因素—— 需求、供应量及价格敏感度的分析，IDeaS RMS 帮助酒店管理者更准确地确定价格策略，从而最大限度地增加需求、优化收益。

首先，在动态定价方法中，需求随着价格的上升而减少，随着价格的下降而增加。这个概念是帮助我们确定合适的销售价格——该价格带来的需求量能获得最大收益——的一个非常重要的基础。对于酒店收益管理来说，困难的是，如何综合考虑根据需求对

价格的敏感度和酒店客房供应量的分布，来确定酒店最佳价格范围。而且为了有效地实现上述目标，获得正确的数据点或数据变量是至关重要的——包括客房类型、入住天数以及入住时段（工作日还是周末）；每笔交易的原始预订日期、到达日期及离开日期，以及与此交易相关的客房数量、价格和客房类型，如豪华间还是标准间；在某些情况下，酒店还需要考虑酒店整修或特殊活动等因素。获取大量的各类型数据无疑是一个庞大和复杂的工作量，IDeaS RMS 自动化的数据收集和分析能帮助酒店管理者解决这个难题。

其次，在客房供应量上，由于客房产品拥有很强的时效性，IDeaS RMS 帮助酒店时刻优化客房存量，以便充分利用可用客房的供应量。

最后，价格敏感度是 IDeaS RMS 分析技术发挥作用的重要体现。价格敏感度表示的是产品或服务的价格影响消费者购买行为的程度，价格敏感度是价格变化引起的需求变化程度的一种度量，敏感度较低意味着价格变化对客房需求量的影响相对较小，而敏感度较高则意味着价格变化对客房需求量的影响相对较大。为了最大限度地提高整体收益，酒店管理者希望了解不同细分市场的敏感度高低以及这些细分市场的客房需求量。IDeaS RMS 及时对价格敏感度最高的细分市场进行价格调整，以带来最高回报率。

IDeaS RMS 可以帮助酒店管理者决定何时向市场推出特定价格以优化收入。

（二）价格优化

鉴于定价过程中涉及大量的因素和变量，酒店管理者几乎不可能完全把握消费者行为所需的数据量。因此，定价的结果会出现很多不确定性，需要通过对价格优化来解决。IDeaSRMS 为酒店提供有效的“价格优化服务”。

IDeaS RMS 主要通过下面 6 个步骤帮助酒店进行价格调整：

（1）从最佳可用房价（BAR）定价开始。

（2）有限制条件的折扣策略：酒店是否展开或结束有限制条件的优惠活动是由需求状况决定的，管理者应利用有限制条件的优惠策略来确保价格调整带来一定的入住率。

（3）构建定期审视酒店价位的流程：IDeaS RMS 建议酒店每隔 6~12 个月，最好在每年预算制定阶段，重新审视酒店的价位。

（4）关注价格敏感度最高的细分市场。

（5）查看最佳可用房价的最大值和最小值的价格差：如果 IDeaS RMS 发现最佳可用房价中最大值与最小值相距甚远，则说明最佳可用房价是需要检查核定的，需要重新制定。

（6）价格并非只能上调：有时为了拉动需求保持酒店竞争力，IDeaS RMS 会建议酒店管理者将价格设定至低于当前的最佳可用房价，判断看客人对房价的敏感度以及提升定价或者增加订房量是否会提升酒店整体业绩。

IDeaS 价格优化服务（POS）[3] 将丰富的行业经验、专有的定价模型与世界一流的 SAS® 分析技术相结合，为确定最佳的以需求为基础的定价策略以实现整个酒店收益最大化，具有无与伦比的精准性。IDeaS 价格优化服务避免了当前定价方法中的人工操作、主观性和不完整性，并通过利用您独有的数据库提供强大的洞察力，从而助酒店寻找最佳机会，大大提升酒店定价策略的有效性（见图 10–3）。

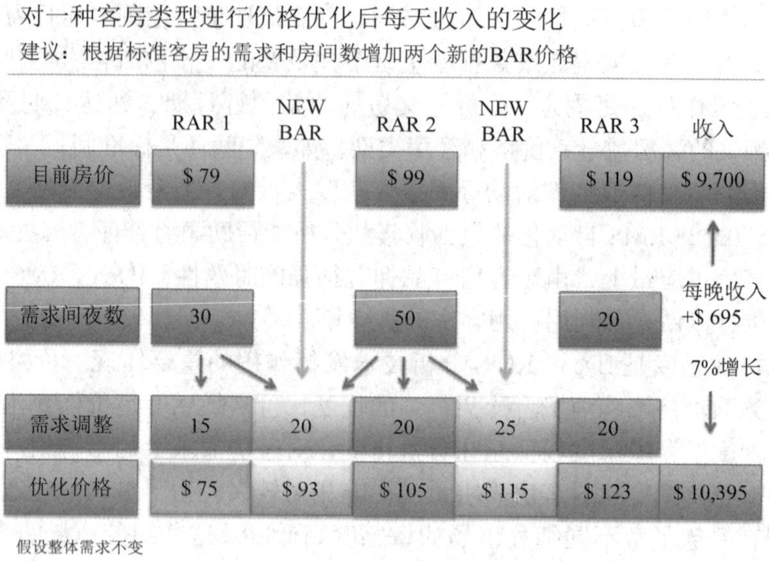

图 10-3　IDeaS 的价格优化

因此，IDeaS RMS 相对于其他 RMS 的定价优势在于，在定价过程中，考虑竞争对手的定价模式，其他收益系统只是简单地展示竞争对手数据，而没有将其纳入定价系统中；在定价优化上，IDeaS RMS 不仅考虑需要定价的业务需求，同时考虑与之相联系的衍生价格的需求（linked demand）的影响，从而让定价更加合理和优化。

三、IDeaS RMS 的渠道管理优势

（一）渠道现状

一方面，酒店数量逐年增加，中国酒店业市场竞争日益激烈；另一方面，随着旅游业中网络和移动技术的发展，各大在线旅行社（OTA）巨头预订量迅速增长，很多线下价格被发布到线上销售，渠道竞争日益激烈。

在这样一个变化多端的市场，越来越多的酒店经营者意识到，传统的利用经验、凭靠直觉的管理模式已经无法适用这样纷繁复杂的市场，于是他们加入到了“基于量化分析进行精细化管理”的队伍当中。思考如何通过渠道管理为酒店提高产量和平均房价以实现收益最大化以及如何平衡直接渠道和间接渠道的相互关系、优化业务组合。

（二）OTA 的挑战

“包价”销售模式在酒店业中悄然兴起，一些 OTA 直接从酒店批发购买客房，在保证一定产量的前提下，直接将其低价在网上出售，也就是所谓的“裸价”。这一做法在短时间内帮助酒店获得了一定的出租率，然而从长期上，低价不仅会直接影响利润率，还会丢失“潜在收入”，是一种得不偿失的做法。越来越多的酒店经营者迫于来自 OTA 巨

头和竞争对手的压力，纷纷在无奈之下参与到这样的营销模式中。面对显著的价格下降和“蚕食现象”，他们表示出对 OTA“让我欢喜让我忧”的爱恨交织的情绪。一位来自某城市某国际品牌、身处 CBD 区域的五星级酒店市场销售总监说道，酒店过度依赖 OTA，由于“预付”“代理”的低价格导致平均房价的下降。

（1）OTA 策略 1：价格一致性

要想摆脱对 OTA 过度依赖，酒店首先要解决“价格倒挂”的问题。OTA 分销渠道提供的价格具有很大的差异，酒店对其的管理是很困难的。价格一致性是收益管理中的重要原则，可以确保酒店对其价格体系以及所有分销平台定价的有效管理。一方面，价格一致性还可以增加了消费者对产品和购买渠道（不论是直接还是间接渠道）的信心。如果消费者发现同一酒店在不同的渠道提供各种不同的价格，那么在购买产品时将会犹豫不决，甚至会中止购买流程。另一方面，价格一致性原则还能简化在收益系统中对价格代码的设置和控制，为精细化管理提供基础，同时帮助收益管理负责人从纷繁复杂的 OTA 价格中解脱出来，将精力投入在决策制定等更为重要的工作中。

（2）OTA 策略 2：对于包价的分析

近年来市场还出现了“包价”的营销模式，即 OTA 通过一次性付款给酒店，较低的批发价购入一定数量的酒店间夜数。表明上看，酒店通过这种方式在短期内快速提高销售额，但是平均价格却受到了严重的拉低，导致利润降低。酒店需要对这种“蚕食”现象进行分析。在做完一个包价促销后，检查由此带来的客人是否有过往客史，之前使用的是什么价格，计算由此价差导致的“机会成本”。

（3）OTA 策略 3：利用 OTA 作为“公关渠道”

酒店应充分利用 OTA 这一资源，不仅把 OTA 作为一个简单的销售渠道，而是把它发展为一个“公关渠道”。渠道的功能不仅仅是发布酒店名称和价格并且进行销售，还包括信息的发布、促销优惠推广、与客户进行交流互动、调整产品以便匹配客户的需求等。

渠道发布的信息是酒店渠道管理人员特别需要注意的：如何将有限的空间充分利用，对酒店进行有效的包装、描述和推广，使其在竞争群中脱颖而出？

酒店应该内容描述方面多下功夫，使其特色突出、主题鲜明，让浏览者看后在脑中留下深刻印象，在描述时避免过于空洞虚无的语言，比如“极其高端”“奢华非凡”等辞藻，用可视化的语言为客人描述一幅仿佛亲临酒店现场的“景观”。此外，信息量要尽可能准确、充分：例如酒店到各个景点、交通枢纽的距离，不仅提供公里数，还尽可能有交通方式，以及采用各方式所需的时间。照片和录像的提供也非常重要，建议酒店尽可能展示最优质、高分辨率、吸引人的实体照片，扬长避短，不宜放置投诉多的房型或者设施的照片。

TripAdvisor 是与旅行者互动的高手，近年来不断发展，深刻了解酒店应通过积极的互动为客户提供贴心的体验。经过对点击量最多的样本酒店深入分析背后原因，其中之一便是“照片”——促进用户与酒店页面互动的主要因素。调查显示，图片不仅能带来更多旅行者的互动，还能带来更多潜在的预订机会。酒店展示页面的图片数量越多，互动性越强：至少 1 张图片：互动性增长 138%；超过 100 张图片：互动性增长 151%。互动性的增长会使预订酒店的可能性提高：至少 1 张图片：预订咨询的可能性提高 225%；

超过 100 张图片：预订咨询的可能性提高 238%。

（4）OTA 策略 4：如何展示房型和房价

酒店还应该研究一下如何在 OTA 上放置价格和房型。过多的房型房价会让消费者在购买时感到困惑，失去耐心。酒店应考虑到淡旺季的影响，调整放置的房价顺序和房型顺序。例如在展会期间、高出租率的日期，酒店应适当放置高端房型和高房价，基础房型可以考虑位置下调甚至关闭，在此期间取消折扣促销价。而在低出租率期间，酒店可以考虑从低往高的形式报价，基础房型的折扣促销价放在较为靠前的位置。

（5）OTA 策略 5：利用 OTA 点评资源增收

过去，酒店更多的是关注向市场投放一个适当的价格，然后观察是否有理想的预订和产量。然而，现在有很多和价格无关的、由消费者创造出来的信息在左右着他们的最终预订选择。消费者固然关心价格，但是在 OTA 上，顾客更关心的是其他顾客的体验和点评，品牌的影响反而是次要的。

IDeaS 作为提供收益管理最大化解决方案的系统和服务方面的供应商，将“口碑管理”（Reputation Management）作为一个定价模块嵌入现在的“收益管理系统”（Revenue Management System）当中，并且结合点评分数对价格点进行调节，从而寻找提升价格的空间。

由此给酒店经营者的启示为：未来可以不再将关注重心放在 OTA 的价格战上，而是利用 OTA 的点评资源激励浏览者对酒店进行预订。鼓励拥有良好入住体验的客人积极点评，并且对所有点评进行相应的回复。在定价方面，也可以参考点评水平在竞争群中的位置做相应调整，挖掘提价空间，同时当负面点评内容增多和分数下降时积极推动运营部门提高服务质量，完善客人的入住体验。

此外，酒店需要尤其关注对差评的回复，好评的回复非常简单，只需表示感激后再次突出强调优点，而差评的回复往往更具有艺术性。对于差评的产生，已经无法挽回，全部评论都展示在公众眼前暴露无遗，因此管理层的回复才更为关键。回复中要有诚恳的歉意外，还要有合理的解释和提供解决个别用户体验问题的方案，这样才能为潜在客户展示出酒店积极应对问题的态度、与客户进行互动的形象以及诚恳接受批评并积极改正的行动。TripAdvisor 在近期的调研报告中指出“旅行者互动性也会随管理层的回复而提升，至少回复了一条点评的酒店的互动性比没有回复的高 17%，至少回复 13% 的点评的酒店的旅行者互动性比没有任何回复的高 21%”。

（三）IDeaS RMS 的应对

OTA 对酒店利益的蚕食为酒店收益管理带来很大的挑战：如何进行有效的渠道管理？如何平衡 OTA、GDS、旅行社等间接渠道与直接渠道的销售？

举个例子，我们可以把酒店生动地想象成一只章鱼，而渠道就是每一条为章鱼能填饱肚子生存而觅食的触手。每一条不同的触手能触及其他触手触及不到的食物，就如同每一个渠道能触及其他渠道无法触及的客源。目前酒店业的现状大多为大家过分依赖第三方，没有很好地下功夫去建立最为重要的直接渠道，也就是没有将这条“触手”锻炼得更强壮更有力。还有些酒店，过度依赖某一个预订渠道，没有深度挖掘该渠道外的市场和客源，因此导致客源单一，在该市场受到冲击时酒店会陷入无力回天的尴尬境地。

对此，IDeaS RMS 为完善酒店的渠道竞争提供解决方案。为了分别统计通过 OTA 的预付价格来预订的客户和通过 OTA 现付价格预订的客户等，IDeaS RMS 设置几个重要的分类标准：细分市场代码、细分市场分组、客源代码、房价代码和客户档案的维护和团队操作的标准流程等。

细分市场代码主要是统计客户的购买行为、价格、入住星期等购买行为的代码，是酒店对于客户行为分析的最基础数据。同时，把具有相类似购买模式的细分市场组合成细分市场分组，构成了进行预测的关键数据。对于细分市场代码的有效的界定和严格的执行往往是我们能否做出精准预测的关键。很遗憾的是，很多酒店对此没有引起足够的重视，前台甚至是预订部门都搞不清楚每个具体的细分市场的含义与用途。

客源代码主要是统计客户通过何种渠道来预订的。客源代码能够让酒店了解各个订房来源的实际情况，以便针对不同的客源实施不同的策略，甚至对不同渠道的投入提供数据支持。IDeaS RMS 对于酒店各种的订房来源进行归类，能够帮助更好地理解酒店客户的订房来源和预订方式。

房价代码是对不同客源客户的价格进行分类的代码，这个相对比较好理解。许多酒店会使用一个房价代码来操作所有的团队预订，或者使用相同的房价代码来处理同一个 OTA 渠道的所有订单，然后再使用手工变价的方式来满足不同预订价格的订单。这种简单的控制方法基本丧失了使用房价代码来统计不同客源的可能。针对这种情况，IDeaS RMS 设置不同的房价代码用于不同价格的预订。

每家酒店都会在 PMS 系统中建立客户入住的档案，但是由于不同预订来源提供的客户联系方式不同（在中文中，同名同姓甚至同音的情况特别多），导致在预订的时候，预订员很难分辨是否为同一位客户。在实际操作的时候，很难确保每位客户的入住历史能够被很好地记录下来，导致很多酒店的系统中存在许多重复的客户档案。这也意味着酒店很难像 OTA 那样完整地记录着客户每一次的入住以及消费信息。IDeaS RMS 建立客户档案，帮助酒店定期检查合并同一位客户的档案，以了解每位客户的具体需求、入住习惯、价格水平以及消费记录。

IDeaS RMS 对这些不同代码合理、准确、综合的运用，能够帮助酒店精确地了解自身的客源结构、业绩构成，使得酒店在渠道竞争中获取更大的优势。

【案例分享】

IDeaS 收益管理系统与石基昆仑 CRS 3.10 成功对接

IDeaS RMS 收益管理系统和 G3- 收益管理系统已成功完成与石基昆仑 CRS（以下简称“Kunlun CRS”）的对接。目前，双方已完成测试，并且已经在石基昆仑 CRS 3.10、3.9 和 3.8 版本中发布此功能相关接口，支持现有用户升级或部署。在此次对接过程中，IDeaS 和 Kunlun CRS 引入了全新 KDI（Kunlun Decision Interface）接口，帮助酒店集团实现对价格和房态更为智能的管理。KDI 接口可以用来负责和 IDeaS 收益系统进行对话，代替人工手工执行决策的方式，直接提高工作效率。此外，系统会记录每个请求的操作日志，用于在发生异常的情况下快速解决对接问题。

这两款收益管理软件致力于帮助酒店管理集团或单体酒店的收益经理将竞争市场、竞争对手信息数据、酒店自身数据，通过平衡需求和定价，进行运算统计分析后优化各市场细分的配比，提高酒店的客房收益。该系统的可扩展性使得用户既能够针对单个酒店系统，也可以针对酒店集团系统做出定价决策。而通过与 CRS 结合，酒店集团将更为直接地将决策结果反映到上游渠道，并且可以自上而下地控制酒店产品定价和售卖策略，为加强集团的掌控能力提供支持。

此次对接工作以不断强化酒店集团收益管理实时一体化管理为目的，接口功能以定价功能为主要切入口，使得实时数据交换变得轻而易举。这次的对接，从使用最为广泛的决策定价方式之一——Daily BAR（对于基础的 BAR Rate 进行精确到天的价格控制）进行展开。这种方式简明清晰，无论是对于酒店接受度，还是酒店 PMS 的接收能力都没有过高的要求，具备很高的可执行性。

（资料来源：商旅圈 2018-01-16）

第三节　IDeaS RMS的应用

IDeaS RMS 收益管理系统是一直以来 IDeaS 为客户提供的核心系统产品。IDeaS RMS 通过和酒店 PMS 的接口每天从 PMS 中获取酒店更新的数据，然后进行对未来无限制需求的预测，并对预测出的需求进行优化，生成入住率预测以及每日最优房价（BAR），最后一间客房价值（价格限制）以及超额预订数量等多种决策，并将未来每一天决策数据通过系统接口回传给酒店的 PMS，进而对所接预订业务进行控制，实现酒店长期的收入最大化。

IDeaS RMS 的主要优势有：

- 基于数据分析，自动化高频率更新的科学预测。
- 清晰的仪表板数据信息帮助提前计划未来销售行动方向。
- 各种仪表板及可订制的报表让深入了解酒店业务细节成为可能。
- 制定正确的房价、价格控制和超额预订决策并自动上传至预订系统。
- 系统生成的控制让酒店在高需求日期提高房价满房率，在低需求日期通过价格调整获得更高入住率。
- 更好地掌控团队业务，优化对团队的定价。
- 更好地了解和监控市场和竞争对手信息。

一、IDeaS RMS 用户页面

IDeaS RMS 采用了很多方便用户使用的设计元素，方便酒店操作。各种信息按照其重要性排序并以丰富多彩、直观的图形和图表形式呈现，可通过标准互联网浏览器快速使用。IDeaS RMS 概览界面（IDeaS RMS @-A-Glance screen）提供了一目了然的酒

店业绩指标数据和图表，帮助酒店快速清晰地掌握最重要的信息。用户还可在该界面上轻松取得客房收入预测、入住率、每间可卖客房收入和平均房价的每月视图，“预警讯息”“特别事件”以及“我的链接”功能。

除提供快速的业务概览之外，IDeaS RMS 支持酒店进入细分市场层面的向下钻取深度分析功能，用户也可按需设定任何跨年日期范围进行数据查找。此外，使用用户自定义的超链接可以重新访问最喜爱的报表、界面或最常用的网站。

IDeaS RMS 为用户提供的主要服务有：

1. 为每一个入住日期及入住天数不同的预订最优化定价

2. 精确预测市场需求

3. 通过管理以相对价值为依据的价格可能性来增长 RevPAR（每房收益）

4. 最优化满房超卖量来减少预订取消和未入住带来的收益影响

5. 有效管理复杂的分销网络上的价格和房态

6. 提高酒店在竞争群里的收益表现

7. 定价并估算房间和会议宴会设施（可选）的盈利率

8. 通过提高酒店业绩表现来提高酒店整体资产价值

9. 通过异常提示管理来提高整个酒店运营的效率

IDeaS RMS 系统可以为任何体量、预算、市场细分、国家或任何收益管理成熟度的酒店按需定制，精准控制任何形式的商业模式。

二、IDeaS RMS 的使用

IDeaS RMS 的主要通过以下 6 个板块为用户创造价值。

（1）预测。

IDeaS RMS 为酒店未来至少 365 天的每一天按细分市场分组、按入住天数计算无限制需求的预测，并且预测系统每天在设定的时间会进行更新。对于无限制需求，当无限制需求高于酒店的可卖房总数时，系统会生成相应的价格限制，帮助实现对需求的挑选优化从而提高收入。系统生成的准确的自动更新的预测是保证酒店做出正确业务决策的前提。

（2）预算。

IDeaS RMS 预算（Budget）模块为酒店管理者提供了一个快捷的途径，可以按日、按星期、按月份和年度将酒店的业绩与您的财务目标进行对比。此集成模块同时提供一系列易于浏览的图表和报告，并可按用户的需要随时自动生成。

（3）定价。

IDeaS RMS 最优可卖房价（Best Available Rate，BAR）模块可以帮助酒店根据客人抵店日期和入住天数决定实现收入最高的最优价格，同时，提供竞争对手价格查询功能，可以让酒店更好地了解市场的动态。

（4）竞争对手分析。

在激烈的竞争和不断变化的环境中，IDeaS RMS 为酒店提供在包括售出客房数、每间可卖客房收入和平均 房价等关键方面与竞争对手的比较。清晰的数据视图可帮助酒店识别在竞争市场上的位置，为酒店制定战略决策增强信心。IDeaS RMS 不仅对竞争酒店价格进行分析，还新增了舆评定价模块。

（5）管理报表。

IDeaS RMS 管理报表（Management Reports）为酒店提供业务表现趋势、预订进度和营销活动结果以及收入优化实践对每间可卖客房收入产生的影响。所有分析报表都会以图形和表格形式呈现，也可以 PDF、Excel 或 XML 的格式导出。此外，各报表可被提前设定并按时电邮至指定接收者，以节省酒店的时间和资源。IDeaS RMS 拥有超过 30 多种针对预测、决策和管理等关键领域的报表，酒店可将目前的业绩预测与表现和去年的业绩进行对比，并提供适合酒店要求的清晰信息视图。IDeaS RMS 报表还可以进行异常情况管理，这一特点在如今信息超载的环境中尤其重要。

（6）区域 / 集团集中式收益管理。

IDeaS RMS 集群收益（Cluster Yielding）是为酒店集团管理多个酒店收益的需求而设计。通过极具灵活性的用户定义功能，针对集团下属每个酒店的各种决策建议都可以通过中央管理团队集中实施；同时，组合多个酒店的优势满足用户的不同需求，以达到优化市场需求并提高收入和赢利能力的目的。

在用户使用 IDeaS RMS，进行收益管理操作期间，IDeaS RMS 主要围绕收益管理的三大核心构成——人员、流程和工具——帮助用户推进收益管理工作并提升收益管理的能力。

【案例分享】

“IDeaS”为锦江国际集团有限公司（以下简称为锦江国际集团）酒店中高级管理人才交流培训提供收益管理专业培训。培训以定制化收益管理研讨会的形式，为锦江国际集团深化内部收益管理文化、全方位培养储备干部的综合能力添砖加瓦。

IDeaS 与锦江国际集团的合作始于 2011 年。项目由锦江国际酒店管理有限公司发起，携手旗下多家酒店与 IDeaS 开展了收益管理项目的合作。旨在建立收益管理体系，树立收益管理文化，培养收益管理人才，最终达到提升酒店绩效的目的。经过多年的收益管理项目合作，各家酒店在短期内经营业绩显著提升，更为集团和酒店培养了诸多优秀的收益管理人才。IDeaS 和锦江集团的合作也在不断壮大，突破仅与高星级酒店合作的局限。

俗话说：没有规矩，不成方圆。收益管理流程正是收益管理工作的规矩和标准。在与酒店的合作中，我们为酒店建立并实施了每日收益管理工作内容与标准，从市场细分定义，价格体系建立，价格敏感度测试，房量管理标准及渠道管理等方面全面建立标准作业流程；也帮助酒店完善了每周及每月收益管理会议的议题和程序等，使酒店的收益管理工作系统性和持续性地开展。解决了酒店以往依靠管理者个人经验判断，做出大量具体工作但不系统，不具体而且缺乏持续性的问题。与此同时，也为酒店新上任的收益总监继续推进工作提供了指导方向。

俗话说：没有规矩，不成方圆。在日常运营中，IDeaS RMS 为用户建立并实施每日收益管理工作的内容与标准，并且在市场细分、价格体系、价格敏感度测试、房量管理标准及渠道管理等方面全面建立标准的作业流程；同时帮助酒店完善了收益管理会议的议题和程序等，使酒店的收益管理工作系统性和持续性地开展。IDeaS RMS 解决了酒店以往依靠管理者个人经验判断的管理流程，解决不系统、不具体而且缺乏持续性的问题，为酒店长期的收益管理工作提供了指导方向。

工欲善其事，必先利其器，先进的工具可以达到事半功倍的效果。IDeaS RMS 拥有自动化收益管理系统，在项目合作期间，可以为用户建立标准的日报 / 周报 / 月报标准。在对需求量预测方面，避免了人工计算带来的时间的浪费及人为错误。

三、IDeaS 的其他版块

（一）IDeaS Pricing System 定价系统

对于一些收益管理文化还处于发展阶段、还未做好使用收益管理系统的准备和能力的酒店，IDeaS RMS 为其提供了 IDeaS Pricing System 定价系统。酒店以较低的成本投入即可使用该系统。

IDeaS PS 是一个可以简单快速查阅的、低成本的收入管理分析和报告定价系统，具有直观、实用的定制页面。IDeaS PS 定价系统能帮助酒店迅速预测酒店的入住率、设定最优可卖房价，在不同的分销渠道进行发布信息，让酒店可以获得更高的业务收入和更稳定的利润。

IDeaS PS 的主要功能如下：

（1）精确与稳定的预测酒店业务需求。

（2）随时远程访问相关预测与数据。

（3）快速生成每日最优房价建议。

（4）随时可以升级至 IDeaS RMS 收益管理系统。

（5）快捷访问报表根据需要提供订制的信息。

（6）报表可事先保存，并按要求时间段发送邮件给到指定的收件人，节省时间和资源。

（7）经行业认可的 IDeaS PS 预测方法考量了最新市场趋势、“特别事件”及历史数据。

（8）按需访问更新预测。

IDeaS RMS 与 IDeaS PS 的功能对比见表 10-1。

表 10-1 IDeaS RMS 与 IDeaS PS 的功能对比

系统功能	IDeaS RMS	IDeaS PS
预测与控制		
房价控制（最后一间客房价值）	√	
超额预订	√	
最优可卖房价建议	√	√
无限制需求预测	√	
入住率预测	√	√
最优可卖房价模块		
BAR by LOS	√	
BAR by Day	√	√
网络竞争价格搜索	√	√
受网络竞争价格搜索影响的BAR建议	√	√
将竞争对手排名影响BAR建议	√	
受舆评分数影响的BAR建议	√	√
系统运行和决策上传		
自动化决策上传	√	√
用户添加的决策上传	√	√
日间系统更新（CDP）	√	√
其他模块		
团队评估/定价	√	
推广活动管理	√	
预测表现仪表板	√	
散客业务提升优势	√	
预算	√	√
特别事件	√	√
用户预测	√	√
移动端应用	√	√
Show Me为我演示学习模块	√	√
报表		
多酒店报表	√	√
预测报表	√	√
控制/决策报表	√	√（仅限于BAR）

续表

系统功能	IDeaS RMS	IDeaS PS
管理报表	√	√
运营报表	√	√

（二）IDeaS RPI

IDeaS 收益表现监控系统 Revenue Performance Insights™（RPI）是对 IDeaS 收益管理系统的追加方案，通过酒店 PMS 与 IDeaS RMS 建立的成熟的软件接口，可同时从 IDeaS 收益管理系统和 Opera PMS 系统中获取各酒店总数层面（细分市场层面售出客房数、客房收入、未来已生成预订等）和交易层面（房型、价格代码、客源国籍、渠道等）的业务数据。

IDeaS RPI 是基于云平台的收益绩效可视化的工具，为酒店集团层面和单体酒店提供有力的、可视化的管理水平的报表系统，能够极大地提升对酒店收入数据的分析、汇总报告和反应能力。RPI 同时提供定制化的报表，可依据集团管理层用户阅读偏好来设计报表及图形格式和数据内容，并可在个人电脑和平板电脑随时随地提供服务。RPI 的优势来自于，该系统能够直接从 IDeaS 收益管理系统提取其生成的预测和决策数据，快速生成直观的数据报表，可供用户随时随地查看合并的或分开的、集团或单体酒店的、汇总的或明细的报告，包括按酒店品牌比较、已生成预订数、预算等关键考核指标，是用户对各酒店业务模式（业务组成、预订进度、客源、渠道等）做到了如指掌，从而辅助用户制定相应的商业决策。

对于酒店集团来说，下属不同的酒店可能使用不同的 PMS，集团总部需要审阅的旗下所有酒店的数据报表，特别是收益相关数据报表，例如预测，预算，未来以生成预订数及收入，这是一个庞大的工作。IDeaS RPI 的使用可以解决各集团因使用不同 PMS 而造成的集团收集汇总数据的困难，很好地帮助酒店集团总部时时把握、监控全集团旗下所有酒店的业绩情况。对于酒店集团需要分析整个集团的业务趋势、经营业绩存在问题的需求，IDeaS RPI 收益表现监控系统将是最好的解决方案。

IDeaS RPI 的主要优势如下：

（1）基于用户自定的属性，从集团层面定义、分组和汇总各酒店的情况。

（2）有价值的监测，帮助企业标准化和自动生成各层面的报告，为行动赢得时间。

（3）利用按需生成的报告提高战略性，为用户提供指导性的分析和异常报告。

第四节　IDeaS RMS的市场表现

一、IDeaS RMS 的全球市场

作为行业先驱和全球技术领导者，IDeaS 为全球酒店和旅游行业各种类型和规模的业务提供业界领先的收益管理解决方案。IDeaS RMS 既采用一系列先进的分析技术和系

统工具，为酒店提供准确的预测，改进的定价决策，提升的商业洞察力，从而实现收益最大化；也包含由 IDeaS 咨询顾问团队提供的收益管理咨询服务，帮助酒店分析收入机会，改进收益管理操作流程，并培养可持续发展的盈利能力。IDeaS RMS 将正确的数据转换为清晰和切实可行的建议决策，使客户能够迅速，充满信心的定价，预测和报告，从而提高经营业绩。

IDeaS 目前在全球范围拥有超过 10000 家酒店客户，并为这些酒店用户所拥有的超过 1 百 30 万间客房提供每天的定价决策。IDeaS RMS 的系统解决方案可为各类型的单体酒店及酒店集团改善经营业绩，并提高管理效率。因此，IDeaS 不仅在全球的市场占有率（客户数量）居于领先地位，而且 IDeaS 的酒店客户类型分布广泛：从大型的跨国酒店集团到单体酒店，从传统的城市商务酒店到旅游目的地酒店及度假村，从高星级的奢华型酒店到快捷式经济型酒店，从服务式酒店公寓再到博彩业酒店。

在帮助客户进行收益管理系统部署的过程中，IDeaS RMS 也和诸多收益管理系统商业伙伴建立了稳固的合作关系。IDeaS 和主流的酒店物业管理系统（Property Management System），如 Opera PMS 等，已形成相当成熟稳定的数据接口，从而保证酒店数据的自动准确获取。这些数据接口包括：中央预订系统、价格搜索系统、价格发布系统（价格渠道管理）、宴会及会议销售系统、舆评管理系统、STR 等。这些系统的数据对接，能使 IDeaS RMS 将酒店的价格决策和管控准确及时地传递到各个销售渠道，并引进更多的帮助酒店合理定价的信息，进而进行多维度的分析以优化收益。

二、IDeaS 在中国的案例

IDeaS 在拥有大量国际酒店收益管理成功实践经验的同时，累积了收益管理系统及咨询服务的专业能力，也对中国酒店业市场和酒店集团的运营方式有着深刻的理解。从 2008 年进驻中国市场至今，IDeaS 已在中国发展了大量的本土酒店集团客户，助力多个国内酒店及酒店集团大幅提升业绩。

IDeaS 进入中国市场之后，分别和锦江、首旅、万达、海航、金陵和港中旅等数十家酒店集团及众多单体酒店合作。发现随着中国酒店业竞争水平的上升，越来越多的中国酒店经营者意识到收益管理技术和战略所带来的经济收益，可是却没有掌握正确的收益管理的知识和技能，也无法通过相应的收益管理工具加以应用。如果用收益管理成熟度模型来分析的话，大部分的国内酒店还处于具有收益管理渴望（REVENUE ASPIRATIONS）这一阶段，也就是说希望有所改变 。

作为全球领先的收益管理解决方案合作伙伴，IDeaS RMS 针对国内酒店集团的现状，从收益管理的核心三部分“人员 + 工具 + 流程”，与酒店通力合作以实现收益最大化。

以 IDeaS RMS 的合作伙伴之一——M 酒店集团为例，阐述 IDeaS 如何通过收益管理系统的三个核心流程协助酒店：

（一）人员

IDeaS RMS 首先对 M 酒店集团进行了收益管理培训，主要的参与对象有其总经理，市场销售总监以及储备的收益管理人才。同时，由于短期内无法解决人才短缺问题，而酒店部署收益管理刻不容缓，因此 IDeaS RMS 在 M 集团的数家试点酒店开始推行收益管理远程支持服务。由 IDeaS 的专业顾问来充当酒店的收益经理，每日与酒店管理团队进行沟通，以确保 IDeaS RMS 的收益管理决策在酒店层面得以实施。

收益管理成长模型见图 10–4。

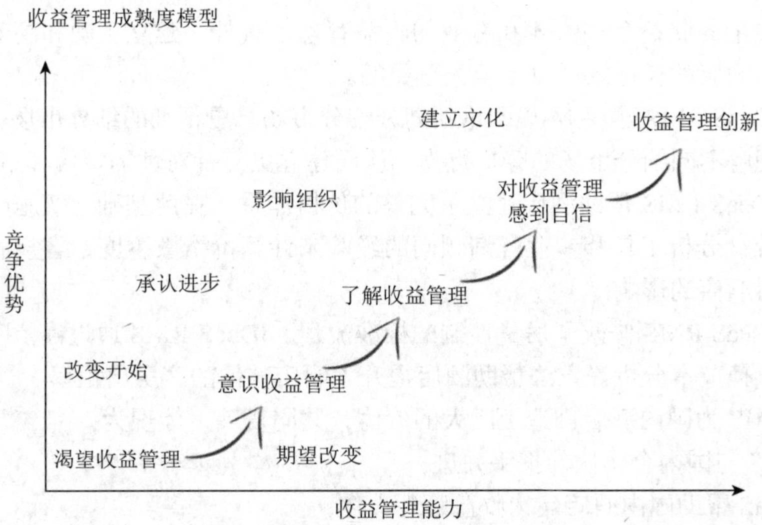

图 10–4 收益管理成长模型

经过两年的合作，这些试点酒店已从渴望收益管理（REVENUE ASPIRATIONS）。意识收益管理（REVENUE AWARE）进一步过渡到了解收益管理（REVENUE INFORMED）阶段。于是 IDeaS RMS 转变了合作方式，通过专家辅导项目，即由资深的收益管理专家向较新的收益经理传授经验，从而帮助酒店的收益管理储备人才在实践中增长独立工作的才干。

而从项目的成果来说，M 集团酒店在 2014 年，酒店每间可卖房收益指数在 STR 竞争群中增长 1.5%，酒店客房收入较 2013 年增长 1.9%；而到了 2015 年，酒店每间可卖房收益指数在自己的竞争群中增长 8.6%，酒店客房收入较 2014 年同期增长 5.5%；而 M 集团饭店在 2014 年，酒店的每间可卖房收益指数在 STR 竞争群中增长 2.4%，酒店客房收入较 2013 年增长 4%；在 2015 年，酒店每间可卖房收益指数在自己的竞争群中增长 2%。

（二）工具

目前，IT 在酒店的运用已成为酒店业在竞争中立于不败之地的基础和关键，而管理者也愿意采用新的方法和工具以提高自动化精细化管理水平。收益管理的工具也不再局限于传统的 Excel 等报表，自动化的收益管理系统可以帮助酒店迅速、有效地进行决策。

自从 M 酒店集团在试点的数家酒店部署了 IDeaS RMS，根据酒店收益经理的反馈，大大节省了每日花费在报表等基础工作的时间，同时系统的预测经过数月以至数年的检测，证明具有非常高的准确度。当然，IDeaS RMS 也离不开人工的干预，收益经理需要与软件保持互动，使自动化系统了解特殊事件等信息，才能帮助酒店实现更精准地预测以及决策。

M 集团的试点酒店已经能由其收益经理每天自行来使用系统，逐步迈向了对收益管理感到自信（REVENUE CONFIDENT）这一阶段。

（三）流程

除了高质量的收益管理人才和有效的收益管理工具外，建立正确和高效的收益管理流程对于确保酒店的长远发展也是至关重要的。

首先，IDeaS RMS 建议 M 集团重新划分细分市场。更精细的细分市场，可以让管理团队更好地理解不同细分市场的客户行为，从而建立更有针对性的定价和市场销售策略。

其次，IDeaS RMS 帮助酒店建立了完整的价格体系。在此基础上实施改善后的动态定价，通过统计分析工具和专业咨询顾问的经验来计算价格敏感度、客户满意度以及社交媒体评级对酒店的影响。

此外，IDeaS RMS 修改了房量控制的标准流程。IDeaS RMS 通过停留时间控制、超预订及团队置换成本分析等方法帮助酒店提升了酒店整体的客房出租率。

IDeaS RMS 为国内酒店创造了巨大的价值，共同发展，体现为：

（1）DeaS 与国内合作伙伴携手并进；

（2）IDeaS 帮助国内酒店建构收益管理文化；

（3）IDeaS 帮助国内酒店应对市场竞争。

下面，通过 IDeaS RMS 与 L 酒店集团的成功合作，进行说明。

L 酒店集团是在中国一共管理着 124 家星级酒店，客房数超过 36000 间，足迹遍布中国各级城市。L 店集团运营着一系列酒店品牌，包括全新的奢华酒店品牌、面向精英商务人士的豪华五星品牌、时尚简约的四星商务品牌以及历史悠久的经典酒店。

L 集团酒店为了与发展的步伐保持一致，意识到需要寻求科学的运营管理策略、提升管理人员专业技能，以实现卓越发展，而收益管理就是其首要任务之一。对于 L 集团来说，为了适应瞬息万变的市场，并且不断提高酒店收入，建立一套收益管理实践文化是至关重要的。

2012 年，L 集团酒店开始与 IDeaS RMS 的合作，希望借由 IDeaS 的专业帮助，建立全面的集团收益管理文化体系。经过认真分析，IDeaS 和 L 集团酒店共同制定了以下三个目标，以期在面对越来越激烈的市场竞争时，L 集团旗下酒店仍然可以提升经济效益：

- 培养一支强大的收益管理团队。
- 建立并加强贯穿集团的收益管理文化。
- 鼓励并推动旗下酒店根据自动化数据分析进行收益管理。

首先，IDeaS RMS 需要对 L 集团内部进行培训，主要包括会涉及收益管理流程的各部门经理以及总经理等管理层。为此，IDeaS 每年为 L 集团酒店进行收益管理概念培训，以期在其内部打造收益管理文化氛围。每次收益管理概念培训包括七大内容：收益管理概述、市场细分、定价、预测、收益管理策略、渠道策略以及战略制定和实施。

在收益管理培训的同时，IDeaS 对 L 该集团酒店旗下的 5 家试点酒店进行了全面考察和分析，并提交了一份详尽的收益管理反馈报告。在这份报告中，IDeaS 帮助 L 酒店集团分析和发掘进一步提升收益管理水平的机会，并为其精心制定了一份逐步改善收益管理策略的计划，为提高酒店的整体收益管理水平提供指导。

根据 IDeaS 的建议，试点酒店开始使用 IDeaS 远程收益管理支持服务（Virtual Revenue Management Support，VRMS），为酒店构建收益管理基础，以便实施复杂的定价策略。

IDeaS VRMS 是 IDeaS 专为缺乏收益管理资源的酒店所设计。L 集团酒店借助该服务，结合经验丰富的 IDeaS 酒店收益咨询顾问的帮助，并且在日常工作中持续培训员工专业能力、营造浓厚的收益管理文化，从而能制定有效的收益管理策略，从而优化酒店收入。

2013 年是酒店行业充满挑战的一年，通过与 IDeaS RMS 的合作，L 集团酒店旗下采用 IDeaS VRMS 服务的 5 家试点酒店，取得了让人欣喜的成绩。这 5 家酒店在 2013 年同比收入增长从数十万到百万以上，与市场竞争对手相比，RGI* 数据同比增长从 2% 到 9% 不等。

*RGI（收入指数）= 本酒店每间可售房收入（RevPAR）/ 竞争市场平均每间可售房收入

有鉴于取得的喜人成果，L 集团酒店进一步扩展与 IDeaS 的合作，以充分发挥智能收益管理的作用。计划包括：

- 集团旗下的另外两家酒店也开始采用 IDeaS VRMS 服务。
- 在集团层面，L 集团酒店也正在考虑借助 IDeaS 顾问团队，建立集团收益管理标准操作流程（Revenue Management Standard Operation Procedures，SOP）以及使用 IDeaS 价格优化服务（Price Optimization Service，POS）。

L 酒店集团酒店的市场营销高级副总裁表示：“IDeaS VRMS 是 IDeaS 所特有的服务，这是我们决定与 IDeaS 合作的关键因素之一。L 集团的酒店拥有各具特色的酒店产品，并深受市场认可。完善的收益管理将为我们锦上添花，协助我们取得更好的市场表现。通过 IDeaS 的支持，我们已经在集团内部孕育出扎实的收益管理文化，并且开始着手培养我们自己的酒店收益管理人才。我们期待未来与 IDeaS 加强合作，不断取得更多务实成果。”

全球系统用户共享的 IDeaS 网络支持平台也是 IDeaS 客户服务的重要组成部分。在这个平台上，全球用户提出有关收益管理的问题并交流，而且这平台不局限于酒店和 IDeaS 专业人员，甚至酒店同业者也可以互相交流系统使用的心得。针对中国用户，IDeaS 的网络支持平台还特别提供了中文版的在线帮助说明书，帮助酒店收益管理人员更便利地使用系统。

三、IDeaS RMS 的未来展望

（一）客房外的其他收入

正如 IDeaS 的总裁 Ravi Mehrota 博士所说：“团队客人的确是酒店的稳定客源，但是这部分客人不太会再消费酒店的其他配套设施。这也将影响酒店的整体收益。”未来，酒店业管理者不应将提高收入的焦点仅放在客房销售上面。所以，IDeaS 已经开始支持客房以外的其他酒店业务，例如餐饮、会议场地以及水疗服务等。而这些内容也都将在 IDeaS 的新一代产品及服务中得到体现。IDeaS 已经开始为多家酒店和集团提供宴会收

益管理的培训和系统模块以支持预测定价。

（二）收益与利润

传统的收益管理注重的是收入，而现代化的收益管理更为关注利润。例如，在客房的收益管理中我们都熟知每房收益（RevPAR）这个业绩衡量指标，而如今 IDeaS 在会议及宴会收益管理中引入的类似概念，即可用场地每时间段每平方米的利润（ProPAST）。相对客房，会议及宴会业务的成本变化较大，因此我们应关注的是利润最大化。

（三）新的预测模型

收益管理核心内容之一是预测，通过数学模型，采集历史数据，使酒店管理者掌握和了解市场需求，从而进行差别定价，并在不同时间段采用不同的收益管理策略达到收益最大化的目的。

酒店的收益管理在操作环节中最依赖数据分析的部分，互联网时代，大家都在谈"大数据"。那么对于酒店行业，如何借助大数据来提升收入呢？大数据的核心在于帮助客户挖掘海量数据中蕴藏的关键价值，在酒店管理中的每个方面：如营销、运营等都可加以运用。在这个大数据时代酒店收益管理也必须要有所突破。

以往的收益管理系统局限于采集酒店自身的历史数据来进行预测和分析，往往对外界市场信息难以量化统计，难免使预测的结果存在一定的离差。如今，要求收益管理系统在需要加入新的变量，同时，评估收益管理策略对未来预测的影响也很重要。在 IDeaS G3 RMS 系统当中，新增的模拟运算（What If）功能就能够帮助酒店判断实施调价后的预测，而过去由于数据量很大这些通过手工计算是无法完成的。

（四）客户口碑与定价

网络时代，顾客在互联网平台上对酒店的评价，成为客户口碑声誉价值的最好体现。随着电子商务的发展，顾客的评价内容也趋于专业，发布的渠道也越来越广泛。因此，如今的客评已成为消费者衡量判断酒店品牌价值及产品价格的关键所在。根据康纳尔大学的一份研究报告显示——当酒店的在线声誉评分上升 1%，每间可预订客房收益（RevPAR）的增长将高达 1.42%。需要注意的是，点评的内容对消费者的实际预订行为产生的影响比打分更为重要。目前，IDeaS 将"口碑管理"（Reputation Management）作为定价模块嵌入到收益管理系统（RMS）中，并结合点评分数来建议价格点，寻求价格提升的空间，最大限度地挖掘市场潜在的收入。

【本章案例学习】

A 饭店地处繁华的某一线城市的商务文化中心，拥有不同类型的客房共 466 间，顾客多为商务散客和休闲旅游者。A 酒店于 1990 年开业，现已成为集饭店、公寓、写字楼、商店于一体的综合性国际商务大厦。为应对酒店行业的激烈竞争，A 饭店从 2011 年开始与 IDeaS 展开合作，率先安装了 IDeaS 先进的收益管理系统，以帮助酒店提升收益，建立自上而下的收益管理文化。

IDeaS RMS 是帮助酒店收益管理人员进行统计、分析和决策的收益管理工具。其详尽且功能强大的报告在用户群中颇受好评，全球续约率达到 95% 以上。但是正如 IDeaS 一直强调的：收益管理需要“合适的人 + 合适的流程 + 合适的工具”，只有这三个要素组合发力，才能实现最佳收益。工具终究要为人所用，只有收益管理人拥有过硬的专业知识和素养，才能更好地利用 RMS，帮助酒店收益实现最大化。为此，IDeaS 专门成立了客户服务团队（简称为 CRM 团队），为 A 酒店配备一个专门的客户经理。这些客户经理通过定期的电话会议对 A 酒店进行专业指导，帮助酒店更好地使用系统并建立收益管理文化。

从 2011 年到现在，IDeaS 见证了 A 饭店收益管理文化从无到有、从有到专的发展过程，无论是收益管理人员还是收益管理流程都实现了巨大的进步，而这些进步是双方共同努力的结果。据 A 饭店的收益管理负责人介绍，合作之初，收益管理对她来说还是一个崭新的概念，大量专业知识的涌入让她觉得每一次交流都像超负荷的脑力激荡。但在 5 年间的沟通和交流中，IDeaS 客户经理不断给予她技术与精神的支持，帮助她逐渐积累了专业的收益管理知识和技巧，从一个不懂市场代码的“门外汉”逐步成长为合格的收益管理人。现在，她能通过 RMS 的报告对酒店定价等决策提出专业的建议，以助力 A 酒店收益的提升。

收益管理流程的改善是 A 酒店使用 IDeaS RMS 系统和客户服务的另一大收获。在双方的努力下，A 饭店不断改进流程，为专业的收益管理创造必要条件。例如，在某些市场低迷的状况下，A 酒店学会了根据现有预订状况以及预测情况，科学制定 BAR RATE（最优惠门市价），让酒店的收益管理流程变得更加正规和专业。

IDeaS 客户经理以月度电话会议的形式与 A 酒店收益管理人员进行业务沟通。在月度会议中，IDeaS 客户经理详细解答酒店收益管理人员关于 RMS 系统使用的问题，并发挥自身专业能力从 RMS 系统中的数据中精确判断系统是否被正确使用。IDeaS 客户经理从日常业务操作的角度，帮助和指导酒店如何更好地使用系统和报告，让 RMS 真正在酒店的收益和决策中发挥作用。

以促销决策为例，A 酒店过去习惯于仅参照过往经验制定决策，而随着收益管理文化的渗透，A 酒店的负责人对促销时间的精准选择和目标顾客的科学定位更加重视。IDeaS 客户经理也会时常提醒 A 酒店，在制定促销活动之前进行需求预测，以确定哪个时间段更需要增加入住率；通过市场细分分析，定位具体的促销目标群体；并且需要明确每次促销活动的目标，比如到底是需要提高平均房价，还是提高入住率，或者是提升平均入住时间，抑或是改善预订进度等。

A 饭店总经理表示：“IDeaS 的收益管理系统和服务帮助我们大大改善了收益管理流程，为酒店注入了全新的收益管理理念，让我们的管理更科学、更专业。尤其是 IDeaS 的客户服务团队在我们的决策中提供了许多值得参考的建议。”

案例问题

1. IDeaS 的收益管理系统和服务如何改善 A 饭店的收益管理流程？
2. IDeaS 的客户服务团队在 A 饭店的管理决策中起到什么作用？

第十一章

其他收益管理系统

【学习目标】

1. 了解 Amadeus 收益管理系统的优势、功能和应用。
2. 了解 HiYield 收益管理系统的优势、功能和应用。

【引导案例】

HiYield RMS 为酒店创造价值

Q 酒店成立于 2014 年，一共拥有 600 间客房。该酒店于 2017 年初开始使用 HiYield RMS。从 2017 年一季度的同比数据看，今年比去年客房销售间夜数增加 358（增幅 2.64%），平均房价增加 61 元（增幅 15.8%），客房收入增加 982 977 元（增幅 18.77%），见表 11–1。

表 11–1　Q 酒店 2017 年与 2016 年同比数据

序号	类型	数据类型	数值
1	2017实际	出租间夜	13 913
		平均房价	447
		客房收入	6 220 744
2	2016实际	出租间夜	13 555
		平均房价	386
		客房收入	5 237 767
3	2017实际 VS 2016实际	出租间夜	358/2.64%
		平均房价	61/15.80%
		客房收入	982 977/18.77%

市场细分方面，会员、上门散客、呼叫中心400客房收入今年比去年大幅增长，官方网站、官方APP从无到有，直销渠道占比提高3%。

会员客房间夜数增加1327（增幅22.44%），平均房价增加47元（增幅12.05%），客房收入增加860 346元（增幅37.29%）。上门散客客房间夜数增加360（增幅48.06%），平均房价增加16元（增幅2.93%），客房收入增加213 738元（增幅52.22%）。呼叫中心400客房间夜数增加48（增幅68.57%），平均房价增加30元（增幅7.59%），客房收入增加22 418元（增幅81.00%）。官方网站客房间夜数55，平均房价423元，客房收入23 290元。觅集客（官网APP）房间夜数5，平均房价404元，客房收入2020元。第三方渠道占比由去年的28.86%降低到今年的25.85%，佣金减少，收益提高。

Q酒店2017年与2016年市场细分对比见表11-2和表11-3。

表11-2 Q酒店2017年与2016年市场细分对比（1）

序号	类型	数据类型	会员	订房中心	上门散客	会议客人	门店协议公司	集团协议公司	长住房
1	2017实际	出租间夜	7 240	3 449	1 109	625	582	58	3
		平均房价	437	467	562	386	460	207	260
		客房收入	3 167 475	1 609 905	623 027	241 460	267 556	12 034	780
2	2016实际	出租间夜	5 913	3 711	749	511	833	273	410
		平均房价	390	408	546	324	339	162	280
		客房收入	2 307 129	1 513 175	409 289	165 668	282 500	44 124	114 653
3	2017实际 VS 2016实际	出租间夜	1 327/ 22.44%	−262/ −7.06%	360/ 48.06%	114/ 22.31%	−251/ −30.13%	−215/ −78.75%	−407/ −99.27%
		平均房价	47/ 12.05%	59/ 14.46%	16/ 2.93%	62/ 19.14%	121/ 35.69%	45/ 27.78%	−20/ −7.14%
		客房收入	860 346/ 37.29%	96.730/ 6.39%	213 738/ 52.22%	75 792/ 45.75%	−14.944/ −5.29%	−32 090/ −72.73%	113 873/ −99.32%

表11-3 Q酒店2017年与2016年市场细分对比（2）

序号	类型	数据类型	官方网站	呼叫中心400	非协议散客	钟点房	团购	旅行社	觅集
1	2017实际	出租间夜	55	118	264	144	4	18	5
		平均房价	423	425	463	687	410	408	404
		客房收入	23 290	50 096	122 218	98 973	1 640	7 352	2 020
2	2016实际	出租间夜	0	70	646	94	0	69	0
		平均房价	0	395	414	932	0	338	0
		客房收入	0	27 678	267 285	87 619	0	23 320	0

续表

序号	类型	数据类型	官方网站	呼叫中心400	非协议散客	钟点房	团购	旅行社	觅集
3	2017实际 VS 2016实际	出租间夜	55/ –	48/ 68.57%	–382/ –59.13%	50/ 53.19%	4/ –	–51/ –73.91%	5/ –
		平均房价	423/ –	30/ 7.59%	49/ 11.84%	–245/ –26.29%	410/ –	70/ 20.71%	404/ –
		客房收入	23 290/ –	22 148/ 81.00%	145 067/ –54.27%	11 354/ 12.96%	1 640/ –	–15 968/ –68.47%	2 020/ –

第一节　Amadeus收益管理系统

一、Amadeus 介绍

Amadeus 是全球最大的旅游技术服务公司之一。1995 年，该公司在中国大陆成立了分公司，开始服务于中国大陆的旅游行业，总部设在北京，另外在上海及广州分别建立了办事处。现如今，Amadeus 的全球分销系统向世界范围内的酒店和航空公司提供优越的服务。该业务还扩展到别的领域，如向旅游行业提供技术解决方案，包括全球航空定位、酒店预订、租车、客户查询等，从而众多的旅游企业通过 Amadeus 系统准确、快捷地销售各种旅游相关产品。艾玛迪斯公司为饭店行业提供的主要技术产品包括：

（1）饭店管理平台（Amadeus Platform）

这是一个新一代的饭店管理系统，是一个集成中央预订系统、饭店管理系统、收益管理系统的一个平台，是一个使这些系统一体化的平台。

（2）饭店管理信息系统（Amadeus PMS）

该系统是饭店进行日常的经营管理工作的重要工具，它由具有不同功能的模块组成，能满足预订部、前厅部、客房部、财务部等部门预订客房、入住登记、客房清洁情况管理、准备账单、结账和对账以及储存数据和打印各种报表等需要。

（3）收益管理信息系统（Amadeus RMS）

该系统能帮助饭店通过实施收入管理策略和深入把握市场消费行为的规律最大限度提高饭店的利润。

（4）销售点终端系统（Amadeus POS）

该系统又称为销售时点信息系统，它能够自动读取记录商品销售设备里的信息，并通过通信网络和计算机系统传送至有关部门进行分析加工，以提高经营效率。

（5）饭店分销系统（Amadeus Distribution）

通过该公司的全球分销系统来销售饭店的产品和服务。

二、Amadeus RMS 的功能及优势

Amadeus RMS 能够不断自动从饭店管理信息系统上调用最新数据，并对其进行新的推导和运算，更新分析结果和建议，使它的预测和建议保持与市场变化的步调一致。

Amadeus RMS 系统具有完全自动化的收益最大化解决方案和与视窗平台技术结合在一起的最新技术。它的主要功能如下：

（1）通过密码设置用户使用权限

（2）数据的自动更新和备份

（3）自动电子邮件报告功能

（4）需求分析功能

（5）对现有预订情况的分析和新的需求情况的预测

（6）随机校准模型

（7）决策优化的功能

（8）日历功能

（9）团体预订分析功能

（10）系统的安装、调试和使用培训

Amadeus RMS 系统为酒店的收益管理提供自动化、准确的帮助和支持，突出的优势包括：

首先，Amadeus RMS 系统是能从饭店管理系统自动攫取数据，通过内置的数学模型，逐日预测未来市场需求的情况，便于饭店根据需求的高、中、低等情况调整价格的等级、销售渠道和细分市场的组合，帮助饭店经营管理者评估、确认和判断短期、中期和长期的销售策略，找出最大限度提高收入和利润的途径和方法。

其次，Amadeus RMS 系统还能提高动态建议，建议最高公共价格应该设立在哪个等级，最低团体报价是多少，有什么限制条件等，如某个团体使用的房间数要达到多少间天，会议和宴会的消费达到什么标准，最少要住多少天，最多只能住几天等。

最后，由于市场的环境不断变化，饭店已经获得的预订也会增加、减少、更改或取消，因此，饭店可供出租的房间数也会随时间的变化不断变化。Amadeus RMS 系统能准确预测被取消和更改的客房的间数，提高退房和推迟退房的房间数，计算出需要超额预订的房间数，供收益管理人员参考。

三、Amadeus RMS 的应用

Amadeus RMS 已经成为全球三大分销系统和科技平台。目前，全世界 54 个饭店集团公司的 1 500 多家饭店使用 Amadeus RMS。而且 Amadeus RMS 开始通过合作提高自己的竞争优势。

为了扩充 Amadeus RMS 在酒店 IT 方面的水平，Amadeus 于 2013 年开始收购狂潮。Amadeus 豪掷 5 亿美元收购一家美国的节事科技供应商 Newmarket International。2015 年，Amadeus RMS 收购了拥有 20 年历史的荷兰酒店管理系统（PMS）供应商 Itesso。至此，Amadeus 已通过系列收购，布局酒店业和其他住宿业软件供应、实现全方位服务的基

本。这些收购项目包括中央预订系统、PMS、收益管理系统（RMS）以及一些销售和餐饮服务软件。作为收购项目的一部分，Itesso 的 100 名员工，包括其管理团队，将加入 Amadeus 工作。Itesso 为全球 1800 家企业提供服务。2015 年 5 月，Amadeus 宣布洲际酒店集团（InterContinental Hotels Group）为其首家主要合作伙伴，该公司同时也是 Itesso 的 Brilliant PMPRO 平台最大客户。

Amadeus 表示，公司的愿景是以云端为基础的全服务组合，为酒店业主从销售、管理和顾客角度，化繁为简地提供“单一的顾客视角”，从而帮助了解顾客端的产品诉求。Amadeus 负责新业务的高级副总裁 Poco Perez–Lozao 称，“PMS 是我们公司战略的关键，我们为拓展在该领域的能力，评估了无数备选。”Amadeus 董事总经理 Bas Blommaart 称，“作为 Amedeus 基于云端的酒店业服务平台的关键模块，Itesso ELS 的整合将为我们目前和未来的客户开启全新的未来。”

第二节　HiYield RMS

一、HiYield RMS 介绍

上海鸿鹊信息科技有限公司于 2014 年 8 月成立，由海外人士及国内优秀企业精英共同创建，是一家中、美、加合资，立足中国、面向世界的信息科技公司。作为国内一家专门从事提升酒店、餐饮及会展等企业的收入和利润的收益管理软件的开发与销售的公司。目前的经营范围为：计算机软件设计、开发、销售及维护，云计算服务，技术咨询和技术服务，企业管理、收益管理应用咨询与服务。

鸿鹊的 HiYield 酒店收益管理平台是美国著名酒店收益管理专家、被誉为中国“收益管理传教士”的胡质健先生亲自带队，结合国内酒店业实际情况而研发的，帮助酒店精准定位、定价和营销的，提升酒店收益和利润的大数据云系统，同时还有配有收益管理应用培训和咨询等解决方案。

HiYield RMS 提供适合各类型的酒店及住宿接待企业使用的标准版，可在标准版基础上根据客户的需求开发定制版，或专门为大专院校师生设计，辅助收益管理的教学版。将来根据市场、行业的发展及顾客需求，鸿鹊还将不断开发与时俱进的课程，满足众多酒店、集团、大专院校、个人等的需求。

二、HiYield RMS 的功能及优势

作为国内酒店收益行业先驱，HiYield RMS 已为包括酒店、公寓和度假村在内的各种住宿业态、单体及连锁集团提供切实、有效、可行的收益管理系统工具和解决方案，通过自动搜集整理和分析各种内外数据，进行价格监控，精准预测市场供求关系变化，从细分市场、分销渠道和房型等不同维度为用户提出量价分配和调控的最佳建议，实现每天、每个维度的精细化管理，动态优化和调控，有效帮助用户提升收入和利润。此外，鸿鹊计划未来研发出会议展览、餐饮、宴会和康乐等业务的收益管理功能模块和产品。

HiYield RMS 为用户提供以下三种版本：

（1）鸿鹊收益管理系统标准版（HiYield RMS Standard Version）

适合各种类型的酒店、宾馆、旅馆、度假村、公寓、客栈、民宿等使用。

（2）鸿鹊收益管理系统定制版（HiYield RMS Tailor-made Version）

在标准版的基础上，根据客户的要求，增加定制的功能模块、图表和报告，满足用户特殊需求，实现集团管控和各种数据报告自动汇总、比较和排序等功能，尤其适合集团使用。

（3）鸿鹊收益管理系统教学版（HiYield RMS Education Version）

为大专院校师生专门设计，与标准版一样，提供实时、仿真的数据、图表和分析，辅助收益管理的教学，为行业培育既懂理论，又懂得使用工具的收益管理专业人才。

（一）HiYield RMS 的功能

HiYield RMS 为用户提供的九大功能。

1. 数据分析功能

HiYield RMS 自动从酒店管理系统 PMS 和互联网获取有用的内外部数据，并自动生成各种分析和预测的图表。便于控制预订进度、定价、存量分析、超额预订，很大程度上提高工作效率和预测准确率。

2. 预测功能

通过对历史数据、预订进度、市场需求、供求关系和竞争对手等情况的分析，从房型、渠道、细分市场等不同维度，精准预测每天每个维度的间夜数、平均房价、收入，精确把握未来市场供求关系变化和竞争对手动向，实现量价最佳平衡，从而最大化利润和市场占有率。

3. 预算管理功能

HiYield RMS 的预算是基于历史数据、市场环境、企业目标（MPI）的科学预测和优化而非基于预算制定者的主观经验。预算中的间夜数、平均房价和收入精确到每天的每个细分市场、每个渠道和每个房型。

4. 超额预订功能

对满房天超额预订的客房总间夜数、各房型的超额预订数量及价格等自动提出建议，并记录、统计超额预订的结果和收益。

5. 价格建议功能

HiYield RMS 根据预测及优化的目标、市场需求的水平、最佳出租率平均房价组合、竞争对手的定价情况，自动计算并提出每天的定价建议，有效帮助酒店实施动态定价。使酒店不因价格过高而流失销量，也不因为价格过低而损失利润。

6. 业务置换分析

HiYield RMS 帮助酒店改变陈旧、落后的先来先得及凭经验报价的做法，在接受每笔业务（团队、长住客、公司协议客、餐宴、展会等）询价时，自动计算该业务对酒店整体收益和利润的影响，提出合理的最低报价及销售策略。

7. 展会报告

HiYield RMS 通过数据挖掘，自动获得市场上每天影响酒店市场需求的事件的有用信息（展会、文体活动、节假日活动、气象报告等）。HiYield RMS 解决酒店人工搜集成本高、数据不全及数据不及时等问题，为酒店寻找业务、定价、促销、预测需求、制定销售策略提供有力帮助。

8. 升档销售功能

通过对历史数据、预订进度、市场供求关系分析，识别升档销售机会，自动建议每种房型升档价格和升档数量的策略，并记录每个员工的业绩。HiYield RMS 极大提高了升高升档销售的成功率和收入。

9. 集团区域管理功能

酒店集团总部和业主随时随地通过 PC 端和移动端查看、掌握属下每个酒店及整个集团的预订情况、定价情况、预测情况、预算完成情况等信息。节省酒店集团下属酒店制作报表的烦琐过程。HiYield RMS 满足集团真正实现高效、实时、准确、集约地对众多下属酒店进行收益管理的需求。

由于 HiYield RMS 不仅具备获取内外部数据、自动生成各种可视化报告、图表、数据以及高度智能的分析的功能，还能够帮助酒店提高效率、节约人力，进行定价等方面的决策和优化，实现酒店收入、利润、市场占有率最大化，为用户创造最大价值。

HiYield 为客户创造的价值如图 11-1 所示。

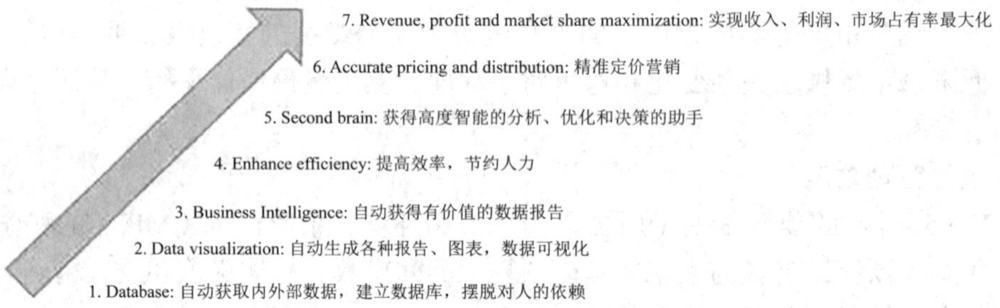

图 11-1　HiYield 为客户创造的价值

（资料来源：鸿鹊公司）

（二）HiYield RMS 的优势

因互联网、大数据、云计算的普及和市场竞争白热化，精准定位、定价和营销的收益管理系统（RMS）正在逐步成为与酒店信息管理系统（PMS）一样的酒店不可缺少的标准配置。酒店之间的竞争，除设备设施、服务之外，更是收益管理水平的竞争。

HiYield 收益管理系统拥有数据安全、供应商的中立性、收益系统和服务的本土适应性、服务响应速度、使用和操作的便捷程度等多方面的优势，帮助店实现收益最大化。

1. 中立性

HiYield RMS 供应商的中立性对酒店用户而言是至关重要的一点，这决定 HiYield RMS 能优先为酒店服务，帮助酒店取得利益最大化。

2. 服务器和研发团队在中国

服务器在中国的系统没有防火墙，比服务器在国外的系统更稳定、速度更快，且用户反馈问题时，团队响应更快，解决问题的速度也更快，因此用户体验感更好。

3. 提供定制化产品

目前，国内外所有的 RMS 里，能提供定制化产品的只有 HiYield RMS，这意味着用户一旦有超出既有产品的需求，其他 RMS 将无法满足。而且 HiYield RMS 不但能为单体酒店提供定制化的功能和报表，还能为集团酒店提供定制的个性化的集团版收益管理系统，例如锦江集团、中兴和泰集团等。

4. 算法本地化

国外的 RMS 虽然历史悠久、经验丰富，但其算法是基于国外客户的数据而来。国外客人和国内客人他们的消费行为规律存在着极大的不同，所以在这样的数据基础上衍生出来的算法未必适合国内的酒店用户，且极有可能存在水土不服的情况，而 HiYield RMS 的算法则是完全本地化，符合中国客户的特点。

5. 有完整的数据

大多数 RMS 仅有酒店 PMS 里的数据，很少有外部数据，或部分购买了少量的外部数据，又或者是让用户自己手动录入外部数据。HiYield RMS 不仅有内部数据，还自己开发获取了大量的外部数据，例如展会、价格等，并且 HiYield RMS 还计划和一些数据公司合作，获取更多的数据。

6. 有完整的收益管理功能

目前有些 RMS 他们只有部分的收益管理的功能，例如网络价格分析、单一网络平台的少量酒店数据的分析等，不具备完整的收益管理的功能。HiYield RMS 有完整的收益管理功能的 RMS 并且和酒店 PMS 对接的，这样才能获取酒店完整的数据，从而给出全面的分析、优化的建议。而且 HiYield RMS 其他的系统功能正在积极开发中，例如餐饮管理、宴会管理、场租管理等。

7. 合作的 PMS 厂商最多

HiYield RMS 已经与国内外大部分主流的 PMS 厂商建立了合作关系，只要用户有需求，基本都能实现数据对接。这也为 HiYield RMS 未来开拓更大的市场版图奠定了良好的基础。

8. 用户数量最多

HiYield RMS 的用户数量已居国内 RMS 之首，而且超过了很多国外的 RMS 厂商，并且有不少的成功案例，用户口碑良好。

9. 性价比更高

团队本土化，且服务器在中国，人力成本、运维成本更低，所以鸿鹊 HiYield RMS 的定价较低，性价比更高。

10. 综合优势

界面简洁、易操作自动获取外部数据（展会、点评、价格等数据）自动生成各类 BI 报；预测准确性高，且算法在不断升级和迭代；系统功能在不断开发和扩展；汇聚海内外精英的服务团队。

三、 HiYield RMS 的应用

鸿鹊自主研发的 HiYield RMS 是为中国酒店开发的融合先进收益管理理念和互联网技术的收益管理软件。HiYield 与国内主流 PMS 系统基本都能实现数据对接。HiYield RMS 还在持续开发新功能：主要包括餐饮、宴会和团队模块。

HiYield RMS 餐饮功能模块见表 11–4。

表 11–4　HiYield RMS 餐饮功能模块

HiYield RMS餐饮功能模块			
序号	功能模块	二级模块	描述
1	分析	餐饮流程分析	对每个流程耗费的时间、包括客人等待的时间等进行统计和分析，达到控制流程、控制客人消费时长、提出建议等位时间的目的
		餐饮预订规律	对不同细分市场/渠道的预订进度、提前预订时间等进行分析，掌握客人的预订规律，制定更有针对性的促销策略
		餐饮消费规律	消费时长分析：统计和分析客人的消费时长。以期在高需求时缩短客人的用餐时间，提高翻台率；低需求时延长客人的用餐时间，尽量提高单桌的消费
			时段分析：统计各个时点到达、离店、在店的客人数量及消费占比，分析一天之中的高峰和低谷时段。便于按时段来定价
			周分析：分析餐厅一周之中的上座率、人均消费、RevPASH、菜品点击率等。掌握一周之中的差异情况，便于进行差别定价、排班、促销日的选择等
2	优化	餐饮预测	通过分析历史数据、预订规律，预测每天、每小时的餐位出租率、上座率、翻台率、餐饮收入、RevPASH等。根据需求高低来安排工作、制定策略
		餐台组合	根据预测，给出不同日期、时段的餐桌排列组合的优化建议。合理安排桌位数、座位数，提高上座率
		菜品定价	根据预测、消费规律、餐桌属性自动建议不同时段的价格。帮助餐厅进行合理的动态定价
		菜单建议	根据消费规律、菜品销售分析，给出不同日期、时段建议提供给不同细分市场的菜单。提供更有针对性的产品；缩短高峰期客人点单时间、菜品加工时间等
		折扣管理	对赠券、礼物券、折扣等的使用的统计，并建议每天、每小时可接受各种折扣的限额，便于管理折扣的使用
		库存管理	根据销售情况使用自动消耗功能，提出建议采购量

续表

HiYield RMS餐饮功能模块			
序号	功能模块	二级模块	描述
3	报表	经营数据报表	展示餐厅每日关键营业指标，如餐位出租率、上座率、翻台率、人均消费、RevPASH（每小时餐位收入）等；并按照小时、餐次、天、月、年比较不同时段的产出，及其与预测、预算等的差异，帮助餐厅分析经营状况
		菜品销售报表	对菜品销量及增长率进行统计分析，呈现不同市场/渠道的菜品销量排名及波士顿矩阵图。找到受欢迎和需淘汰的菜品
		菜品成本利润表	对菜品进行成本利润分析，便于统计不同菜品的利润大小。为餐厅选定主打产品、进行菜品取舍、套餐菜品搭配时提供参考
4	设置	系统设置	更改账号密码
		参数设置	展示餐饮管理系统中的各项参数
5	帮助	操作手册	在线了解不同模块的功能介绍

HiYield RMS 宴会功能模块见表 11–5。

表 11–5　HiYield RMS 宴会功能模块

HiYield RMS宴会功能模块			
序号	功能模块	二级模块	描述
1	分析	宴会预订日历	1.展示意向、暂定、确定等不同状态的宴会的预订情况，例如RevPAM（单位时间每平米宴会收入）、利润等 2.展示对应日期的展会、事件等信息
		预订规律	预订进度：展示每种宴会厅每个细分市场/渠道未来的预订趋势，比较不同时段的预订进度，便于发现差异和机会
			预订窗口：对不同细分市场/渠道的提前预订周期进行统计和分析，帮助酒店掌握不同细分市场/渠道的预订规律
			周分析：分析一周之中不同的市场/渠道的RevPAM和利润。便于进行合理的动态定价
2	优化	预测	通过分析历史数据、预订进度、市场环境、竞争对手价格等数据，预测每天、每小时、每种宴会厅的RevPAM、利润等
		定价	1.根据预测进行建议：根据日期、时段进行价格建议；根据预算建议合适的日期、时段 2.显示竞争群酒店的网络售卖价，供酒店做定价决策时参考
		场地管理	根据预测实施宴会场地管理，制订合理的场地销售策略，使每个场地每个时间段的使用率获得最大化，进而达到利润最大化

续表

HiYield RMS宴会功能模块			
序号	功能模块	二级模块	描述
3	报表	数据对比	按照小时、天、月、年比较各个市场/渠道的实际产出，及其与预测、预算等的差异，便于进行数据分析
		宴会销售分析	分析每种宴会厅的使用率、REVPAM（每平方米宴会收入）、ConPAST（场地每时间段的利润）、ProPOST（已用场地每时间段每平方米的利润）及ProPAST（可用场地每时间段每平方米的利润）等，为场地改造、定价等提供参考
		生意流失分析	记录流失的生意、流失的原因、客户流失去了哪里，帮助酒店找到经营管理和收益管理有待改进的地方
4	设置	系统设置	更改账号密码
		参数设置	了解宴会管理系统中的各项参数说明
5	帮助	操作手册	在线了解不同模块的功能介绍

HiYield RMS 团队功能模块见表 11–6。

表 11–6　HiYield RMS 团队功能模块

HiYield RMS团队功能模块			
序号	功能模块	二级模块	描述
1	分析	团队预订日历	1.展示意向、暂定、确定等不同状态的团队的预订情况，例如间夜数、平均房价、利润等 2.展示对应日期的展会、事件等信息
		团队预订规律	预订进度：展示每个细分市场/渠道的预订趋势，比较不同时段的预订进度，便于发现差异和机会
			预订窗口：对不同细分市场/渠道的提前预订周期进行统计和分析，帮助酒店掌握不同细分市场/渠道的预订规律
			月分析：分析一年之中每个月以及每个月的上中下旬不同市场/渠道的间夜、平均房价和利润。便于进行合理的动态定价
			周分析：分析一周之中不同的市场/渠道的间夜、平均房价和利润。便于进行合理的动态定价
2	优化	团队预测	通过分析历史数据、在手数据、预订进度、市场环境等数据，预测每个团队细分市场/渠道每天出租的间夜数、平均房价和利润
		团队收益日历	1.根据预测，结合酒店的团队价格体系和酒店客户的价格敏感度，进行每日团队最低售卖价和最高销量的建议 2.根据团队需求、预算，推荐合适的日期
		置换分析	1.计算被团队置换的散客和团队带来的利润的大小 2.计算不同的团队带来的整体利润的大小 为生意的取舍提供参考，和对团体报价进行重新评估

续表

HiYield RMS团队功能模块			
序号	功能模块	二级模块	描述
3	报表	数据对比	按照小时、天、月、年比较各个市场/渠道的实际产出，及其与预测、预算等的差异，便于进行数据分析
		团队转化率	统计各种类型的团队各阶段的转化率，便于进行最终房量的预测，及统计销售成功率
		生意流失分析	记录流失的生意、流失的原因、客户流失去了哪里，帮助酒店找到经营管理和收益管理有待改进的地方
		团队明细报表	对团队详细信息及带来的全部收益情况进行统计，便于未来进行追踪和根据客人的价值进行更好的细分
4	设置	系统设置	支持用户更改登录密码
		参数设置	了解酒店管理系统中的各项参数说明
5	帮助	操作手册	在线了解不同模块的功能介绍

发展至今，HiYield RMS 的使用用户居国内 RMS 之首，并有不少的成功案例，用户口碑良好。

【案例分享1】

河南永和铂爵国际酒店是河南省的一家白金五星级酒店用户。HiYield RMS 从 2016 年 7 月开始为该酒店提供收益管理的咨询服务，理顺价格结构、细分市场代码、房型价差等，并通过面对面和远程相结合的办法，指导酒店全面系统实施收益管理策略。铂爵酒店使用的是由 Opera 酒店管理信息管理系统（简称为 Opera PMS），HiYield RMS 与 Opera 在 2016 年 9 月份实现对接，并上线使用。通过几张反映真实数据的图片来看一下该酒店在实施 HiYield RMS 三个月之后的表现。

1. 铂爵酒店今年和去年对比见图 11-2

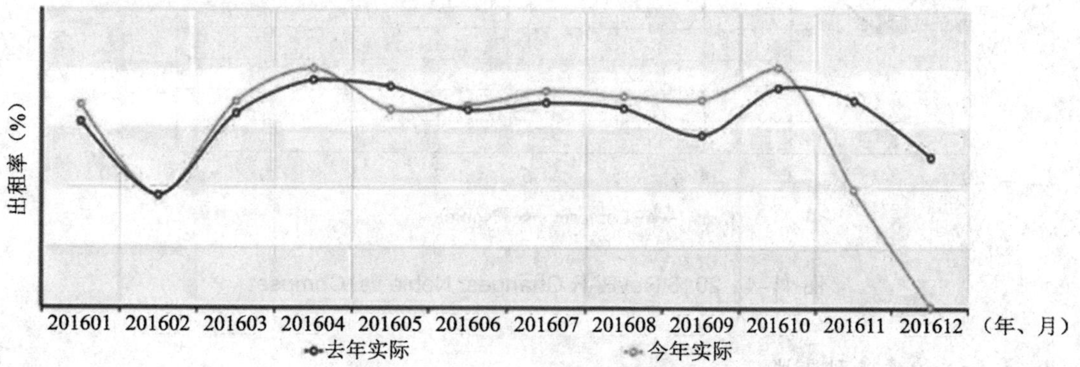

图 11-2　铂爵酒店今年和去年对比

图 11-2 数据反映了该酒店今年和去年出租率对比的情况，绿色线条为 2016 年的数据，紫色线条为 2015 年的数据。从图中我们可以看出，自 2016 年 7 月河南永和铂爵国际酒店开始系统地实施收益管理策略后以及往后的每个月，客房出租率今年都超过了去年，而且增幅越来越大。尤其是 HiYield RMS 上线后，用电脑加人工操作来进行收益管理之后的 9 月和 10 月，增幅比手工时显著提高。用 HiYield RMS 收益系统进行收益管理的效果远远超过人工操作。

2. 和竞争群比

从图 11-3 中我们可以看出，在使用 HiYield 系统 3 个月之后，河南永和铂爵国际酒店 ADR 的下降速度比整个竞争群要慢，ADR 与竞争群的差距在逐渐缩小。

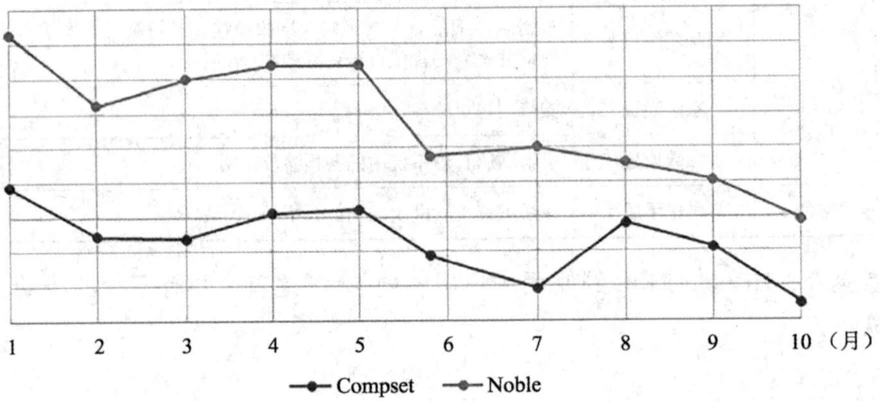

图 11-3　2016 ACR Changes: Noble vs. Compset

从图 11-4 中我们可以看到，河南永和铂爵国际酒店的 RevPAR，在使用 HiYield 系统 3 个月之后，在竞争群中的优势更为明显了。

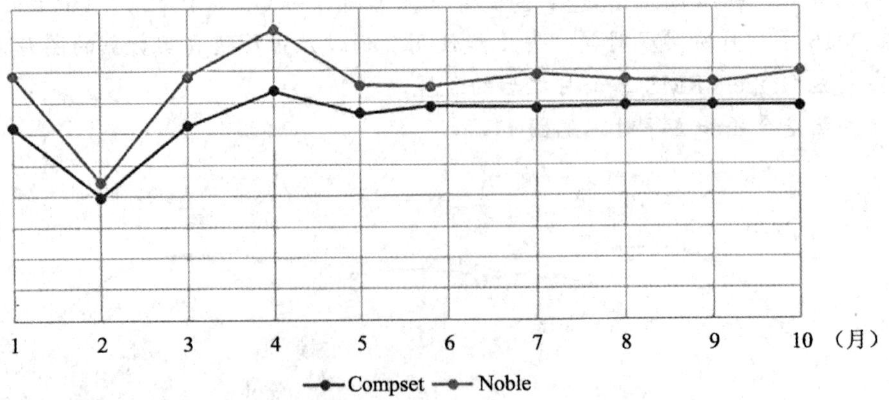

图 11-4　2016 RevPAR Changes: Noble vs. Compset

3. 和主力竞争对手比

2016 ACR Changes: Noble vs. A & B 见图 11-5。

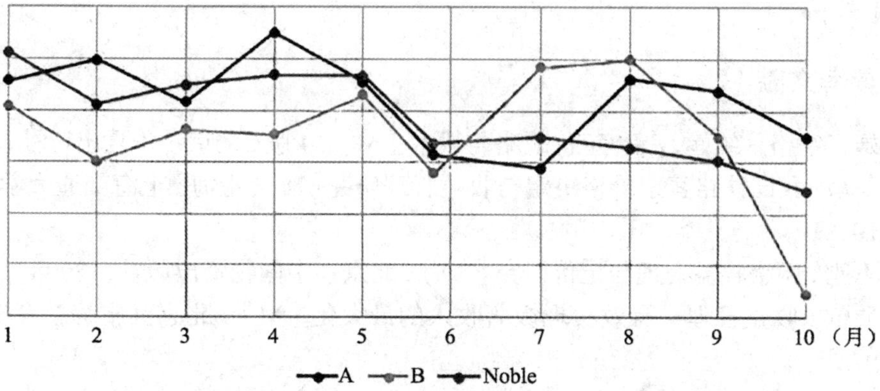

图 11-5　2016 ACR Changes: Noble vs. A & B

再来看看 ADR 的表现，从 9 月份开始，三家酒店的 ADR 都呈下降趋势，但河南永和铂爵国际酒店下降的幅度是最小的。

从图 11-6 可以看出，铂爵国际酒店在使用 HiYield 系统之后，在与开业不久、产品新、集团支持力度大、品牌优势大的国际品牌酒店 A 和国际品牌酒店 B 的竞争中，铂爵酒店的 RevPAR 得到提升，而竞争对手的 RevPAR 都呈下降趋势。而且铂爵国际酒店的 RevPAR 与国际品牌酒店 A 的差距缩小了很多，并且自 2016 年 6 月份以来，在 10 月份首次超越了国际品牌酒店 B，扭转了在国际大牌酒店猛攻下收益减少的颓势。

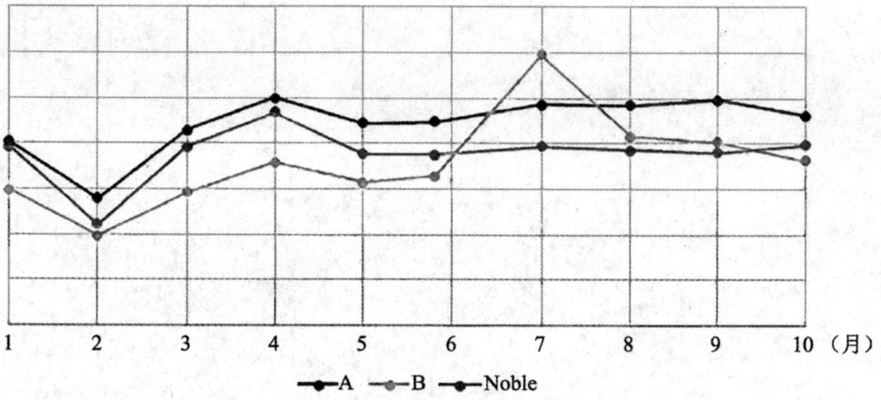

图 11-6　2016 RevPAR Changes: Noble vs. A & B

通过以上几张图，我们可看到河南永和铂爵国际酒店的出租率与国际品牌酒店 A 相比还有一定的差距，但与国际品牌酒店 B 很接近，ADR 有时还超过它。HiYield 建议酒店在某些细分市场和渠道上进一步开拓和优化，只要这些细分市场的出租率都提高一点，整体的出租率就上去了，和对手的差距就变小或不存在了，从而 RevPAR 也会提升；另外还建议酒店将升档销售的目标量化到每一天和每个细分市场，努力提高 ADR 和利润率。随着这些措施得到落实，河南永和铂爵国际酒店的 RevPAR 还会不断提升，接近，甚至超过竞争对手。

【本章参考文献】

[1] 汤姆，纳格，约翰，等 . 定价战略与战术［M］. 4 版 . 北京：华夏出版社，2008.

[2] 张秀敏 . 我国铁路客票价格决定与收益管理研究［M］. 上海：上海交通大学出版社，2010.

[3] 陈志刚 . 网络收益管理与定价研究［M］. 北京：中国物资出版社，2008.

[4] 胡质健 . 收益管理 – 有效实现饭店收入的最大化［M］. 北京：旅游教育出版社，2007.

[5] Cross R G. Revenue Management［M］. Random House LLC，2011.

[6] Nagle T T，内格尔，Holden R K. 定价策略与技巧［M］. 北京：清华大学出版社，2003.

收益管理词汇

● **平均每日房价 ADR（Average Daily Rate）**

用来衡量已经销售的客房的平均价格。

平均每日房价 = 客房的销售收入 / 客房的销售数量

● **平均每日房价指数 ADR（Rate）Index**

平均每日房价指数用来衡量某饭店平均每日房价与一组预选的饭店的平均每日房价对比的情况。这些预选的饭店可以是饭店的竞争对手，也可以是饭店所在市场的所有饭店，或者某些等级的饭店，如一组经济型或者高档饭店。如果一家饭店的平均每日房价指数等于或大于 100，表示该饭店平均每日房价的市场份额等于或优于该饭店应得市场份额，也就是其平均每日房价的表现等于或胜过那群预选的饭店（如竞争对手，或同等级的饭店）。相反，如果该饭店的平均每日房价指数在 100 以下，则表示其平均每日房价市场份额低于其应得市场份额，其平均每日房价表现比被比较的那群饭店差。

平均每日房价指数 =（该饭店的平均每日房价 / 要比较的一组饭店的平均每日房价）× 100

● **平均挂牌房价 Average Published Rate（APR）**

平均挂牌房价（APR）是衡量饭店不同房型（单人，双人等）在一年中不同时期公布的房价。在进行市场分析时，如果缺乏被研究的饭店的具体的平均每日房价，我们可使用它们的平均挂牌价来估算其平均每日房价。

● **竞争对手组合 Competitive Set**

竞争组合是一组饭店可以与之进行综合业绩比较的饭店的组合。每个竞争组合必须包含三家饭店，在欧洲至少要四家，不包括分店。为了保证数据的合理性，一个单独饭店或品牌不能超过竞争组合饭店总数的 40%（在北美），而北美以外的饭店不能超过 50%。一个单独的饭店（如万豪品牌、选择品牌等）的客房数最多占竞争组合客房总数的 60%。

● **合同房 Contrast Rooms**

合同房是指因签订合同而提前被占用的客房，如航空公司机组人员和永久客人占用的饭店。

• 延期停留 Extended Stay

以延期停留的顾客为主的饭店可称为长住饭店。它们的重点在于吸引饭店的客人长时间住宿。这些饭店一般报每周平均房价。

• 应得市场份额或合理市场份额 Fair Market Share

应得市场份额可以被理解为某被研究的饭店在某个竞争市场这块蛋糕中应该占有的份额。例如，如果该竞争市场上共有 1000 间客房，其中包括该饭店拥有的 100 间客房，该饭店的应得市场份额应该是 10%。

如果某特点时期，该饭店出租的客房数占这个竞争市场出租的客房总数的 10%，则认为该饭店的实际份额刚好等于其应得市场份额，此时其客房出租率指数即为 100%。

• 平均每日房价应得市场份额 Fair Share

平均每日房价应得市场份额是某饭店在“市场蛋糕”所占有的那一块。例如，某饭店的 ADR 是 50 美元，而其竞争集合饭店的 ADR 是 50 美元，则该饭店的 ADR 指数就是 100。如果某饭店的 ADR 是 60 美元，则该饭店的 ADR 指数是 120，表明该饭店的市场份额高于平均水平。如果某饭店的 ADR 是 40 美元，则该饭店的 ADR 指数是 80，表明该饭店的市场份额低于平均水平。

• 食品与饮料收入（即餐饮收入）Food and Baverage（F&B）Revenue

包括来自食品的销售（包括咖啡、牛奶、茶和软饮料），酒类（包括啤酒、葡萄酒和烈酒），宴会餐饮及其他餐饮来源的收入。餐饮收入还包括会议室出租、视听设备出租、餐饮部门的服务费（包括宴会服务费）等，这部分通常成为其他餐饮收入。

• 全服务饭店 Full Service Hotel

全方位服务饭店，通常是中档价格，带餐厅、休息室和会议厅，提供行李服务和客房服务的高档或豪华饭店。这类饭店有餐饮收入。

• 平均可出租客房收入应得市场份额 Fair Share of RevPAR

平均可出租客房收入应得市场份额是某饭店在市场平均可出租客房收入这块蛋糕中应该占有的份额。

例如，某饭店的 Rev PAR 是 50 美元，而其竞争对手饭店集合的 Rev PAR 是 50 美元，则该饭店的 Rev PAR 指数就是 100。如果该饭店的 Rev PAR 是 60 美元，则其 Rev PAR 指数是 120，表明该饭店的市场份额高于应得市场份额。如果该饭店的 Rev PAR 是 40 美元，则其 ADR 指数是 80，表明该饭店的市场份额低于应得市场份额。

• 团队房 Group Rooms

团队房指向旅游度假客、国内外各种公司、组织、机构、协会等一次性提供达到或者超过 10 间的客房。在接待团队房预订时饭店通常需要与团队组织者谈判，明确团队协议价，取消和更改预订的条件以及取消预留团房的日期等，并要签订协议明确下来。

• **饭店类型 Hotel Types**

饭店分类的依据首先是建筑结构，其次是服务水平。

饭店类型如下。

• 全套房饭店 All-suite：所有住客租住单位由一个或多个卧室组成，并可能包括一个独立的起居室。许多套房包含厨房或小冰箱。套房饭店往往没有统一的餐饮设施，但是许多提供免费早餐。

• 精品饭店 Boutique：这些饭店依靠它们不同寻常的设计、装潢布局和服务项目来吸引客人。他们通常是独立经营的，一般少于 200 间客房，门市价很高。目前有三个连锁饭店品牌旗下的饭店被归为“精品”类型：W 饭店（喜达屋品牌），金普顿饭店及 Joie de Vivre 饭店（法语，意为“愉悦生活”）。

• 会议饭店 Conference：饭店主要为顾客提供会议服务。

• 豪华会议饭店 Convention：饭店至少拥有 300 间客房及自己的大型会议设施（20,000 平方英尺以上），而不属于某个会议展览中心的一部分或附属设施。

• 目的地度假村饭店 Destination Restore：这类饭店旨在吸引休闲旅游者，位于休闲度假目的地，且认为饭店本身就是一个休闲度假的目的地。这些饭店设施设备品种繁多，例如有多个游泳池，多个餐厅以及优雅的住宿条件。如果一个饭店名称中有“度假”一词，而且属于某高档或豪华饭店集团，就会被自动视为一个目的地度假村饭店。

• 博彩 / 赌场饭店 Gaming/Casino：以博彩或赌博业务为重点的饭店。

• 高尔夫饭店 Golf：饭店必须拥有一个饭店高尔夫球场。如果饭店只在球场上隔壁，就不属此类。

• 汽车旅馆 Motel：为驾车旅行的客人提供服务的饭店。这类饭店通常提供停车场。从 20 世纪五十年代开始，驾车成为美国人的主要旅游方式，汽车旅馆就在主要高速公路附近兴起，如同饭店在火车站和飞机场兴起一样。

• 滑雪场饭店 Ski Hotels：建在滑雪旅游目的地的饭店。客人可以很方便地到达滑雪场。

• 水疗中心饭店 Spa Hotels：饭店必须有指定的水疗设施，并提供相应的疗程。只提供桑拿或热浴池是不够的。

• 水上乐园饭店 Waterpark Hotels：饭店拥有一个室内或室外的水上乐园，包括至少 1000 平方英尺的水上活动场所以及相应的设备，例如滑梯、水管以及其他水上游乐设施。

• **饭店的等级划分 Hotel Scales**

饭店的等级划分是根据实际平均每日房价来进行的。通常可划分为以下等级：

• 豪华连锁 Luxury Chains

• 超高档连锁 Upper Upscale Chains

- 高档连锁 Upscale Chains
- 带餐饮中档连锁 Midscale Chains without F & B（Food & Beverage）
- 无餐饮的中档连锁 Economy Chains
- 经济型连锁 Independents

- **饭店合并的次市场等级划分 Hotel Collapsed Submarket Class**

这种划分方法与市场分类类似，只不过是将豪华档和超高档合并，形成一个等级。将高档类不带餐饮的与中档等级合并，形成一个等级（高档和带餐饮的中档）。而无餐饮的中档类和经济档合并，形成一个等级（中档无餐饮和经济类）。

次市场等级分类如下：

- 豪华和超高档类 Luxury and Upper Upscale
- 高档和带餐饮的中档类 Upscale and Mid w/ F&B
- 中档无餐饮和经济类 Mid w/o F&B and Economy

- **指数 Index**

指数是用来衡量一个饭店与一组选定的饭店（如若干竞争对手饭店、本地饭店市场、某个细分市场等）相比较，经营业绩好坏的参数。一般我们用三类指数来评价饭店三个方面的业绩：客房出租率、平均客房日价及平均每房收入。

当饭店的指数等于 100，说明该饭店与选定的饭店相比，刚好获得应得的市场份额。当指数大于 100，表示该饭店的市场份额高于它应得的市场份额。相反，当指数低于 100，则表明该饭店业所得市场份额低于它应得的份额，也就是说别的饭店抢走它的一部分市场份额。

- **有限服务饭店 Limited Service Hotel**

有限服务饭店只提供客房（不包括食物和饮料服务）或提供夜间的住宿和洗浴服务，但很少有其他的服务和设施。这些饭店往往是经济型饭店，不提供食品和饮料收入报告。

- **按地段对饭店细分 Location Segment**

可以根据饭店所处的地理位置对饭店类型进行细分。连锁饭店为我们提供了位置分类的参考。

地段分类包括：

● 城市饭店 Urban – 位于在一个大都市区的人口密集地区，如亚特兰大、波士顿、旧金山、伦敦、东京。

● 郊区饭店 Suburban– 位于大都市的郊区。例如，Sags Harbor and White Plains，纽约，纽约市附近，和伦敦附近的克罗伊登和温布尔登。饭店与中心城市的距离根据不同的人口和市场定位而不同。

● 机场饭店 Airport – 饭店位于机场附近，为使用机场及附近交通设施的顾客提供服务。距离远近各不相同。

● 州际公路 / 高速公路饭店 Interstate/ motorway– 位于主要公路，高速公路或其他交通要道附近，其主要业务是为公路旅行者提供服务的饭店。坐落在郊区属于郊区饭店类。

● 度假村饭店 Restort–Hotels 位于度假地的饭店，业务的主要来源是以休闲旅游为目的的旅客。例如有奥兰多和塔霍湖等地的饭店。

● 小城市饭店 Small Metor/Town—（仅限于北美地区）人口少于 15 万的小城镇地区。根据市场定位不同，市场区域大小不同。郊区不属于这类地区。

● 市场等级划分 Market Class

市场等级是行业分类，其中包括连锁分支机构和独立饭店。对于连锁饭店分类与其连锁等级分类相同（见连锁等级分类）。独立经营饭店则根据其平均房价，与相对应的连锁饭店相似的归为其类。

六类等级划分如下：

● 豪华市场 Luxury

● 超高档市场 Upper Upscale

● 高档市场 Upscale

● 带餐饮的中档市场 Midscale w F&B

● 无餐饮的中档市场 Midscale w/o F&B

● 经济型市场 Economy

● 客房出租率（或客房占用率）Occupancy（OCC）

客房出租率指饭店在特定时间段内租售的客房数占可供出租的客房总数的比率。

客房出租率 =（已经出租的客房数 / 可供出租的客房总数）× 100%

● 客房出租率（渗透）指数 Occupancy（Penetration）Index

用于衡量饭店在某个细分市场，如一组竞争对手饭店、某个等级的市场或者某个销售渠道等求（需求 = 客房出租数）方面所占有的份额。

客房出租率渗透指数 =（饭店客房出租数 / 细分市场客房出租数）× 100

● 其他收入 Other Revenue

除了客房收入和餐饮收入外的其他所有收入。

其他收入 = 总收入 –（客房收入 + 餐饮收入）

● 饭店供给数据 Pipeline

饭店供给数据描述全球现有饭店的数量以及预期增加的饭店的数量。这些数据来源于主要的饭店连锁集团、饭店管理公司以及饭店建筑公司。这些数据反映了饭店建造每个阶段的情况。

● 根据不同建造阶段来对饭店归类 Phase Definitions

● 现有饭店：所有已开张营业的饭店，包括在过去 12 个月开张营业的新开业饭店。

● 新开业饭店：过去 12 个月内开张营业的饭店。

● 在建饭店：已经破土动工的饭店，或业主已经通过招标找到主要承建商的饭店项目。

● 最后计划阶段的饭店：饭店项目将招标，或 4 个月内开始兴建的。

● 计划阶段饭店：建筑师或工程师已经选定，项目计划正在进行的饭店项目。此时，饭店建造项目的报批文件已经获得批准。

● 预先规划阶段的饭店：还未选中建筑师的项目。

● 房价分等 Price Tier

可以根据实际平均客房日价或平均客房牌价把一个市场或者细分市场的饭店房价分为三大类。

● 高档房价：前 33% 的房价

● 中档房价：位于中间 33% 的房价

● 低档房价：位于最后 33% 的房价

● 排名 Rank

排名通常被用来衡量一个饭店在三个关键领域，即入住率，平均客房日价以及平均每房收入等方面的业绩好坏。排名高低与竞争对手的选择有关，在不同的竞争对手饭店组合中，饭店的业绩排名将有差异。

例如，如果你的饭店客房出租率是 70.1%，你的竞争对手饭店中有一家的客房出租率是 70.3%，那么这家饭店的排名会更高。

又如，如果你的饭店平均客房日价排名情况为“2/ 6”，表示你的饭店的平均客房日价在有六家饭店的竞争集合中排名第二。

● 平均可出租客房收入（简称平每房收入）Rev PAR（Revenue Per Available Room）

平均可出租客房收入是用客房收入除以可供出租客房总数。平均可出租客房收入与平均房价（即平均客房日价）有所不同，因为前者受空置客房房数量的影响，而后者只显示实际销售的客房的平均收入。

平均可出租客房收入 = 客房出租率 × 平均房价

● 平均可出租客房收入指数 Rev PAR（Yield）Index

平均可出租客房收入指数衡量一个饭店的在其目标市场（竞争集合、市场、细分市场等）的平均可出租客房收入所占的合理市场份额的大小。如果饭店获得了合理的市场份额，该指数将是 100，如果超过其合理市场份额，饭店的指数将小于 100；如果市场份额较高，饭店的指数将大于 100。

平均可出租客房收入指数＝（饭店平均可出租客房收入 / 目标市场平均可出租客房收入）×100

• 客房收入 Room Revenue

通过出售或出租饭店客房获得的收入。

• 可供出租的客房（客房供应量）Rooms Available（Room Supply）

在某段时间内可供出租的客房数等于一间饭店或一组饭店的客房总数乘以这段时间拥有的天数。例如：某饭店有 100 间可出租客房，在某个月它拥有的可供出租客房数等于 31 天乘以 100 间，即 3 100（间天），也就是它的供应量或能力为 3100 间天。

• 客房销售（客房需求量）Rooms Sold（Room Demand）

在一特定时间内售出的客房数（不包括免费客房）。

• 细分 Segmentation

将客房销售和收入数据按业务来源，如散客用房、团队用房、长期协议用房以及收入来源，如客房收入、餐饮收入以及其他收入等进行归类划分。

• 饭店总收入 Total Revenue

饭店经营获得的所有收入，包括客房收入、餐饮收入（包括会议出租）、停车场收入、洗衣收入、电讯收入以及其他收入等。

• 散客用房 Transient Room

散客用房包括那些以饭店牌价、公司协议价、公司谈判价、包价、政府协议价或者外国旅客散客价（即 FIT）等租用的客房。此外，还包括通过第三方网站，即在线旅行社预订的客房。不过，同时预订 10 间或者 10 间以上的除外，这种归为团队用房。

项目策划：段向民
责任编辑：张芸艳
责任印制：谢　雨
封面设计：何　杰

图书在版编目（CIP）数据

收益管理与定价战略 / 曾国军主编 . -- 北京 : 中国旅游出版社 , 2018.8（2022.7 重印）

中国旅游业普通高等教育“十三五”精品教材

ISBN 978-7-5032-6052-0

Ⅰ . ①收… Ⅱ . ①曾… Ⅲ . ①定价－高等学校－教材 Ⅳ . ① F714.1

中国版本图书馆 CIP 数据核字 (2018) 第 129228 号

书　　名：收益管理与定价战略

作　　者：曾国军　主编

出版发行：中国旅游出版社

（北京静安东里6号　邮编：100028）

http://www.cttp.net.cn　E-mail:cttp@mct.gov.cn

营销中心电话：010-57377108，010-57377109

读者服务部电话：010-57377151

排　　版：北京旅教文化传播有限公司

经　　销：全国各地新华书店

印　　刷：北京工商事务印刷有限公司

版　　次：2018年8月第1版　2022年7月第4次印刷

开　　本：787毫米×1092毫米　1/16

印　　张：13.25

字　　数：295千

定　　价：39.80元

ISBN　978-7-5032-6052-0

版权所有　翻印必究

如发现质量问题，请直接与营销中心联系调换